"教—学—做一体化"校企合作重点科研成果推荐教材
21 世纪高职高专规划教材·市场营销系列

市场调查与预测

主　编　冯美香
副主编　余育新　李　静　杨春媛
参　编　柴光林　韩林静　任劲劲

中国人民大学出版社
·北京·

图书在版编目（CIP）数据

市场调查与预测/冯美香主编. —北京：中国人民大学出版社，2017.3
21世纪高职高专规划教材·市场营销系列
ISBN 978-7-300-24203-3

Ⅰ. ①市… Ⅱ. ①冯… Ⅲ. ①市场调查-高等职业教育-教材 ②市场预测-高等职业教育-教材
Ⅳ. ①F713.52

中国版本图书馆CIP数据核字（2017）第024224号

"教—学—做一体化"校企合作重点科研成果推荐教材
21世纪高职高专规划教材·市场营销系列
市场调查与预测
主　编　冯美香
副主编　余育新　李　静　杨春媛
参　编　柴光林　韩林静　任劲劲
Shichang Diaocha yu Yuce

出版发行	中国人民大学出版社		
社　　址	北京中关村大街31号	**邮政编码**	100080
电　　话	010－62511242（总编室）		010－62511770（质管部）
	010－82501766（邮购部）		010－62514148（门市部）
	010－62515195（发行公司）		010－62515275（盗版举报）
网　　址	http://www.crup.com.cn		
经　　销	新华书店		
印　　刷	北京玺诚印务有限公司		
规　　格	185 mm×260 mm　16开本	**版　　次**	2017年3月第1版
印　　张	12.75	**印　　次**	2021年6月第5次印刷
字　　数	300 000	**定　　价**	33.00元

前 言

企业决策的正确与否在很大程度上取决于市场信息的质量，而市场信息质量的高低在很大程度上取决于市场调查是否有效。随着市场竞争越来越激烈，市场调查受到越来越多企业的重视。市场调查被誉为企业的“雷达”和“眼睛”，企业只有通过市场调查获取有用的市场信息并在此基础上加工运用，才能做到在激烈的市场竞争中知己知彼、百战不殆。本书旨在帮助那些正在学习市场营销、工商管理等经济管理类专业的学生以及从事管理、市场调研的有关人员熟悉和掌握市场调查与预测的基本理论、方法和技术。

在市场竞争日益激烈的今天，一方面，为培养21世纪高职高专经济类和管理类人才，要求市场调查与预测的教材必须注重实用性和可操作性；另一方面，当今的企业经营管理人员日益重视市场调查取得的信息和市场预测的结果，对市场调查与预测方法的科学性和实用性的要求日益提高，从而也需要有一本通俗易懂、科学实用的书籍。鉴于此，我们编写了这本教材。

在本书的编写过程中，作者针对读者的需要，在系统介绍市场调查与预测的知识点并尽可能吸纳最新研究成果的同时，力求从体系上和内容上有所创新：第一，将知识点融入大量的案例和相关链接之中，通俗易懂；第二，将市场调查与市场预测两个部分有机地结合在一起，既相互融合又自成体系；第三，借助实操训练，使读者真正熟悉市场调查与预测的各个环节；第四，让案例尽可能贴近读者的知识背景；第五，通过每个项目后的课后实训巩固知识点。

本书由四川工程职业技术学院冯美香担任主编，参与编写的有：四川工程职业技术学院冯美香编写项目一；九江职业大学余育新编写项目三、四；郑州财税金融职业学院李静编写项目五、六；四川工程职业技术学院韩林静编写项目七；四川商务职业学院杨春媛编写项目八、九；郑州财税金融职业学院柴光林编写项目二、十。最后由四川工程职业技术学院冯美香负责统稿，定稿。

本书引用了国内外市场调查与预测学者的大量最新研究成果，除注明出处部分外，限于篇幅未能逐一说明。在此，谨向各位专家学者表示感谢。

限于编者水平，本书错误在所难免，敬请读者批评指正。

目 录

项目一

认识市场调查工作

【任务引入】

海尔在美国成功的奥秘

1999年4月30日，在美国南卡罗来纳州中部的一个人口为8 000人的小镇坎姆登，海尔投资3 000万美元的海尔生产中心举行了奠基仪式。一年多以后，第一台带有“美国制造”标签的海尔冰箱从漂亮的生产线走下来，海尔从此开始了在美国制造冰箱的历史。海尔成为中国第一家在美国制造和销售产品的公司。

在海尔首席执行官张瑞敏眼中，海尔国际化就像一盘棋，而要提高棋艺，最好的办法就是找高手下棋，张瑞敏找的高手是欧洲和美国。

海尔决定用自己的品牌进军欧美市场，其榜样是日本的索尼。20世纪60年代，索尼在国际市场上还默默无闻，每一个新生产品上市时，都首先投放到欧美地区，打出影响后再到日本和其他国家销售，索尼由此成为第一世界性名牌。

美国家电市场名牌荟萃，竞争激烈，几乎是所有世界名牌的竞技场，而且在美国本土，家用电器也早已是处于成熟期的产品。通用（GE）、惠而浦（Whirlpool）和美泰克（Maytag）这三大美国电器生产商虎视眈眈，自然不会坐视不管，一场商业激战在所难免。那么，海尔靠什么来同这些美国著名企业叫板呢？

1998年、1999年中国出口美国的冰箱分别为4 718万美元、6 081万美元，其中海尔冰箱分别占1 700多万美元、3 100多万美元。据统计，在美国建一个冰箱厂的盈亏平衡点是28万台，海尔现在的冰箱出口已经远远超过这个数字。

据统计，目前在美国180L以上小冰箱市场中，海尔已占到超过30%的市场份额，2002年达到50%，但海尔大规格冰箱长期因远隔重洋而无法批量进军美国市场。项目见效后，海尔公司在美国市场的产品结构将更加合理，市场占有率将进一步提高。

目前，在美国200L以上的大型冰箱被通用、惠尔浦等企业所垄断；160L以下的冰箱销量较少，通用厂商认为这是一个需求量不大的产品，没有投入多少精力去开发市场，然而海尔发现美国的家庭人口正在变少，小型冰箱将会越来越受欢迎，独身者和留学生就很喜欢小型冰箱。

美国营销专家科特勒说：“海尔战略的另一个部分是对消费者群体的定位很正确，它针对的是年轻人。老一代习惯于像通用这样的老品牌，年轻人对家电还没有形成任何习惯性的购买行为，因为他们刚有自己的公寓或者正在建立自己的第一个家，买自己的第一个电冰箱。所以，我认为定位于年轻人是明智的决策。”

根据以上调查分析，海尔决定在美国市场开发从 60L 到 160L 的各种类型的小型冰箱，这些冰箱的需求潜力很大。

从海尔最初向美国出口冰箱到现在，海尔冰箱已成功在美国市场建立了自己的品牌。2003 年“零售巨人”沃尔玛连锁店开始销售海尔的两种小型电冰箱和两种小型冷柜，并同海尔签订了再购买 100 000 台冰箱的协议。海尔在美国最受欢迎的产品是学生宿舍和办公场所使用的小型电冰箱。目前，该型号冰箱的市场占有率是 25%，在赢得新的连锁店客户之后可望增至 40%。海尔在卧室冷柜方面也取得了成功，该产品在美国同类型号中的市场占有率为三分之一。海尔的窗式空调机也有广阔的市场前景，该产品已占美国市场的 3%。

资料来源：百度文库，http://wenku.baidu.com/view/bb69dc9903d8ce2f0166237e.html.

分析：

营销大师菲利普·科特勒曾说过，“要管理好一个企业，必须管理它的未来，而管理未来就是管理信息”。

在现代市场营销观念的指引下，企业要想在市场中获得竞争优势，取得合理的利润，发现企业产品的不足及营销中的缺点，便于企业及时加以纠正，修改企业的经营策略，使企业在竞争中保持清醒的头脑，永远立于不败之地，就必须从研究市场出发，掌握及时、准确、可靠的市场信息，而要得到可靠的市场信息就必须进行全方位、多侧面的市场调研。

根据以上案例分析海尔在美国成功的奥秘。

【任务分析】

上述案例中，海尔的成功在于：(1) 海尔公司在调研过程中有明确的目标消费群，充分了解该地区的人口结构和消费习惯，具有较高的针对性；(2) 有明确的市场定位，充分考虑竞争者的优劣点，并以索尼为榜样，不断自我提高，采用以优制胜的方式将产品成功推向市场，在电器行业站稳脚跟；(3) 通过市场的调研发现新的机会和新的需求，并开发新的产品去满足这些需求，如小型冰箱的开发；(4) 海尔不断提高企业的经营能力，增强竞争能力，这是克敌制胜的重要手段。

市场调查通过搜集市场资料为企业决策提供分析依据，是指导企业经营决策的重要工作，是企业营销、管理决策的前提。本项目的工作任务是：明确市场调查工作的重要意义，接受企业委托或采用教师模拟情境，引导学生成立调查小组，承接调查项目；每一个小组都设计好项目名称，编排调查组的组织结构，为调查项目选择合适的调查类型并设计调查内容。

【具体任务】

任务一　认识市场调查工作

市场经济的激烈竞争中，企业经营决策的制定和实施必须紧跟市场步调，而研究市场的需求动态、了解消费者的购买特点、探寻产品的流行趋势是每一个企业的必须工作，市场调查与预测也显得越来越重要，本项目将以任务引领的方式，带领大家认识市场调查工作。

一、市场调查的产生和发展

1961 年美国市场营销协会（AMA）对市场调查所下的定义：市场调查是指系统地搜集、记录和分析与产品和服务的市场营销问题有关的资料。市场调查为企业的决策提供依据，用系统化的信息指导企业行为，是现代企业进行市场营销活动的客观需要。

市场调查作为一种获取市场信息的手段，是伴随着商品经济的产生而产生的，并随商品经济的发展而发展。在自然经济时代，生产水平低下，劳动生产率低，劳动者生产出来的产品基本上只能满足自己的需要，交换经济不发达，市场得不到发展，市场调查也就没有用武之地。伴随着生产水平和劳动生产率的提高，商品经济产生，劳动者生产出来的产品不仅可以用于自我消费，还可以进入市场进行交换和销售。市场出现后，对市场信息搜集工作的重要性就得到了显现，市场调查也就得以发展。17 世纪的工业革命，使得西方资本主义市场经济快速发展，市场规模日益扩大，市场竞争也日趋激烈。对广大厂商来说，只有了解市场动态和市场信息才可以根据市场需要调整生产，在竞争中得胜，市场调查因此得到进一步发展。进入 20 世纪，市场调查作为一门学科得以建立和完善，并随着数学方法的改进和计算机的普遍应用得到快速发展。

（一）国外市场调查的产生和发展

1. 产生阶段

20 世纪初至 30 年代是市场调查的起步阶段。1907—1912 年期间，美国的哈佛商务学校创建了市场调查所。1911 年，美国纽约柯蒂斯出版公司的经理佩林编写了《销售机会》一书，他率先把市场调查理论和实践结合起来，被推崇为市场调查学科的先驱。1915 年，美国的橡胶公司成立了商业调研部。1917 年，斯威夫特公司也成立商业调研部。1918 年，西北商业学校创建了商务调查所。1919 年，美国芝加哥大学教授邓肯发表了《商业调研》，这是市场调研方面的第一本学术专著。1921 年怀特发表了《市场分析》，这是第一本调研手册书。1929 年，在美国政府的主持下，全美展开了一项分销调查，内容涉及市场结构、商品销售通道、中间商和分配渠道、中间商的经营成本等，为企业提供了较为系统和准确的市场活动资料，这次调查被视为美国市场调查史上的里程碑。1937 年美国市场营销协会资助的出版物《市场调查技术》问世，该书汇集了有关市场调查理论和实践两方面的知识，市场调查正式成为大学商学院的课程之一。同年，布朗的《市场调查与分析》出版，该书一经推出就作为有关市场调查方面的教材而被广泛使用。

2. 发展阶段

20 世纪 30 年代末到 50 年代初是市场调查的发展阶段。在这个阶段，市场调查的方法得到创新。30 年代末和 40 年代初，样本设计技术获得很大进展，抽样调查兴起。调查方法的革新使市场调查方法应用得更加广泛；40 年代，在罗伯特·莫顿的领导下，又创造了"焦点小组"方法，使得抽样技术和调查方法取得很大进展。1946 年，莫顿和邓德尔在《美国社会学杂志》上发表专文，对"焦点小组"方法进行了系统的论述，并且在其后的几十年里，一直应用于商业性的市场调查中。40 年代后，有关市场调查的书籍陆续出版，越来越多的大学商学院开设了市场调研课程，教科书也不断翻新。在此期间，配额抽样、随机抽样、消费者固定样本调查、问卷访问、统计推断、回归分析、简单相关分析、趋势分析等理论也得到了广泛的应用和发展。

3. 规范和成熟阶段

20 世纪 50 年代后，市场调查学进入了一个规范和成熟阶段，调查方法和分析方法不断创新、电脑技术被应用，形成了一股研究市场调查方法的热潮。第二次世界大战结束后，西方资本主义国家进入了经济迅速发展阶段，企业竞争激化，企业经营理念由生产导向转变为市场消费需求导向，企业更加重视对市场的调查研究和市场情报的搜集工作。西方国家中，大约 73%的公司都设立有市场调查和研究部门。美国有 1 300 多家公司直接从事市场调查和咨询服务业，美国企业每年花在市场调研方面的费用超过 100 亿美元。市场调查的结果在企业的决策中起着举足轻重的作用。

同时，社会和企业对市场调查的普遍重视和广泛应用，又反过来促进了学科的发展。很多大学已经把市场调查作为重要课程，有关市场调查的书籍、教材、报纸、杂志得到大量的出版发行。市场调查的理论、方法、技术越来越高级化、系统化、实用化。各种调查技术，如动态分析、运筹学运用、态度测量表、多元回归分析、数理模式、计算机模拟、经济计量模型、决策理论和方法都得到创新和发展。计算机的普及又促进了各种分析工具的应用，如 SPSS、SAS 等。这些现象都标志着市场调查进入了全面的推广、规范和成熟阶段。

（二）我国市场调查的产生和发展

我国市场调查的产生和发展，既部分继承了国外的发展方式，又由于我国的国情，带有明显的中国特色。

1. 萌芽期

新中国成立以后，政府部门是进行市场调查的主导力量。国家和地方的各部门都设立了统计机构，开始对国民经济、社会发展等资料进行全面搜集、整理和分析工作，如 20 世纪 50 年代成立的城市抽样调查队伍，了解城市职工生活状况及市场变动。同时，少数企业也设立了专门的调查机构，并由专门的调查人员从事市场调查。由于在新中国成立以后的较长一段时间里，我国一直处于计划经济体制，对市场经济和市场信息的认识不足，市场调查的重要性一直得不到足够认识，业务范围也基本局限为政府市场调查的范围。

2. 发展期

我国经济体制改革以后，市场调查得到了迅速的发展。1984 年，国家统计局中国统计信息服务中心，开始向国内外客户提供统计信息资料和市场调查与咨询服务，这是我国市场调查作为一个行业的开端。2004 年 4 月，国家统计局成立了中国市场信息调查业协会，一些省级统计局纷纷成立了民意调查中心，政府部门在市场研究方面的投入逐渐增多；另一方面，企业也越来越重视对市场信息的搜集和分析工作，促进了市场调查业的发展。1987 年 8 月，我国第一家专业性市场调研公司在广州正式注册。进入 21 世纪以来，市场调查业在我国蓬勃发展，各种类型的专业市场与媒介研究公司，服务于国内外各种营利和非营利机构。

二、市场调查的含义

市场调查就是运用科学的方法系统地搜集、记录、整理和分析一系列与企业经营相关的市场信息，为企业管理者制定、评估和改进营销决策提供科学依据的过程。美国著名营销学家菲利普·科特勒认为，市场调查是为制定某项具体的营销决策而对有关信息进行系统地搜集、分析和报告的过程。

本书对市场调查的概念界定如下：市场调查是运用科学的方式方法，对调查对象的各种信息进行系统的搜集、记录、整理和分析的过程，从而为企业制定、评估和改进营销决策提供依据。

市场调查活动一般具有以下特点。

（一）目的性

市场调查总是在特定目的指导下，来研究特定的市场问题，具有明显的目的性或针对性。

（二）过程性

市场调查要对生产经营活动中的市场状况进行整体的全程性的研究，包括事前、事中和事后，是一个包括调查书设计、调查方法选择、资料记录、资料搜集、资料整理、资料分析和预测在内的完整过程。

（三）约束性

市场调查通常要受调查经费、调查时间、空间范围、信息项目等因素的约束。市场调查只能按客户的要求和约束条件“量体裁衣”，应尽量使调查方案设计尽可能满足客户的信息要求和经费预算。

（四）广泛性

根据市场调查的目的不同，市场调查的内容涉及企业生产经营活动的各个方面，调查内容和研究范围较为广泛。

（五）科学性

市场调查搜集、整理和分析资料的方法，都是在一定的科学原理指导下形成的，并被实践证明是行之有效的，具有科学性和可行性。

三、市场调查的作用

（一）有助于企业把握市场发展规律

通过选择合适的调查方式和方法，搜集各个方面的资料，帮助企业更清晰地把握市场脉搏，认识市场需求动向，为产品的经营决策提供依据。例如，企业每一年度的市场需求调查，都能为企业下一步选择经营方向提供依据。

（二）有助于企业提高经营管理水平

当今世界，科技发展迅速，新发明、新创造、新技术和新产品层出不穷，通过市场调查，有助于及时了解市场经济动态和科技信息，为企业提供最新的市场情报和技术生产情报，以便学习同行的先进经验，提高产品的质量，增强企业的竞争力。

（三）有助于企业经营者科学决策

企业管理者进行决策时，一定要先了解市场情况，如改变产品策略、价格策略、分销策略或促销策略时，都要了解多方面的市场情况，而这些信息必须通过具体的市场调查才能获得，只有在充分调查的基础上，才能保证经营决策的成功实施。

（四）有助于增强企业的竞争力

市场是千变万化的，企业在调查研究市场动向的基础上，不断改变产品、更新换代、推陈出新，都有利于企业更好地满足消费者的需求，增强企业在同类产品中的竞争力，帮助企业在竞争中取胜。

（五）有助于企业开发新产品、开拓新市场

产品的不断丰富导致市场在不断细分，要想在竞争中取胜并赢得消费者，一定要比竞争者更早发现市场的空白点。例如，海尔的“大地瓜”洗衣机，就是在产品经营过程中，发现了全新的市场需求，不仅开发出新的产品，而且满足了新的市场需求，拓宽了产品的销售市场。

任务二　认识市场调查的内容

市场调查主要是对能够决定或影响企业营销活动以至生存和发展的所有因素的调查，包括与企业经营活动相关的方方面面。根据调查的侧重点不同，分别从环境调查、广告效应调查、市场满意度调查及市场机会调查几个方面，介绍市场调查的内容。当然，根据企业不同的调查目的，市场调查的内容也要灵活加以调整。

一、宏观环境调查

宏观环境也称总体环境，是决定或影响企业市场营销活动的外在力量。对企业宏观环境的调查主要是对一个地区的社会环境因素的调查，这些因素往往是企业自身难以驾驭和

影响的。调查的内容包括以下几个方面。

（一）政治法律环境

政治环境，是指企业面临的外部政治形势、状况和制度。政治环境调查主要是对企业市场营销活动的外部政治形势和状况以及国家方针政策的变化对市场营销活动带来的或可能带来的影响等方面的调查。

法律环境，是指国家和地区的各项法律、法规，尤其是其中的经济法规。企业开展市场营销活动，必须了解并遵守国家或政府颁布的有关经营、贸易、投资等方面的法律、法规。从事国际营销活动，企业还要了解和遵守市场国的法律制度和有关的国际法规、国际惯例和准则。

（二）经济环境

经济环境，是指企业面临的社会经济条件，其运行状况和发展趋势会直接或间接地对企业营销活动产生影响。

1. 经济发展水平

企业的市场营销活动要受到一个国家或地区的整个经济发展水平的制约。经济发展阶段不同，居民的收入不同，顾客对产品的需求也不一样。例如，经济发展水平比较高的地区，强调产品款式、性能及特色，品质竞争多于价格竞争；而在经济发展水平低的地区，则较侧重于产品的功能及实用性，价格因素比产品品质更为重要。因此，对于不同经济发展水平的地区，企业应采取不同的市场营销策略。

2. 消费者收支状况

（1）消费者收入水平。

消费者收入，是指消费者个人从各种来源中所得的全部收入，包括消费者个人的工资、退休金、红利、租金、赠予等。消费者的购买力来自消费者的收入，但消费者并不是把全部收入都用来购买商品或劳务，购买力只是收入的一部分。因此，在研究消费收入时，要注意个人可支配收入和个人可任意支配收入的大小。个人可支配收入是在个人收入中扣除税款和非税性负担后所得余额，它是个人收入中可以用于消费支出或储蓄的部分，它构成实际的购买力。个人可任意支配收入是在个人可支配收入中减去用于维持个人与家庭生存不可缺少的费用（如房租、水电、食物、燃料、衣着等项开支）后剩余的部分。这部分收入是消费需求变化中最活跃的因素，一般用于购买高档耐用消费品、旅游、储蓄等，是企业开展营销活动时考虑的主要对象。

（2）消费者支出模式。

随着消费者收入的变化，消费者支出模式会发生相应变化。西方一些经济学家常用恩格尔系数来反映这种变化。恩格尔系数表明，在一定的条件下，当家庭个人收入增加时，收入中用于食物开支部分的增长速度要小于用于教育、医疗、享受等方面的开支增长速度。食物开支占总消费量的比重越大，恩格尔系数越高，生活水平越低；反之，食物开支所占比重越小，恩格尔系数越小，生活水平越高。

（3）消费者储蓄情况。

消费者个人收入不可能全部花掉，总有一部分以各种形式储蓄起来。消费者储蓄一般有两种形式：一是银行存款，增加现有银行存款额；二是购买有价证券。当收入一定时，储蓄越多，现实消费量就越小，但潜在消费量越大；反之，储蓄越少，现实消费量就越大，但潜在消费量越小。企业调查人员应当全面了解消费者的储蓄情况，尤其是要了解消费者储蓄目的的差异。储蓄目的不同，往往影响到潜在需求量、消费模式、消费内容、消费发展方向的不同。

（三）人口环境

1. 人口数量与增长速度

人口越多，如果收入水平不变，则对食物、衣着、日用品的需要量也越多，那么市场也就越大。因此，按人口数量可大致推算出市场规模。我国人口众多，无疑是一个巨大的市场。

人口增加，消费需求也会迅速增加，市场潜力变大，消费规模和消费结构会产生变化。例如，随着人口增加，人均耕地减少，粮食供应不足，人们的食物消费模式将发生变化，这就可能对我国的食品加工业产生重要影响；随着人口增长，能源供需矛盾将进一步扩大，研制节能技术和产品成为必需；人口增长将使住宅供需矛盾日益加剧，给建筑业及建材业的发展带来机会。

2. 人口结构

人口结构主要包括人口的年龄结构、性别结构、家庭结构、社会结构以及民族结构。人口结构不同，市场需求也不一样。例如，2000 年我国就已经进入老龄化社会，老年人保健用品、营养品、老年人生活必需品的需求逐步增加；同时，我国“四代同堂”现象已不多见，“三位一体”的小家庭则很普遍，并逐步由城市向乡镇发展。家庭数量的剧增必然会引起对炊具、家具、家用电器和住房等产品的需求增长。

3. 人口的地理分布及区间流动

地理分布指人口在不同地区的密集程度。由于自然地理条件以及经济发展程度等多方面因素的影响，人口的分布绝不会是均匀的。从我国来看，人口主要集中在东南沿海一带，而且人口密度逐渐由东南向西北递减。另外，城市的人口比较集中，尤其是大城市人口密度很大，而农村人口则相对分散。人口的集中程度不同，则市场大小不同；消费习惯不同，则市场需求特性不同。例如南方人以大米为主食，北方人以面粉为主食，江浙沪沿海一带的人喜甜，而川湘鄂一带的人则喜辣。在我国，人口的流动主要表现在农村人口向城市或工矿地区流动；内地人口向沿海经济开放地区流动。另外，经商、观光旅游、学习等也使人口流动加速。

（四）文化环境

文化是一个复杂的整体概念，它通常包括价值观念、信仰、兴趣、行为方式、社会群体及相互关系、生活习惯、文化传统和社会风俗等。在不同国家、民族和地区之间，文化区别要比其他特征更为深刻，它决定着人们独特的生活方式和行为规范。文化环境不仅建立了人们日常行为的准则，也形成了不同国家和地区市场消费者态度和购买动机的取向模式。在研究文化环境时，要重视文化、亚文化群对消费需求的影响。

（五）自然地理环境

一个国家和地区的自然地理条件也是影响市场的重要环境因素，与企业经营活动密切相关。自然地理环境主要包括气候、季节、自然资源、地理位置等，都从多方面对企业的市场营销活动产生着影响。一个国家和地区的海拔高度、温度、湿度等气候特征，影响着产品的功能与效果。人们的服装、食品也受气候的明显影响。地理因素也影响着人们的消费模式，还会对经济、社会发展、民族性格产生复杂的影响。

（六）技术环境

科学技术的发展，使商品的市场生命周期迅速缩短，生产的增长也越来越多地依赖科技的进步。以电子技术、信息技术、新材料技术、生物技术为主要特征的新技术革命，不断改造着传统产业，使产品的数量、质量、品种和规格有了新的飞跃，同时也使一批新兴产业建立和发展了起来。新兴科技的发展、新兴产业的出现，可能给某些企业带来新的市场机会，也可能给某些企业带来环境威胁。

二、微观环境调查

微观环境是在营销过程中与企业发生着直接联系的因素。微观环境调查包括以下内容：

（一）企业自身的情况

针对企业自身的调查包括企业物质基础的调查、企业组织机构调查及企业文化的调查，这些内容不仅能够显示企业资源的整体优势、企业组织机构及职能配合效率，而且能观察企业的价值标准、企业精神、管理制度、行为规范等，为企业制定决策提供依据。

（二）供应商的情况

供应商就是向企业及其竞争者提供资源的企业和个人。这方面的调查应侧重于供应商的资金实力、生产规模与能力、技术进步情况，所提供产品的质量、数量、品种、规格的发展情况，原材料、零备件的供应变化趋势情况，供应商的整体服务水平情况等。

对于企业来说，首先应选择那些企业形象好并有实力的供应商，其次避免选择独家供应商。许多企业对某些重要材料过于依赖同一家供应商，这种情况导致供应商常常能左右价格，对企业施加极大的压力。这就要求企业在采购同种商品时，最好选择 2～3 家供应商。

（三）营销中介的情况

营销中介是指协助企业促销、销售和配销其产品给最终购买者的企业或个人，包括中间商、物流企业、营销服务机构和财务中间机构。他们是市场营销不可缺少的环节，大多数企业的营销活动，通过他们的协助才能顺利进行。例如生产集中与消费分散的矛盾，就必须通过中间商的分销来解决；资金周转不灵，则须求助于银行或信托机构等。

（四）竞争者的情况

这方面主要包括：同行业或相近行业各企业的经济实力、技术和管理方面的进步情况；竞争性产品的销售和市场占有情况、竞争者的主要竞争方式；竞争性产品的品质、性能、用途、包装、价格、交货期限以及其他附加利益等；先进入市场的企业的一些经济技术指标、人员培训方法、重要人才进出情况、新产品的开发计划等情报。

（五）顾客的情况

顾客的需求应该是企业一切活动的中心和出发点，因而调查顾客或用户的需求，成为了市场调查的重点内容。主要包括：顾客的人口总数或用户规模、人口结构或用户类型、购买力水平及购买规律、消费结构及变化趋势、购买动机及购买行为、购买习惯及潜在需求，以及对产品的改进意见及服务要求等。

（六）公众的情况

公众是指与组织利益相关的个人、群体组织集合而成的集体，是组织生存和发展的社会环境。

对于企业，公众分为内部公众和外部公众。内部公众包括组织内部全体成员，包括管理人员和基础员工。内部公众调查是在掌握了企业内部的基本情况后，调查企业内部成员，掌握全体成员对本企业的态度、看法和评价等，了解全体成员对企业的意见、希望和要求。外部公众主要包括社区公众、媒介公众、政府公众、国际公众及名流公众等。

三、广告效应调查

在市场营销活动中，广告不仅帮助企业推销了商品或服务，而且也改变着人们的生活方式，引领人们的购买行动。

广告效应是指通过广告媒体传播，对信息传播、生产销售及社会等产生影响的总和。

广告效应调查主要从三个方面进行：广告的经济效益、广告的社会效益和广告的心理效益。广告的经济效益，是指广告活动促进商品销售或劳务销售和利润增加的程度。广告的社会效益是指其社会教育作用。广告的心理效益主要是指广告在消费者心理上的反应程度，即产品所树立的品牌印象对促进购买的影响程度。具体调查内容主要有：品牌知名度、广告接触率、对广告的理解程度、对广告的美誉度、购买行动等。

四、客户满意度调查

客户满意度调查近年来在国内外得到了普遍重视，特别是服务性行业的客户满意度调查已经成为企业发现问题、改进服务的重要手段之一。

客户满意度是客户期望值与客户体验的匹配程度，用来测量一家企业在满足顾客购买产品的期望方面所达到的程度。顾客满意是一个人通过对一个产品的可感知的效果（或结果）与他的期望值相比较后，所形成的愉悦或失望的感觉状态。消费者满意或不满意的感觉及其程度主要受到产品让渡价值的大小、消费者的情绪、对服务成功与失败的归因及消费者对平等和公正的感知。其中，让渡价值的大小是关键因素，如果消费者得到的让渡价值高于他的期望值，他就倾向于满意，差额越大越满意；反之，如果消费者得到的让渡价值低于他的期望值，他就倾向于不满意，差额越大就越不满意。

测量客户满意度的过程就是客户满意度调查，通过调查明确顾客的需要、需求与期望，从而找出让客户不满的原因，诊断出企业存在的问题并采取纠正措施。测定客户满意度是为了改善客户体验，以最终达到增强企业市场竞争能力和盈利能力的目的。

针对顾客满意度的调查方法是顾客满意度专项调查，通常情况下，公司在现有的顾客中随机抽取样本，向其发送问卷或打电话询问，以了解顾客对公司及其竞争对手在运营中的各方面的印象。满意度研究的问题类型通常采取等级型封闭式问题，例如：请问您对本公司的维修速度是否满意?（选项为完全不满意，不满意，尚可，满意，完全满意）。答案的等级可以根据需要进行调整，有时为了得出最终得分，以便对不同的调查结果进行比较，可以 1～5 分来区别 5 个等级。

五、市场机会调查

市场机会是指特定的营销环境条件下，企业可以通过一定的营销活动创造利益的机会。市场机会的价值越大，能为企业带来的利益越高。市场机会来自营销环境的变化，如新市场的开发、竞争对手的失误以及新产品新工艺的采用等。市场机会调查主要从以下两个方面进行。

（一）市场机会的吸引力

市场机会的吸引力是指企业利用该市场机会可能创造的最大利益。它表明企业在理想条件下充分利用该市场机会的最大收益。反映市场机会吸引力的指标主要有市场需求规模、利润率和发展潜力。

1. 市场需求规模

市场需求规模表明市场机会当前所提供的待满足的市场需求总量的大小，通常用产品销售数量或销售金额来表示。事实上，市场机会提供的需求总量往往由多个企业共享，对于特定企业，这一指标可以由企业在该市场需求规模中当前可能达到的最大市场份额代替。若提供的市场需求规模大，则该市场机会使每个企业获得更大需求份额的可能性也大一些，该市场机会对这些企业的吸引力也更大一些。

2. 利润率

利润率是指市场机会提供的单位市场需求量可以为企业带来的最大利益。不同经营现状的企业其利润率是不一样的。利润率反映了市场机会所提供的市场需求在利益方面的特性，它和市场需求规模一起决定了企业当前利用该市场机会可创造的最高利益。

3. 发展潜力

发展潜力反映市场机会为企业提供的市场需求规模、利润率的发展趋势及其速度情况，发展潜力同样也是确定市场机会吸引力大小的重要依据。即使企业当前面临的某一市场机会所提供的市场需求规模很小或利润率很低，但由于整个市场规模或该企业的市场份额或利润率有迅速增大的趋势，则该市场机会对企业来说仍可能具有相当大的吸引力。

（二）市场机会的可行性

调查市场机会的可行性是对企业把握住市场机会并将其化为具体利益的可能性的调查。从特定企业角度来讲，只有吸引力的市场机会并不一定能成为本企业实际上的发展良机，具有高吸引力的市场机会必须同时具有强可行性才会是企业高价值的市场机会。例如，某公司在准备进入数据终端处理市场时，意识到尽管该市场潜力很大（吸引力高），但公司缺乏必要的技术能力（可行性差），所以开始并未进入该市场。后来，公司通过收购另一家公司具备了应有的技术（可行性增强），这时公司才正式进入该市场。市场机会的可行性调查主要从以下两方面进行。

1. 企业内部环境条件

企业内部环境条件是能否把握住市场机会的主观决定因素。它对市场机会可行性的决定作用有三方面：一是市场机会只有适合企业的经营目标、经营规模与资源状况，才会具有较大的可行性。二是市场机会必须有利于企业内部差别优势的发挥才会具有较大的可行性。所谓企业的内部差别优势，是指该企业比市场中其他企业更优越的内部条件，通常是先进的工艺技术、强大的生产力、良好的企业声誉等。企业应对自身的优势和弱点进行正确分析，了解自身的内部差别优势所在，并据此更好地弄清市场机会的可行性大小。企业还可以有针对性地改进自身的内部条件，创造出新的差别优势。三是企业内部的协调程度也影响着市场机会可行性的大小。市场机会的把握程度是由企业的整体能力决定的。针对某一市场机会，只有企业的组织结构及所有各部门的经营能力都与之相匹配时，该市场机会对企业才会有较大的可行性。

2. 企业外部环境条件

企业的外部环境从客观上决定着市场机会对企业可行性的大小。外部环境中每一个宏观、微观环境要素的变化都可能使市场机会的可行性发生很大的变化。即使企业的内部条件没变，但由于一些外部因素发生了重要变化，也会使该市场机会的可行性大为降低。

任务三　选择市场调查的类型

一、按调查性质分类

市场调查按调查性质不同，可分为探索性市场调查、描述性市场调查、因果性市场调查和预测性市场调查几种类型。

（一）探索性市场调查

探索性市场调查，是为了界定调查问题的性质和更好地理解问题的环境而进行的小规模的调查活动。其常用于帮助调研者将问题定义得更准确、帮助确定相关的行动路线或获取更多的有关资料。这一阶段所需的信息是不精确定义的，研究过程具有灵活性且没有固定结构。例如，向行业专家咨询就是一种探索性的研究。探索性市场调查的样本量一般较小，不具有特殊代表性，原始数据一般是定性的。探索性调研的结果一般只是实验性的、暂时性的，或作为进一步研究的开始。

（二）描述性市场调查

描述性市场调查，是指在搜集、整理市场资料的基础上，描述某一总体或现象的基本特征的调查。它主要解决“是什么”的问题。例如，在销售研究中，搜集不同时期的销售量、广告支出、广告效果等资料，经统计分析能说明广告支出又增加了多少个百分点、销售量有多少个百分点的变化。

（三）因果性市场调查

因果性市场调查，是为了研究市场现象与影响因素之间客观存在的联系而进行的市场调查。通常在描述性市场调查的基础上，对影响市场现象的各种影响因素搜集资料，研究市场现象间的相互联系的趋势和程度，进而研究这种联系的规律性。它主要解决“为什么”的问题。例如，快餐店的销售额受地点、价格、广告等因素的影响，通过明确因变量与自变量之间的关系，改变其中一个重要的自变量来观察因变量受到影响的程度。

（四）预测性市场调查

预测性市场调查，是指在搜集研究对象事物过去和现在的资料的基础上，预测市场趋势的调查。它主要解决“怎么样”的问题。例如根据 2010 年至 2015 年的销售资料，找出变化规律，预测 2016 年的销售量。

二、按调查对象分类

市场调查按照调查对象的不同，可分为消费者市场调查和产业市场调查。

（一）消费者市场调查

消费者市场也称为生活资料市场，其购买目的是满足个人或家庭的生活需要，是社会再生产消费环节的实现。对消费者市场进行调查，除直接了解消费者的需求数量及其结构外，还必须对其他的影响因素进行调查，如人口、经济、社会文化、购买心理和购买行为等。

（二）产业市场调查

产业市场也称为生产者市场或工业市场，是由购买货物和劳务用来再生产，以出售、出租给其他人的个人或组织构成。对产业市场的调查主要从市场商品供应量、产品的市场寿命周期、商品流通渠道等方面进行调查。

三、按资料来源分类

市场调查按资料来源的不同，可分为文案调查和实地调查。

（一）文案调查

文案调查，是指通过搜集各种历史和现实的动态统计资料，从中摘取与市场调查课题有关的信息进行研究分析的调查方法。文案调查具有简单、快速、成本低等特点，它既可以作为一种独立方法来运用，也可作为实地调查的补充。

（二）实地调查

实地调查，是指调查者搜集第一手市场资料的方法。它包括观察法、实验法、访问法以及网络调查法。为了得到更为丰富真实的调查资料，实地调查方法更为常用，在借助科学方法的基础上，能够得到比较真实的统计分析资料。

四、按调查时间的连续性分类

市场调查按调查时间的连续性的不同，可分为一次性调查、定期性调查和经常性调查。

（一）一次性调查

一次性调查，又称临时性调查，是指为了研究某一特殊问题而进行的一次性的市场调查。

（二）定期性调查

定期性调查是指对市场情况或业务经营情况每隔一定时间所进行的调查。

（三）经常性调查

经常性调查是指在选定调查的课题和内容之后，组织长时间的、不间断的调查，以搜集具有时间序列化的信息资料。

五、按照调查的组织方式分类

市场调查按调查的组织方式不同，可分为全面调查和非全面调查。

（一）全面调查

全面调查又叫普查，它是指调查者为了搜集一定时空范围内调查对象的较为全面、准确、系统的调查资料，对调查对象的全部个体单位进行逐一、无遗漏的调查。如国家按照一定周期组织的经济普查、工业普查、农业普查、第三产业普查和人口普查等。

（二）非全面调查

与全面调查相对的是非全面调查，这类调查是指仅调查对象总体中的一部分个体，不进行逐一调查。非全面调查方式有重点调查、典型调查和抽样调查。

任务四　组织市场调查的原则和程序

一、市场调查的原则

为了尽可能获得符合客观真实的市场信息，企业在市场调查中还需遵循以下七个原则。

（一）客观性原则

客观性原则要求市场调查搜集到的市场信息和有关资料必须真实准确地反映市场现象，不能带有虚假或错误的成分，是企业市场调查最重要的原则。坚持市场调查的客观性原则，首先要保证对市场现象的如实描述，不带有主观倾向和偏见；其次，坚持客观性原则，在市场调查中力求资料的准确性，尽量减少错误。

（二）针对性原则

针对性原则是指市场调查要围绕企业经营活动中存在的问题，即调查的目的来进行。任何市场调查都要耗费大量人力、物力、财力，因此市场调查不能盲目进行，企业必须根据要解决的问题来开展市场调查。

（三）时效性原则

市场调查必须及时迅速、讲究时效，否则，不仅影响项目评估和决策活动，而且会使所得的资料由于落后于市场形势而失去参考价值。市场调查的主体要及时捕捉和抓住市场上任何有用的情报、信息，及时分析、及时反馈，为企业在经营过程中适时地制定和调整策略创造条件。在市场调查工作开始进行之后，要充分利用有限的时间，尽可能多地搜集所需要的资料和情报。

（四）系统性原则

市场资料要十分丰富全面，才能对市场做出正确的分析，得出科学的结论。只有全面、系统，才能防止调查的片面性、主观随意性。市场调查既要了解企业的生产和经营实际，又要了解竞争对手有关情况。既要认识到其内部机构设置、人员配备、管理素质和方式等对经营的影响，也要调查社会环境的各方面对企业和消费者的影响程度。

（五）准确性原则

准确性原则要求获取真实的准确的信息，调查误差应尽可能小，调查数据真实可靠，调查结果的描述必须明晰准确，不能含糊不清、模棱两可。

（六）经济性原则

经济性原则要求选择恰当的调查方式方法，争取用较少的费用获取更多的调查资料，同时又能满足调查目的和要求。

（七）科学性原则

科学性原则要求采用科学的方法去定义调查问题、界定调查内容与项目、设计调查方案、采集数据、处理数据和分析数据，为决策部门提供正确的信息。

二、市场调查的程序

市场调查是一项较为复杂、细致的工作，为了确保市场调查的质量，使调查工作有条理、高效率地进行，必须加强组织管理，建立一套系统科学的程序来安排调查工作。虽然不同类型的市场调查，其程序不尽相同，但从最基本的层面分析，正式的市场调查大体上需要经过四个阶段：准备阶段、正式调查阶段、总结阶段和后续阶段。

（一）准备阶段

准备阶段是市场调查工作的开始。准备工作是否充分，对后续的实际调查工作的开展和调查质量影响很大。准备阶段包括明确调查的主题和目标、调查的可行性分析和调查方案的设计及确定三方面的内容。

1. 明确调查的主题和目标

明确调查的主题和性质，调查要了解什么，调查的意义和目的。

2. 调查的可行性分析

无论是外部委托的调查与预测项目，还是内部组织的调查与预测项目，事前都需要做严谨的可行性分析与研究。例如，调查活动从技术角度看是否具有可行性；市场调查与预测机构从人力、物力、财力等方面是否具备承担活动的能力和条件；相关主题的调查活动是否有法律保障、是否有违社会道德准则等。

3. 调查方案设计及确定

确定市场调查的主题和目标，研究具有调查的可行性之后，就可以进行方案的设计，这是确保市场调查取得成功的关键。市场调查必须事先编制详细、周密的调查方案，为了提高调查方案的科学性、可操作性，还必须对方案进行可行性论证，最终为整个调查活动制定详细的、内容完整的策划书。

市场调查方案是整个市场调查活动的指导书。客观上不存在最好的调查方案。相反，调查人员可以设计多种备选方案。每一种选择都有优缺点，需要权衡选择。需要权衡的主要因素有调查成本、决策信息的质量、时间限制和调查类型。通常，所获得的信息越精确、错误越少，成本就越高。

（二）正式调查阶段

正式调查阶段就是市场调查资料的搜集阶段，也是整个市场调查过程中的关键阶段，对调查工作能否满足准确、及时、完整、节约等基本要求有直接的影响。这个阶段包含两个步骤。

1. 事先培训

对调查人员进行培训，让调查人员理解调查计划，掌握调查技术及有关的经济知识，解答调查人员对调查表和问卷的疑问，这是保证调查质量的一项重要措施。

2. 实地调查

市场调查资料的搜集阶段是调查者受种种外部因素制约而无法完全控制或掌握工作进程的阶段，市场调查的领导者和组织者在这个阶段要特别注意听取被调查者的意见，做好外部协调工作和内部指导工作。实地调查的质量取决于调查人员的素质、责任心和组织管理的科学性。

外部协调工作主要包括两个方面：一是要紧紧依靠被调查单位或地区的有关组织，努力争取它们的积极支持和帮助，要尽可能在不影响正常工作的前提下，合理安排调查工作的进程。二是要密切联系被调查的全部对象，努力争取它们的充分理解和合作。

依据市场调查的类型和方法不同，调查阶段的工作指导也不相同。一般来说，在调查阶段的初期，应指导调查人员尽快打开调查工作的局面，注重调查人员的“实战”训练和搜集材料工作的质量，为整个调查工作开一个好头。在调查阶段的中期，应注意总结和交流调查工作的经验，及时发现和解决工作中出现的新情况、新问题，特别是要采取得力的措施，加强后进的单位和环节，促进调查工作的平衡发展，加快整个调查工作的进度。在调查阶段的后期，要狠抓搜集材料的扫尾工作，同时要对调查资料进行严格的质量检查和初步整理工作，以便及时发现问题，就地补充调查。

（三）总结阶段

总结阶段主要是做好所搜集资料的分类、整理、统计分析并撰写调查报告，可以分为两个步骤。

1. 资料的整理与分析

搜集资料完成后，首先要对这些资料进行分类、整理，“去粗取精、去伪存真、由此及彼、由表及里”，选取一切有关的、重要的资料，剔除没有参考价值的资料；然后对这些资料进行编组或分类，并进行相关的统计分析；最后把有关资料用适当的表格形式展示出来，以便说明问题或从中发现某种典型模式。

2. 撰写调查报告

经过对调查材料的综合分析整理，便可根据调查目的写出一份调查报告，得出调查结论和建议。

（四）后续阶段

提交了市场调查报告并不是调查过程的完结，调查组还要继续追踪，了解该结论是否被重视和采纳、采纳的程度和采纳后的实际效果以及调查结论与市场发展是否一致。只有这样才能不断积累经验，改进和提高调查工作的质量。

三、市场调查的基本要求

（一）端正指导思想

要树立为解决实际问题才进行调查研究的思想，注意防止那种为了某种特殊需要而内定的调查；或者带着事先想出的观点和结论去寻找“相应”的素材来验证的虚假调查。

（二）如实反映情况

对调查来的情况，一是一，二是二，必须讲真话。

（三）选择有效的调查方法

采用何种调查方法，一般应综合考虑调研的效果和人力、物力、财力及时间限度等。对某些调查项目，往往需要同时采用多种不同的调查方法，如典型调查，就需要交叉运用座谈会、访问法、观察法等多种方式。

（四）安排适当场合

安排调查的时间和地点时，要为被调查者着想，充分考虑被调查者是否方便，是否能引起被调查者的兴趣。

（五）遵守调查纪律

遵守调查纪律包括遵纪守法，尊重被调查单位领导的意见，尊重人民群众的风俗习惯，在少数民族地区要严格执行民族政策，注意保密和保管好调查资料等。

【课后实训】

一、案例分析

可口可乐：跌入调研陷阱

20 世纪 70 年代中期以前，可口可乐一直是美国饮料市场的霸主，市场占有率一度达到 80%。然而，70 年代中后期，它的老对手百事可乐迅速崛起，1975 年，可口可乐的市场份额仅比百事可乐多 7%；9 年后，这个差距更缩小到 3%，微乎其微。

百事可乐的营销策略是：第一，针对饮料市场的最大消费群体——年轻人，以“百事新一代”为主题推出一系列青春、时尚、激情的广告，让百事可乐成为“年轻人的可乐”；第二，进行口味对比，请毫不知情的消费者分别品尝没有贴任何标志的可口可乐与百事可乐，同时百事可乐公司将这一对比实况进行现场直播。结果是，有八成的消费者回答百事可乐的口感优于可口可乐，此举马上使百事的销量激增。

对手的步步紧逼让可口可乐感到了极大的威胁，它试图尽快摆脱这种尴尬的境地。

1982 年，为找出可口可乐衰退的真正原因，可口可乐决定在全国 10 个主要城市进行一次深入的消费者调查。

可口可乐设计了“你认为可口可乐的口味如何?”“你想试一试新饮料吗?”“可口可乐的口味变得更柔和一些，您是否满意?”等问题，希望了解消费者对可口可乐口味的评价并征询对新可乐口味的意见。调查结果显示，大多数消费者愿意尝试新口味可乐。

可口可乐的决策层以此为依据，决定结束可口可乐传统配方的历史使命，同时开发新口味可乐。没过多久，比老可乐口感更柔和、口味更甜的新可口可乐样品便出现在世人面前。

为确保万无一失，在新可口可乐正式推向市场之前，可口可乐公司又花费数百万美元在 13 个城市中进行了口味测试，邀请了近 20 万人品尝无标签的新/老可口可乐。结果让决策者们更加放心，六成的消费者回答说新可口可乐味道比老可口可乐要好，认为新可口可乐味道胜过百事可乐的也超过半数。至此，推出新可乐似乎是顺理成章的事了。

可口可乐不惜血本协助瓶装商改造了生产线，而且，为配合新可乐上市，可口可乐还进行了大量的广告宣传。1985 年 4 月，可口可乐在纽约举办了一次盛大的新闻发布会，邀请 200 多家新闻媒体参加，依靠传媒的巨大影响力，新可乐一举成名。

看起来一切顺利，刚上市一段时间，有一半以上的美国人品尝了新可乐。但让可口可乐的决策者们始料未及的是，噩梦正向他们逼近——很快，越来越多的老可口可乐的忠实消费者开始抵制新可乐。

对于这些消费者来说，传统配方的可口可乐意味着一种传统的美国精神，放弃传统配方就等于背叛美国精神，“只有老可口可乐才是真正的可乐”。有的顾客甚至扬言将再也不买可口可乐。

每天，可口可乐公司都会收到来自愤怒的消费者的成袋信件和上千个批评电话。尽管可口可乐竭尽全力平息消费者的不满，但他们的愤怒情绪犹如火山爆发般难以控制。

迫于巨大的压力，决策者们不得不作出让步，在保留新可乐生产线的同时，再次启用近 100 年历史的传统配方，生产让美国人视为骄傲的“老可口可乐”。

资料来源：百度文库，http：//wenku. baidu. com/view/d13678b9bcd126fff6050b51. html.

思考题：

可口可乐本次市场调查工作存在什么问题？为什么费时费力的市场调查及新可乐推广工作最后以失败告终？请为可口可乐公司提出调查建议。

二、实训操作

将全班同学分为不同的调查小组，每个小组 4～6 人，接受企业委托、按照教师模拟的调查情境或参考以下题目，承接调查项目。实训要求：每个小组选择并设计一个合适的调查项目名称，根据调查的目的和要求，初步设计本项目的调查内容，并将其罗列出来。

参考选题：

关于大学生课外活动情况调查；

关于大学生手机使用状况调查；

关于大学食堂满意度调查；

关于当年 T 恤流行趋势调查；

关于大学生创业情况调查。

项目二

设计市场调查计划书

【任务引入】

关于千家伴超市市场调研策划方案

一、前言

随着我国经济的快速发展，“超市”这一名词在人们的心目中越来越亲切，超市作为生活中不可缺少的组成部分，更是我们消费者日常生活购物的首选之处。据宏观预测，该市场成长曲线呈上升之势。

为配合杭州市下沙千家伴超市进军下沙高教园区市场，评估千家伴超市的营销环境，制定相应的广告策略及营销策略，预先进行杭州市下沙高教园区市场调查显然大有必要。

本次市场调查将围绕三个立足点，即消费者、市场和竞争者来进行。

二、调查目的

1. 为千家伴超市进军下沙高教园区市场进行广告策划提供客观依据。

2. 为千家伴超市连锁经营和销售提供客观依据。

3. 为千家伴超市连锁经营服务策划提供客观依据。

其具体内容包括：

第一，了解下沙高教园区市场状况。

第二，了解下沙高教园区消费者的消费特点、习惯、偏好等，预测市场容量及潜力。

第三，了解下沙高教园区便利店、杂货店、超市的消费者情况。

第四，了解竞争对手广告策略及销售策略。

第五，了解目标市场消费者所需的相关服务。

三、调查内容

（一）消费者

1. 消费者统计资料（性别、籍贯、所在院校）。

2. 消费者日常消费形态（花费、习惯、看法等）。

3. 消费者购买形态（购买地点、购买什么、选购标准等）。

4. 消费者理想的连锁超市描述。

5. 消费者对连锁超市的产品广告、促销的反应。

6. 消费者对连锁超市服务质量的反馈。

（二）市场

1. 下沙高教园区连锁超市、便利店、杂货店的数量、品牌、销售状况。

2. 下沙高教园区目标市场消费者需求及购买力状况。

3. 下沙高教园区市场潜力测评。

4. 沙高教园区目标市场销售通路状况。

（三）竞争者

1. 下沙高教园区市场现有几家便利店、超市、杂货店，其品牌、定位、档次、规模情况如何。

2. 目标市场现有食品的销售状况。

3. 同行业中各品牌、各类型竞争者的主要销售描述。

4. 竞争对手的广告策略及销售策略。

5. 竞争对手的服务质量。

四、调查对象及抽样

随着高校的大规模扩招，下沙作为杭州最大的高教园区，市场潜力是无限的。目前，下沙的市场有很多超市、便利店、杂货店，其经营形式各不相同，所以在确定调查对象时，应适当针对目标消费者，点面结合，有所侧重。调查对象组成及抽样如下：

1. 消费者：杭州市下沙高教园区东区、西区（西区占40%，东区占50%，其他占10%）。

2. 竞争对手：杂货店、连锁经营店、便利店。

3. 消费者样本要求：不能在市场调查公司工作，也不能在目标市场竞争者的岗位工作。

五、调查方法及调查单位确定原则

市场调查方法以问卷调查法为主，辅以观察法、访谈法、抽样调查法。调查工作者要求：

1. 仪表端庄、大方。

2. 举止谈吐得体，态度亲切、热情，具有把握谈话气氛的能力。

3. 经过专门的市场调查培训，专业素质较好。

4. 具有市场调查经验。

5. 具有认真负责、积极工作的精神及职业热情。

六、调查程序及安排

第一阶段：初步市场调查阶段　　2天　　2006.3.22—3.23

第二阶段：计划阶段

制订计划　　2天　　2006.3.25—3.26

审定计划　　1天　　2006.3.28

确定、修正计划　　1天　　2006.3.30

第三阶段：问卷阶段

问卷设计　　1天　　2006.4.1

问卷调整、确认　　2天　　2006.4.2—4.3

问卷印制　　1天　　2006.4.11

第四阶段：实施阶段

访问员培训　　2天　　2006.4.12—4.13

实施执行　　11天　　2006.4.14—4.24

第五阶段：研究分析阶段

数据输入处理　　2天　　2006.4.25—4.26

数据研究、分析　　2天　　2006.4.27—2006.4.28

第六阶段：报告阶段

报告书写　　2天　　2006.5.8—5.9

报告打印　　1天　　2006.5.10

调查实施自方案、问卷确认后第4天执行。

七、经费预算（略）

八、小组成员确定及工作安排

小组人数　　5人

分工合作　　制订总体方案　　2人

调查项目、调查问卷的设计、修改和制作　　3人负责，全部参与

实地调查　　5人

统计调查资料　　2人

分析调查结果、撰写调查报告　　2人

资料来源：张万万，陈灵燕，王逸君，陈瑜，付建蕾．关于千家伴超市市场调研策划方案［EB/OL］．（2006-05-20）．www.ChinaHR.com.

分析：

一份完整的市场调查计划书包括哪几方面内容？

【任务分析】

市场调查计划书是市场调查工作的总任务各个方面和各个阶段进行的整体构思和安排，市场调查工作能够有目的、有计划、有组织地进行必须先制订市场调查计划。本项目的工作任务是：接受企业委托或教师模拟情境，引导学生成立调查小组，承接调查项目，明确市场调查计划书的重要意义，掌握市场调查计划书相关内容的写作技巧，进行市场调查计划书的撰写。

【具体任务】

任务一　认识市场调查计划书

市场调查计划书是市场调查活动的指导书，市场调查计划书的正确设计，为市场调查工作的顺利开展提供了整体思路和方向，是市场调查工作能够成功的第一步。

一、市场调查计划书的含义

市场调查计划书又可以称为市场调查方案，它是在正式市场调查之前，根据调查研究的目的和调查对象的性质等要求，在进行实际调查之前，对调查的各个方面和各个阶段进行全方位的考虑和安排，提出相应的调查实施方案，制定科学、合理的调查工作程序的过程。

市场调查方案包括横向设计和纵向设计两个大的方面。横向设计指的是调查工作的各个方面，即调查所要涉及的各个组成项目，例如对某行业企业的竞争能力进行调查，就应将所有该行业企业经营品种、质量、价格、服务等方面作为一个整体，对各种相互区别又有密切联系的调查项目进行整体考虑，避免出现调查内容的重复和遗漏。纵向设计是指调查工作所需经历的各个阶段和环节，即调查资料的搜集、调查资料的整理和分析等，是为保证调查工作有序进行，减少调查误差，提高调查质量，对调查工作的统一考虑和安排。

二、市场调查计划书的意义

市场调查计划书的设计是保障调查工作有序开展、调查各个环节能有连贯性和协同性而做的统筹安排，对整个市场调查工作具有指导作用。具体来讲，市场调查计划书的设计的意义有以下三个方面。

（一）它是整个市场调查过程的行动纲领

市场调查计划书设计起着统筹兼顾、统一协调的作用。现代市场调查是一项很复杂的系统工程，调查中会遇到很多问题。例如，抽样调查中样本量的确定，抽样样本数越多，那么样本指标的代表性越强，但是这样会延长调查时间增加调查费用。所以，在方案设计中就应该兼顾把握程度和费用两方面的因素，提高调查工作的经济效益。

（二）它是对市场从定性认识过渡到定量认识的开始阶段

任何调查工作都是先从问题的定性认识开始的，比如在具体调查之前，首先要对该企业生产经营活动状况、特点等有一个详细的了解，然后明确调查什么和怎样调查，解决什么问题和如何解决，所有这些考虑都是研究者的定性考虑。在此基础上设计相应的指标以及搜集、整理资料的方法，然后实施。所以说，市场调查方案是从定性认识到定量认识的过渡。

（三）它能够适应现代市场调查发展的需求

现代市场调查已经从单纯的搜集资料活动发展到把调查对象作为整体来反映的调查活动。与此相适应，市场调查过程也应被视为市场调查设计、资料搜集、资料整理和资料分析的一个完整工作过程，调查计划书的设计正是这个全过程的第一步。

任务二 设计市场调查计划书的内容和技巧

市场调查计划书的设计是对市场调查工作各个方面全部的通盘考虑，涉及调查工作的全部内容，调查计划书的设计的是否科学、可行，是整个调查工作成败的关键。市场调查计划书的内容主要包括以下十个方面。

一、确定市场调查目的

明确市场调查目的是调查设计的首要问题，只有确定了调查目标，才能确定调查范围、内容和方法，否则就会列入一些无关紧要的调查项目，而重要的调查项目可能会漏掉，导致无法满足市场调查的需求。具体而言，确定调查目标就是要明确客户为什么要进行调查，即调查的原因；客户想通过调查获得什么信息，即调查的基本内容；客户获得这些信息想要做什么，即客户调查获得的信息能否解决客户所面临的问题。

衡量一个调查设计是否科学的标准，主要就是看计划书的设计是否体现调查目的，是否能够解决客户所面临的问题。

二、确定调查对象和单位

确定调查目的以后，就要确定调查对象和调查单位。这主要是为了解决向谁调查和由谁来提供资料的问题。调查对象是根据调查目的、任务确定调查的范围以及所要调查的总体，它是由具有某一共同性质的许多个体单位所组成的整体。确定调查对象即解决向谁调查的问题，例如，2000 年第五次人口普查规定：“人口普查对象是具有中华人民共和国国籍并在中华人民共和国境内常住的人”。再比如，对某地区小学学生情况进行普查，则调查对象是该地区各小学的全部学生。

调查单位是调查对象的个体单位，是调查实施中承担调查问题的承担者。例如，人口普查中每个人就是调查单位。再比如，对某地区小学学生情况进行普查，则调查单位是该地区各小学的每一位学生。

在确定调查对象和单位时，应注意以下几个方面的问题：

第一，要严格界定调查对象的含义，并指出它与其他非调查现象的界限。如以城市职工为调查对象，就应明确职工的含义，划清城市职工与非城市职工、职工与居民等概念的界限，以免造成调查登记时由于界限不清而发生差错。

第二，要分清调查单位和填表单位。调查单位和填报单位是有区别的，调查单位是调查项目的承担者，而填报单位是调查中填报调查资料的单位。例如，对某地区工业企业设备进行普查，调查单位为该地区工业企业的每台设备，而填报单位是该地区每个工业企业。但是有的情况下，二者又是一致的，例如在进行职工基本情况调查时，调查单位和填报单位都是每一个职工。在调查计划书设计中，当两者不一致时，应当明确从何处取得资料并防止调查单位重复和遗漏。

三、确定调查项目

调查项目是指对调查单位所要调查的主要内容，确定调查项目就是要明确向被调查者了解一些什么问题。

具体在确定调查项目时，要注意以下五个方面的问题：

第一，调查项目的确定即要满足调查目的和任务的要求，又要能够取得数据，包括在哪里取得数据和如何取得数据，凡是不能取得数据的调查项目应舍去。

第二，调查项目应包括调查对象的基本特征项目，调查课题的主体项目和调查课题的相关项目。例如，消费者需求调查，基本项目：年龄、性别、职业、行业、文化程度、家庭人口、居住地等；主体项目：为何买、买什么、买多少、在哪里买、由谁买，何时买等要素；相关项目：消费者收入、消费结构、储蓄、就业、产品价格等。

第三，调查项目的表达必须明确，调查项目的答案选项具有确定的表示形式，如数值式、文字式等，否则，会使调查者产生不同理解而做不同的答案，造成汇总的困难。

第四，调查项目之间应尽可能相互关联，使取得的资料能够互相对应，具有一定的逻辑关系，便于了解调查现象发展变化的原因、条件和后果，检查答案的准确性。

第五，调查项目的含义必须明确、肯定，必要时可附加调查项目或指标解释及填写要求。

四、制定调查提纲和调查表

当调查项目确定后，可将调查项目科学地分类、排列构成调查提纲或者调查表，方便调查登记和汇总。

调查表一般由表头、表体和表脚三个部分构成。

（一）表头

表头包括调查表的名称、调查单位（填报单位）的名称、性质和隶属关系等，表头上填写的内容一般不作为统计分析之用，但它是核实和复查调查单位的依据。

（二）表体

表体包括调查项目、栏号和计量单位等，它是调查表的主要部分。

（三）表脚

表脚包括调查者或者填报人的签名和调查日期等，其目的是明确责任，一旦发现问题，便于查寻。调查表分单一表和一览表两种，单一表是每张调查表只登记一个调查单位的资料，常在调查项目较多时使用。它的优点是便于分组整理；缺点是每张表都注有调查地点、时间及其他共同事项，造成人力、物力和时间的耗费较大。一览表是一张调查表可以登记多个单位的调查资料，它的优点式当调查项目不多时，应用一览表能使人一目了然，还可将调查表中有关单位的资料相互核对；其缺点是对每个调查单位不能登记更多的项目。

调查表拟定后，为便于正确填表、统一规格，还要附表说明。内容包括调查表中各个项目的解释，有关计算方法及填表时应注意的事项等，填表说明应力求准确、简明扼要、通俗易懂。

五、确定调查方式和方法

在调查计划书设计中，还要规定采用何种组织方式和发放获取调查资料，调查的组织形式就是指市场调查方式，通常有市场普查、重点市场调查、典型市场调查、抽样市场调查、非概率抽样调查等。在调查时，采用何种方式、方法不是固定和统一的，而是取决于调查对象和调查任务。为了准确、及时、全面地取得市场信息，为完成调查目标，调查方式的选择往往不是单一的，常常是根据实际需要选择几种相结合的方式，但是需要注意的是，针对某项调查任务，市场调查方式必须在方案中明确。

市场调查方法是指在调查方式既定的情况下搜集资料的具体方法，通常有观察法、访问法、实验法、网络调查法、文案调查法等。选择的调查方法在调查计划书中并不硬性规定，通常是以能获取需要调查的资料为原则，灵活掌握。

六、确定时间进度表

时间进度表是将调查工作每个阶段需要完成的任务做出具体时间规定。严谨的时间进度计划一方面可以指导调查小组和调查人员正确把握工作的时间进度和活动的目标要求，另一方面是保证各调查小组和调查人员的各项调查活动在时间上保持衔接，减少和避免调查与预测过程中由时间的错误分配而造成的人力资源及财力的浪费与损失。设置时间进度表时，最好为补充调查留有一定的时间，因为工作中常常出现调查项目不全但又很关键的情况，这就需要进行补充调查才能保证调查任务的圆满完成。

七、确定预算表

市场调查费用预算是保障调查工作顺利开展和调查方案设计成功中标的重要因素，预算表的制作依据调查项目和调查内容不同而不同。在美国，单项小规模的调查要花费约5 000美元，大规模的调查会超过10万美元。在我国，小规模的调查一般是几千元、上万元，大规模的调查能到几十万元人民币。制定预算时，方案设计者应制订较详细的分工费用计划，这既是使客户明白所出的费用数量是必需的，也是调查实施控制支出的重要手段。一般来说，市场调查所需的费用包括以下几个方面：总体方案策划费和设计费；抽样设计费；调查问卷设计费；调查问卷印刷费、邮寄费；调查实施费（包括选拔、培训调查员，试点调查费、交通费，调查员劳务费、差旅费，被调查者的礼品等）；数据录入费（包括编码、录入、差错等）；数据统计分析费（包括上机、统计、制作、作图、购买必需品等）；调研报告撰写费；资料费、复印费、通信联络等办公费用；专家咨询费；劳务费（公关、协作人员劳务费等）；上交管理费或税金；鉴定费、新闻发布会及出版印刷费等。在进行预算时，要将可能需要的费用尽可能考虑全面，以免将来出现一些不必要的麻烦而影响调查的进度。

八、确定调查资料整理和分析方法

这部分内容主要涉及对调查所取得资料进行研究分析，主要包括对资料进行分类、编号、整理、汇总、分析等一系列资料研究工作。一般要在方案中明确规定调查所取得资料由谁负责整理、怎样整理，整理后原始资料如何汇总，谁来分析，采用什么方法进行分析等。

九、确定调查报告的提交方式

主要包括报告书的形式和份数、报告书的基本内容、报告书的图表要求等。

十、确定市场调查的组织计划

市场调查是一项有计划、有组织的调研活动，为保障调查工作的顺利实施，必须制订调查的组织计划、成立专门的调查组织机构、配置相应的工作人员。主要包括调查的组织领导、调查机构的设置、调查员的选择与培训，课题负责人及成员，各项调研工作的分工等。调查工作组织实施是一项非常考究的事情，调查方案设计者应充分考虑人员的自身素质和能力，做到知人善任，这样才能充分挖掘调查队伍每个队员的潜力，发挥其作用。比如需要在网络上搜集公开的数据时，就应该安排电脑使用比较熟练、对网络比较熟悉的人员去做；而搜集政府部门的相关数据时，应该安排人脉较好、政府部门熟人较多的人员去做。

企业委托外部市场调查机构进行市场调查时，还应对双方的责任人、联系人、联系方式做出规定。

任务三 市场调查计划书的格式和注意事项

一、市场调查计划书的格式

一般一个完整的市场调查计划书通常包括以下八个方面的内容。

（一）概要和前言

概述市场调查计划书的要点，提供项目概况。

（二）背景

描述市场调查问题的相关背景。

（三）调查的目的和意义

较前言部分更详细，指出项目的背景、想研究的问题和可能的几种备用决策，指明该项目的调查结果可能给企业带来的决策价值、经济效益、社会效益以及在理论上的重大价值。描述调查项目要达到的目标，调研项目完成产生的现实意义等。

（四）调查内容和范围

指明调查的主要内容，规定所必需的信息资料，开列出主要的调查问题和相关的理论假说，明确界定此次调查的对象和范围。

（五）调查采用的方式和方法

1. 根据调查问卷内容和要求，确定调查方式

在调查计划中，应事先确定应采用何种组织方式和方法取得调查资料，包括普查、重点调查、典型调查和抽样调查等。

2. 确定具体的实施方式

具体的实施方式包括面谈调查、电话调查、观察调查、网络调查等市场调查方法。

（六）确定调查资料整理和分析方法

随着经济理论的发展和计算机的运用，越来越多的现代统计分析手段可供我们在分析时选择，如回归分析、相关分析等。每种分析技术都有其自身的特点和适用性，因此，应根据调查的要求，选择最佳的分析方法并在方案中加以规定。

（七）调查进度安排和有关经费开支预算

调查进度安排设计要有一定的弹性和余地，以应付可能的意外事件的影响。在进行预算时，要将可能需要的费用尽可能考虑全面，以免将来出现一些不必要的麻烦而影响调查的进度。

（八）附录

附录主要包括调研负责人及主要参加者，说明每人的专业特长及其在该项目中的主要分工，课题组成员的水平和经历。抽样方案及技术说明，问卷及有关技术说明，数据处理所用软件等。

二、市场调查计划书的注意事项

（一）一份完整的调查计划书

上述八个方面的内容均应涉及，不能有遗漏，否则就是不完整的。

（二）具体内容格式方面

本文提供的格式并不是唯一的，中间的内容可以适当合并或进行进一步的细分，总之应根据具体的调查内容加以灵活处理。

【课后实训】

一、案例分析

大学生消费的现状

现在大学生的生活消费究竟是一个怎样的层次？根据笔者对本校学生做的一项调查问

卷显示，大多数学生日常消费维持在数百至数千元不等。由于自身和社会的原因，在他们身上出现了盲目消费、攀比消费等消费行为，并呈现出以下六方面的特点。

一、日常生活消费高档化

所谓“吃要营养，穿要名牌，用要高档”。学校周围的大小饭馆，天天座无虚席。还有学校附近的档次不低的茶社、咖啡厅等，也是大学生经常光顾的场所。另外，一些大学生穿衣要名牌，有的同学不惜花血本，全身上下都是名牌，俨然一副老总派头；日常用品亦追求高档，许多的同学购买非常高档的化妆品，甚至有的女同学花更多的钱去美容院美容。

二、电信、网络、数码等消费的普及化

随着IT行业的不断发展，手机、电脑等数码产品在当今大学校园随处可见。大学生的追求越来越超前，还没有入学的准大学生，就要把笔记本电脑、手机等配齐。另外，大学生也是网络消费和通信消费的主力。大学生在网络、通信方面的消费占到日常消费的次席。

三、休闲娱乐消费的多样化

在休闲，娱乐消费方面大学生比其他社会群体体现出更为旺盛的消费需求，大学生越来越不满足于传统的休闲娱乐消费，而是追求更加新颖、刺激、有品位、动感强的娱乐活动，如进歌厅、进迪厅、进酒吧、去溜冰场、去滑雪场等，尽情享受动感激情。大学生利用假期、黄金周，出去旅游，少则几百，多则上千元。这对于没有收入的大学生而言，也是一笔不菲的开支。

四、大学生的交际消费上升化

在大学生的交往过程中，交际消费也呈上升趋势。交际消费包括两方面，一方面就是人情消费，不论获奖、评优，还是入党、提干或生日，甚至是通过某项考试（如英语四级）都要请客或是送礼，因此，交际消费越来越成为大学生日常消费的一项重要支出，甚至给家庭经济困难的学生带来不小的经济负担。另一方面就是爱情消费，大学生谈恋爱屡见不鲜，经常要请对方吃饭，送对方礼物，而且档次肯定不能太差。根据调查显示，凡是在校的大学生谈恋爱的几乎都要超支。

五、学习考证费用激增化

面对日益严峻的就业形势，大学生于是想方设法从各个方面去完善自己，一方面为获取各种各样的证书，报名参加各类考级考证（除了如英语等级、计算机等级证书，还有报关员证、秘书资格证等。事实上，很多人是随大流去考的，很多证对个人来说并没有多大用处），报名费加辅导书加在一起也是一笔不小的数目。另一方面，面对就业单位高学历的要求，大学生读完专科升本科，读完本科读硕士，不惜花更多的钱去参加辅导班和购买各种各样的参考书。还有一些同学在念完本专业的同时辅修其他的专业，为自己就业积累智力资本，从而使得大学生在学习上的投入逐年增加。

六、投资行为非理性化

进入2006年、2007年，中国的股市几乎每天都在创新高，股市的一路飘红，在不断提升社会民众入市热情的同时，也在大学校园内掀起了大学生的炒股热。于是，校园里的炒股族一下子有了不小的规模。据调查显示，大学生股民人数已经达到10%左右，而且人数还在不断增长。部分大学生竟然是拿学费、生活费进行炒股，一旦投资失败，大学生将很难承受这一现实，并将严重影响到日常生活消费。

思考题：

分析资料，如果让我们进行大学生消费现状调查方案设计，我们应该从哪几方面进行设计？

二、实训操作

进行一次校内餐馆需求状况调查，设计一份市场调查总体方案。

实训要求：

1. 以小组为单位。
2. 进行小组交流。
3. 以班为单位进行讨论。
4. 学生互评与教师点评。
5. 各小组交书面材料。

项目三

选择市场调查方法

【任务引入】

日本是如何推理出大庆油田机密的？

20 世纪 60 年代，中国大庆油田的位置、规模和加工能力是严格保密的。日本为了确定能否和中国做成炼油设备的交易，迫切需要知道大庆油田的位置、规模和加工能力。为此，日本情报机构从中国公开的刊物中搜集了大量有关的信息，对所搜集的信息进行了严格的定性及定量处理后得出了有关大庆油田的位置、规模和加工能力的准确情报。

1. 大庆油田的位置

首先，日本情报机构从 1964 年的《人民日报》上看到了题为“大庆精神大庆人”的报道，从而判断出：中国的大庆油田确有其事。以此为线索，日本情报机构开始全面搜集中国报刊上有关大庆的报道。在 1966 年的一期《中国画报》上，日本情报机构看到了王进喜站在钻机旁的那张著名的照片，他们根据照片上王进喜的服装衣着确定，只有在北纬 46 度至 48 度的区域内冬季才有可能穿这样的衣服，因此大庆油田可能在冬季为零下三十度的齐齐哈尔与哈尔滨之间的东北北部地区。之后，来中国的日本人坐火车时发现，来往的油罐车上有很厚一层土，从土的颜色和厚度日本情报机构得出了“大庆油田在东北三省偏北”的结论。

1966 年 10 月，日本情报机构又对《人民中国》杂志上发表的王进喜的事迹介绍进行了详细的分析，从中知道了“最早钻井是在北安附近着手的”，并从人拉肩扛钻井设备的运输情况中判明：井场离火车站不会太远；在王进喜的事迹报道中有这样一段话：“王进喜一到马家窑看到大片荒野说：‘好大的油海！我们要把石油工业落后的帽子丢到太平洋去。’”于是日本情报机构从地图上查到：“马家窑是位于黑龙江海伦县东南的一个村子，在北安铁路上一个小车站东边十多公里处。”经过对大量有关信息严格的定性与定量分析，日本情报机构终于得到了大庆油田位置的准确情报。

2. 大庆油田的规模

为了弄清楚大庆油田的规模，日本情报机构对王进喜的事迹作了进一步的分析。报道说：“王进喜是玉门油矿的工人，是 1959 年到北京参加国庆之后志愿去大庆的。”日本情报机构由此断定：大庆油田在 1959 年以前就开钻了。对于大庆油田的规模，日本情报机构分析后认为：“马家窑是大庆油田的北端，即北起海伦的庆安，西南穿过哈尔滨与齐齐哈尔之间的安达附近，包括公主岭西南的大赉，南北四百公里的范围。”估计从东北北部到松辽油田统称为“大庆”。

3. 大庆油田的加工能力

为了弄清楚大庆炼油厂的加工能力，日本情报机构从1966年的一期《中国画报》上找到了一张炼油厂反应塔照片，从反应塔上的扶手栏杆（一般为一米多）与塔的相对比例推知塔直径约5米，从而计算出大庆炼油厂年加工原油能力约为100万吨，而在1966年大庆已有820口井出油，年产360万吨，估计到1971年大庆年产量可增至1 200万吨。通过对大庆油田位置、规模和加工能力的情报分析后，日本决策机构推断：“中国在近几年中必然会感到炼油设备不足，买日本的轻油裂解设备是完全可能的，所要买的设备规模和数量要满足每天炼油一万吨需要。”

有了如此多的准确情报，日本人迅速设计出适合大庆油田开采用的石油设备。当我国政府向世界各国征求开采大庆油田的设计方案时，日本人一举中标。

资料来源：百度文库，http：//wenku. baidu. com/view/14dac9a3b0717fd5360cdc22. html.

分析：

案例中采用了哪种文案调查法，这种方法有什么优点？

【任务分析】

市场调查资料的搜集在整个市场调查工作中具有极其重要的作用，所有的市场研究、预测和市场决策都是建立在市场调查资料搜集的基础之上，做好市场调查资料的搜集就要学会运用不同的市场调查方法。市场调查方法从获取的信息资的过程分为第二手资料和一手资料，搜集二手资料的方法叫文案调查法，搜集一手资料的方法一般分为：访问法、观察法、实验法。本项目的工作任务是：接受企业委托或教师模拟情境，学生按照调查小组所设计的调查计划书，选择合适的市场调查方法，进行资料搜集。

【具体任务】

任务一　了解文案调查法及其应用

一、文案调查法的含义

文案调查法又称二手资料调查法、间接调查法、资料查询调查法，它是利用企业内部和外部现有的各种信息、情报，对调查内容进行分析研究的一种调查方法。文案调查要求更多的专业知识、实践经验和技巧，这是一项艰辛的工作，要求有耐性、创造性和持久性。

二、文案调查法的特点

（一）文案调查法的优点

1. 不受时空的限制

从时间上看，文案调查不仅可以掌握现实资料，还可获得实地调查所无法取得的历史资料。从空间上看，文案调查既能对企业内部资料进行搜集，还可掌握大量的有关企业外部市场环境的资料。

调查人员只需花费较少的费用和时间就可以获得有用的信息资料，与实地调查相比较，文案调查实施起来更为方便、自由，只要找到文献资料就可以查阅，成本较低。

2. 资料可靠性和准确性较强

二手资料都是对已有的资料的分析，因此不受调查人员的调查对象主观因素的干扰，反映的信息内容较为真实、客观，特别是政府机关信息中心发布的资料。

（二）文案调查法的缺点

1. 资料的适应性差

主要表现为衡量资料的单位、资料的分组和资料的搜集时间存在差异，现实中正在发生变化的新情况、新问题难以得到及时地反映。

2. 资料搜集受主观因素影响较大

文案调查要求调查人员有较扎实的理论知识、较强的专业技能和技巧，需要具有一定的文化水平的人才能胜任，所以调查人员的素质影响资料搜集的有效性。

三、文案调查法的功能

（一）发现问题并为决策者提供重要参考依据

文案调查通常作为市场调查的首选方式，几乎所有的调查都开始于文案调查，只有当文案调查资料不能提供足够的证据时，才进行实地调查，因此文案调查为决策者提供重要参考依据。

（二）为实地调查创造条件

（1）通过文案调查，可以初步了解调查对象的性质、范围、内容和重点等，并能提供实地调查无法或难以取得的市场环境等宏观资料，便于进一步开展和组织实地调查，取得良好的效果。

（2）文案调查所搜集的资料还可用来证实各种调查假设，即可通过对以往类似调查资料的研究来指导实地调查的设计，用文案调查资料与实地调查资料进行对比，鉴别和证明实地调查结果的准确性和可靠性。

（3）利用文案调查资料并经适当的实地调查，可以用来推算所需掌握的数据资料。

（4）利用文案调查资料，可以用来帮助探讨现象发生的各种原因并进行说明。

（三）用于经常性的市场调查

实地调查与文案调查相比，更费时、费力，组织起来也比较困难，故不能或不宜经常进行，而文案调查如果经调查人员精心策划，尤其是在建立企业及外部文案市场调查体系的情况下，具有较强的机动性和灵活性，可随时根据企业经营管理的需要，搜集、整理和分析各种市场调查信息。

四、文案调查法的应用范围

文案调查法通常用于以下四种情况的研究。

（一）市场供求趋势分析

通过搜集各种市场动态资料并加以分析对比，以观察市场发展方向。例如，根据某企业近几年的营业额平均以10%的速度增长，由此可推测未来几年营业额的变动情况。

（二）市场现象之间的相关和回归分析

利用一系列相互关系的现有资料进行相关和回归分析，以研究现象之间相互影响的方向和程度，并可在此基础上进行预测。

（三）市场占有率分析

分析一个企业的销售量（或销售额）在市场同类产品中所占的比重，了解企业的竞争地位和盈利能力。

（四）市场覆盖率分析

指本企业产品的投放地区占应销售地区的百分比，反映企业商品销售的广度和宽度。

五、文案资料的来源

文案调查资料的来源可以分为企业内部资料和企业外部资料两种途径。

（一）企业内部资料

1. 业务资料

业务资料包括与调查对象活动有关的各种资料，如订货单、发货单、合同文本、销售记录、业务员访问记录等，通过这些资料的分析，可以了解本企业所生产和经营商品的供应情况，用户的需求情况等。

2. 统计资料

统计资料主要包括各类统计报表，企业生产、销售、库存等各种数据，各类统计分析资料。

3. 财务资料

财务资料是由企业财务部门提供的各种财务、会计核算和分析资料。通过对这些资料的研究，可以了解企业活动和管理的占用和消耗情况及其所取得的经济效益。

4. 其他资料

其他资料包括企业积累的各种调研报告、经验总结和顾客建议和意见等。这些资料对市场研究有着一定的参考价值。

（二）外部资料

1. 统计部门以及各级、各类政府主管部门公布的有关资料

国家统计局和各级地方统计机关定期公布的统计公报和定期出版的各类统计年鉴等。这些资料都具有较高的价值和权威性，综合性较强，覆盖面也较广。

2. 行业协会发布的行业资料和各专业信息咨询机构提供的信息和有关情报

这些机构的信息资料较为齐全、信息灵敏度高，为了满足用户的需要，它们通常还提供资料的代购和咨询、检索等服务，是获取资料的重要来源。

3. 国内外图书所提供的文献资料

如各种统计资料、广告资料、市场行情和各种预测资料等。

4. 有关生产的经营者提供的资料

如商品目录、广告说明书、专利资料及商品价目表等。

5. 媒体刊登的信息

如电视、广播、报刊以及互联网都含有丰富的经济信息和调查相关的市场信息。

6. 会议文件和资料

国内外各种学术会议和交流会议上面发放的文件和资料，各种国际组织、学会团体提供的国际信息等。

六、文案调查法的方法

从某种意义上讲，二手资料调查方法也就是对资料的查询方法，我们在此主要介绍文献资料的查询方法。

（一）参考文献查找法

参考文献查找法是利用有关著作、论文的末尾所开列的参考文献目录，或者是文中所提到的某些文献资料，以此为线索追踪、查找有关文献资料的方法。采用这种方法，可以提高查找效率。

（二）检索工具查找法

检索工具查找法是利用已有的检索工具查找文献资料的方法。根据检查工具不同，检索方法主要有手工检索和计算机检索两种。

1. 手工检索

进行手工检索的前提，是要有检索工具，因收录范围不同、著录形式不同、出版形式不同而有多种多样的检索工具。以著录方式来分类的主要检查工具有三种：一是目录，它是根据信息资料的题名进行编制的，常见的目录有：产品目录、企业目录、行业目录等；二是索引，它是将信息资料的内容特征和表象特征录出，标明出处，按一定的排检方法组织排列，如按人名、地名、符号等特征进行排列；三是文摘，它是对资料主要内容所做的一种简要介绍，能使人们用较少的时间获得较多的信息。

2. 计算机检索

与手工检索相比，计算机检索不仅具有检索速度快、效率高、内容新、范围广、数量大等优点，而且还可打破获取信息资料的地理障碍和时间约束，能向各类用户提供完善

的、可靠的信息，在市场调查电脑化程度提高之后，将主要依靠计算机来检索信息。

七、文案调查的注意事项

（一）确定信息需求

在搜集二手资料时，首先要明确调研的目的，把握资料搜集是用于对社会环境及市场环境分析，还是用于区域的分析及销售数据的分析。

（二）确定搜集内容

对于整体居民消费状况的调查可以搜集社会环境、经济环境、政策环境、技术环境的相关资料，当然，具体搜集内容要根据调查主题的不同进行内容选择。例如，调查人们消费水平的变化，在搜集的资料时，关于经济环境的资料可以搜集消费者收入水平的变化、消费者支出模式变化、消费者储蓄和信贷情况的变化等有关的资料。

（三）确定搜集方法

二手资料调查来源总体可以分为企业内部和外部，内部资料的搜集相对比较容易，调查费用低，调查比较方便易行，能够正确把握资料的来源和搜集过程。因此，一般来说应尽量利用内部资料。对于外部资料的搜集，可以根据不同的情形采取不同的方法。

1. 对于具有广告宣传性质的资料

如产品目录、使用说明书、图册、会议资料等，可以无偿取得；对于需要采取经济手段获得的资料，只能通过有偿方式获得。有偿方式取得的资料构成了调查成本，因此要对其可能产生的各种效益加以考虑。

2. 对于公开出版发行的资料

一般可通过订购、邮购、交换、索取等方式直接获得，对使用对象有一定限制或具有保密性质的资料，则需要通过间接的方式获取。随着国内外竞争的日益加剧，获取商业秘密已成为调查的一个重要内容。

（四）确定二手资料的评价的原则

对所搜集的二手资料要进行评价，去除误差大、价值小的二手资料，保留误差小、价值大的二手资料，评价主要从以下六个方面进行。

1. 技术性

即收集资料的技术要求和使用的方法，抽样方法、回收率和回答质量、问卷设计和执行、现场调查实施的程序等是考察资料有无可能存在偏差的最重要的准则。

2. 误差

调研者应当确定二手资料用于当前研究的问题是否足够准确。

3. 时效性

即资料的搜集时间，资料可能不是当前的资料，其发表时间远远早于搜集时间。即使是最近期的，但对解决目前问题来说可能仍不够及时。民意测验一般都需要当前的资料，二手资料如果过时了其价值也就消失了。

4. 目的性

资料总是按一定的目标或用途来搜集的，因此首先要问的基本问题就是“为什么要搜集这些资料”。了解了资料搜集的目的，就可以知道在什么情况下这些资料可能相关或有用。按一定具体目标而搜集的资料，不一定适用于另外一种场合。

5. 性质、内容

关注资料的性质或内容时，应特别注意关键变量的定义、测量的单位、使用的分类以及相互关系的研究方法等。如果关键的变量没有定义，或者与调研者的定义不一致，那么资料的利用价值就很有限。

6. 可靠性

资料是否可靠要通过考查专家鉴定资料来源或调研机构的信誉、名声来判断，这可以通过询问曾经利用过该资料来源的机构或人们来考察判断。

（五）确定资料汇总方法

在二手资料搜集工作完毕后，就要对资料进行汇总，为分析做准备。建议在开始汇总前，对资料进行存储，因为原始资料一旦修改很难再次分辨资料的出处。在整理时一般采用人工整理和计算机整理两种方法，后者由于操作方便，易于保存，应用较多。汇总时，需要按照资料项目、资料名称、调查主体、调查年份、资料编号等进行保存。

任务二　了解实地调查法及其应用

一、访问法及其应用

（一）访问法的含义和类型

1. 含义

访问法是第一手资料搜集中最常用、最基本的一种方法。它是调查员通过口头、书面或电话等方法向被调查者了解市场情况，搜集资料的一种实地调查方法，是市场调查中搜集第一手资料最常用、最基本的调查方法。这种方法的特点是通过直接或间接的回答方式来了解被调查者的看法和意见。

2. 类型

（1）按访问方式分类，可以分为直接访问法和间接访问法。

（2）按访问内容分类，可以分为标准化访问法和非标准化访问法。

（3）按访问内容传递方式分类，可分为调查调查面谈调查、电话调查、邮寄调查、留置调查和日记调查等。

（二）主要的访问调查方法

1. 面谈访问法

（1）面谈访问法的含义。

面谈访问法是调查人员直接向被调查者口头提问，并当场记录答案的一种面对面的调查。也就是说，面谈访问法一般都是访问者向被访问者做的面对面的直接调查，是通过口头交流方式获取市场信息的调查方法。当面询问有关问题，既可以是个别面谈，也可以是群体面谈，可通过座谈会等形式。一般来说，个别面谈主要用于商品需求、购物习惯等的调查资料的采集，群体面谈用于聘请一些专家就市场价格状况和未来市场走向进行分析和判断。

面谈访问法回答率高，可通过调查人员的解释和启发来帮助被调查者完成调查任务，可以根据被调查者性格特征、心理变化、对访问的态度及各种非语言信息扩大或缩小调查范围，具有较强的灵活性，并且可对调查的环境和调查背景进行了解。

(2) 面谈访问的形式。

面谈访问一般包括三种形式，入户访问、街头拦截式面访调查、计算机辅助个人面访调查。

1) 入户访问。

入户访问是指调查者到被调查者的家中或工作单位进行访问，调查者按照事先规定的方法，依照问卷或调查提纲向被调查者直接询问，并记录下对方的回答，或是将自填式问卷交给被调查者，讲明方法后，等对方填写完毕再回来收取问卷的调查方式。

入户访谈的优点是在被调查者家中或工作单位中私下进行的，能确保被调查者在自己熟悉的环境中轻松接受访谈。调查者能直接获得反馈信息，可以对复杂问题进行解释，可以对问卷中的比较敏感问题进行访谈，可以适当展示图片、产品、卡片等进行复杂且需要很长时间的面谈。

入户访问的主要缺点是：成本高、时间长；入户困难，通常被调查者对陌生人的防备性比较强。入户访问容易被拒绝，其结果受调查者的影响较大。

入户访问一般适用与以下情况：时间、经费、人力充足；需要样本较大程度上代表总体；需要建立长期调查关系，开展追踪式调查；可以使用内容多而复杂的问卷。

2) 街头拦截式面访调查。

街头拦截访问是根据调查目的和对象的特殊性，在访问对象较为集中的公共场所直接拦截访问对象的一种方法。

街头拦截式面访调查主要有两种方式：

第一种方式是由经过培训的访问员在事先选定的若干个地点，如交通路口、户外广告牌前、商场或购物中心内（外）等，按照一定的程序和要求，选取访问对象，征得其同意后，在现场按照问卷进行简短的面访调查。

第二种方式也叫中心地调查或厅堂测试，是在事先选定的若干场所内，根据研究的要求，摆放若干供被访者观看或试用的物品，然后按照一定的程序，在事先选定的若干场所的附近，拦截访问对象，征得其同意后，带到专用的房间或厅堂内进行面访调查。这种方式常用于需要进行实物展示或特别要求有现场控制的探索性研究，或需要进行实验的因果关系研究。例如，广告效果测试，某种新开发产品的试用实验等。

街头拦截访问主要优点是：不需要四处寻找被访者，可以将大部分时间用来访谈；更容易接近目标顾客、搜集资料。

街头拦截访问的主要缺点是：拒访率较高；不适合长时间而且比较复杂的面谈。

3) 计算机辅助个人面访调查。

计算机辅助个人面访调查（CAPI）在一些发达国家使用比较广泛，可以是入户的

CAPI，也可以是街头拦截式的CAPI。主要有两种形式：

第一种形式是由经过培训的调查员手持笔记本电脑，向被访对象进行面访调查。调查问卷事先已经存放在计算机内，调查员按照屏幕上所显示的问答题的顺序和指导逐题提问，并及时地将答案输入计算机内。目前CAPI用的电脑也可以十分方便地处理开放式的问答题，可将被访者的回答输入电脑。

第二种方式是对被访者进行简单的培训或指导后，让被访者面对电脑屏幕上的问卷，逐题将自己的答案亲自输入到计算机内。调查员不参与回答，也不知道被访者输入的答案，但是调查员可以待在旁边，以便随时提供必要的帮助。

（3）面谈访问法的特点。

面谈访问法的优点是简单易行、灵活自由，可随机应变地提出问题，对不清楚的问题可加以阐述，使被调查者充分发表意见，还可相互启发，把调查的问题引向深入，有利于获取较深入的、有用的信息。另外，面谈访问调查表回收率高，可提高调查结果的可信度。

面谈访问调查的主要缺陷是调查的成本高、时间长，调查的范围有限；调查的结果主要取决于调查者的素质、调查问题的性质和被调查者的合作态度，所以，提高调查员本身的素质和讲究询问的技巧至关重要。

（4）面谈访问法的应用。

面谈访问是国内使用范围最广泛的方法，几乎涉及市场调查的各个应用范围。

1）消费者研究。例如，消费者的消费行为研究、消费者的生活形态研究、消费者满意度研究等。

2）媒介研究。例如，媒介接触行为研究、广告效果研究等。

3）产品研究。例如，对某产品的使用情况和态度研究、对某产品的追踪研究、新产品的开发研究等。

4）市场容量研究。例如，对某类产品的目前市场容量和近期的市场潜量的估计、各竞争品牌的市场占有率研究等。

2. *电话访问法*

（1）电话访问法的含义。

电话访问法，是指调查者通过电话和被调查者交谈获取信息的一种方法。在电话调查中，调查者可以电话簿为基础，进行随机抽样。

（2）电话访问法的类型。

电话调查法可以分为传统的电话调查和计算机辅助电话调查（CATI）。

1）传统电话调查是调查员在电话室内按照调查设计所规定的随机拨号方法拨打电话，筛选被访对象，对被访者进行问卷调查的方法。

2）计算机辅助电话调查是访问员坐在计算机或个人电脑前，采用计算机自动拨号系统随机拨号，通过键盘将数据即时录入计算机的一种调查方式。特点是屏幕上每次只出现一个问题，计算机会根据答案自动跳到下一个相关问题，这省去了数据编码和录入的过程。计算机主机可以随时提供整个调查的进展、阶段性调查结果，具有智能重拨功能。

（3）电话访问法的特点。

电话访问法的优点是：取得市场信息的速度较快；节省调查费用和时间；调查的覆盖面较广；易于控制实施质量。

电话访问法主要的缺点是：被调查者只限于有电话的地区和个人；电话访问受到时间的限制，访问的时间一般不能太长；被调查者可能因不了解调查的真实确切的意图而无法回答或无法正确回答；对于某些专业性较强的问题无法获得所需的调查资料。

3. 邮寄访问法

（1）邮寄访问法的含义。

邮寄访问法是调查人员将设计好的问卷，邮寄给被调查者，由被调查者根据问卷填写要求填好后寄回的一种访问方法。

（2）邮寄访问法的特点。

优点主要有：费用低廉、保密性好、调查区域广、费用比较低、避免调查员自身的误差等。

缺点主要体现在：回收率较低、花费时间比较长、答卷的质量难以控制。

（3）邮寄访问中注意事项。

在邮寄调查中提高答卷质量和回收率是两个关键性的问题，是决定邮寄调查质量的重要因素，所以，因此在邮寄访问中要注意的事项主要包括以下三个方面。

1）邮寄问卷设计应注意的方面。

①调查表的内容不宜太多，要简单明了。

②问句要意思表达清楚，不能模棱两可。

③必须向被调查者介绍问卷的要求、回收时间等。

④必须向被调查者说明调查的目的、结果的重要性，以及写上请求帮助等客套话。

⑤增加问卷的趣味性，如填空、补句、判断、图片等。

2）提高邮寄回收率的建议。

①赠送小礼品来吸引受访者，提高问卷的回收率。

②在调查信件中应该把贴好邮票，写好地址的信封放进去，把贴好邮票的信封装到信件中，让被调查者觉得我们很有诚意，其可能会抽空把回信投递到邮筒中。

③采用有奖征询的方式，凡是在规定时间内寄回调查问卷的都有资格参加抽奖活动，如果中奖，可以获得礼品和奖励。

④用电话或跟踪信提醒，注意提前通知或致谢。在调查邮件寄出后应电话通知调查对象，让其有心理准备，在调查过程中还应该提醒调查对象邮件寄回时间和答卷要求，在收到回信后表示致谢。

3）邮寄访问法的应用。

一般来说，邮寄调查比较适合那些对调查的时效性要求不太高，调查对象的名单地址都比较清楚，调查经费比较紧缺，而调查内容又比较多、比较敏感的项目。其涉及的内容主要是有关日常消费、日常的购物习惯、日常接触媒介习惯等比较具体的方面，也可以涉及有关消费观念、生活形态、意识、看法或态度等比较抽象的方面。

4. 留置问卷访问法

留置问卷访问法是指调查人员将当面将调查表送到调查者手中，并详细说明填写事项，由被调查者自行填写，再由调查人员定期回收的一种方法。就方法本身而言，留置调查是介于面谈和邮寄方法之间的一种方法。

留置调查的优点是受访者依据自己的时间从容作答；可回答需要耗费时间或难以当面回答的问题；不需要面谈技术纯熟的访问员；调查问卷回收率较高；受访者可以当面了解填写问卷的要求，澄清疑问，避免由于误解提问内容而产生误差；受访者意见不受调查人员的影响。

留置调查的缺点是难以确认是否为受访者本人的回答；需要委托调查及回收并两次访问，故较耗费交通及人事费；调查地域范围有限；不利于对调查人员的管理监督。

二、观察法及其应用

（一）观察法的含义

观察法是指调查人员根据特定的研究目的，利用感觉器官和其他辅助工具直接观察被研究对象，以取得研究所需资料的方法。观察法不直接向被调查者提问，而是从旁观察被调查者的行动、反应和感受。

（二）观察法的特点

1. 观察法的优点

（1）它能通过观察直接获得资料，不需其他中间环节。因此，观察的资料比较真实。

（2）在自然状态下的观察，能获得生动的资料。

（3）观察具有及时性的优点，它能捕捉到正在发生的现象。

（4）观察能搜集到一些无法言表的材料。

2. 观察法的缺点

（1）受时间的限制。某些事件的发生有一定的时间限制，过了这段时间就不会再发生。

（2）受观察对象限制。如研究青少年犯罪问题，有些犯罪团伙一般不会警惕别人观察。

（3）受观察者本身限制。一方面人的感官都有生理限制，超出这个限度就很难直接观察；另一方面，观察结果也会受到主观意识的影响。

（4）观察者只能观察外表现象和某些物质结构，不能直接观察到事物的本质和人们的思想意识。

（5）观察法不适应于大面积调查。

（三）观察法的基本类型

按照观察形式的不同，可以分为直接观察法和间接观察法。

1. 直接观察法

直接观察是调查人员直接深入到调查现场，对正在发生的市场行为进行观察和记录，具体包括以下三种方法：（1）调查者直接参与到特定的环境和被调查对象中，与被调查者一起从事某种社会经济活动，甚至改变自己的身份，亲自参与，以便获取有关的信息的参与性观察法。（2）调查者不直接参与到被调查对象群体中，以局外人的身份观察事情的发生和发展情况，如测试购物中心的客流量等非参与性观察。(3) 调查人员对被调查者进行连续的跟踪观察，如对男士的着装进行跟踪观察、对产品使用情况的跟踪调查等的跟踪观察法。

2. 间接观察法

调查者采用各种间接观察的手段进行观察，以获取有关的信息。具体的有：通过对现场遗留下来的实物或痕迹，用以了解或推断市场行为的痕迹观察法；通过特定的场所安装录像机、录音机等器材获取录音、录像等信息的仪器观察法；利用遥感技术、航测技术等现代科学技术搜集调查资料的遥感观察法。

(四) 观察法的记录技术

观察法的记录技术是指在进行观察调查中，对被调查对象进行记录时所采用的方法和手段。观察记录技术的好坏，直接影响观察调查的结果，不同的观察方法要采用不同的记录技术。记录技术是指市场调查者在实施观察时所运用的一些技术手段，主要包括卡片、速记、符号、回忆和借助工具记录等。采取正确的观察工具和适当的记录技术，对提高调查工作的质量有很大的帮助。

1. 卡片

卡片是一种标准化的记录工具，其记录结果即是观察的最终资料。设计卡片时，首先要确定观察项目，然后再将项目进行合理的编排。

2. 速记

速记是用一套简便易写的线段、圈点等符号系统来代表文字进行记录的一种方法。

3. 符号

在调查前事先准备易写、简略的符号代表观察中可能出现的各种情况，在记录时只需在各种符号下作记录，不需要写文字，这样就可以以最快的速度记录观察的结果。

4. 回忆

观察中不记录，观察后采取追忆的方式进行记录，常用于调查时间紧迫、不宜现场记录或缺乏记录工具的情况。

5. 借助工具记录

借助工具是指采用照相机、录音机、摄像机等器材进行观察记录。它的优点是形象、直观，缺点是容易引起被观察对象的顾虑，使信息失真。

(五) 观察法的应用范围

1. 顾客行为观察

了解顾客行为，可促使企业有针对性地采取恰当的促销方式。调查者要经常观察或者摄录顾客在商场、销售大厅内的活动情况，如顾客在购买商品之前，主要观察什么，是商品价格、商品质量还是商品款式，顾客对商场的服务态度有何议论等。

2. 顾客流量观察

观察顾客流量对商场改善经营、提高服务质量有很大好处。例如，观察一天内各个时间进出商店的顾客数量，可以合理地安排营业员的工作时间，更好地为顾客服务。又如，为新商店选择地址或研究市区商业网点的布局，也需要对客流量进行观察。

3. 产品使用现场观察

调查人员到产品用户使用地观察调查，了解产品质量、性能及用户反映等情况，实地了解使用产品的条件和技术要求，从中发现产品更新换代的前景和趋势。

4. 商店柜台及橱窗布置观察

为了提高服务质量，调查人员要观察商店内柜台布局是否合理，顾客选购商品、付款是否方便，柜台商品是否丰富，顾客到台率与成交率以及营业员的服务态度如何等。

5. 交通流量观察

为了更合理的定位某一街道、路段的商业价值或提出可行的交通规划方案，常需要调查某一街道的车流量、行人流量及其方向。调查时可由调查人员或用仪器记录该街道在某一时间内所通过的车辆、行人数量及方向，并测定该街道车辆和行人的高峰和平峰的规律，供营销决策参考。

三、实验法及其应用

（一）实验法的含义和基本要素

1. 实验法的含义

实验法是指市场调查者有目的、有意识地通过改变或控制一个或几个市场影响因素的实践活动，来观察市场现象在这些因素影响下的变动情况，从而认识市场现象的本质和发展变化规律。

实验法被用于市场调查，其原理是把市场当作实验室，研究产品品质、包装、设计、价格、广告、陈列方法等因素的改变对市场销售量及其他因变量的影响。例如，在其他因素不变的情况下，要测定某一商品的价格变化对销售量的影响，可先进行小范围实验，通过价格调整观察消费者的反应和销售量的变化，然后根据实验结果判定价格调整的可行性。

2. 实验法的基本要素

（1）实验者。实验调查活动的主体，以一定的实验假设来指导自己的实验活动。

（2）实验对象。实验调查者所要了解认识的客体，往往被分为实验组和对照组两类对象。

（3）实验环境。即实验对象所处的各种社会条件的总和，可以分为人工实验环境和自然实验环境。

（4）实验活动。即改变实验对象所处社会条件的各种实验活动

（5）实验检测。即在实验过程中对实验对象所做的检查和测定。

（二）实验法的特点

实验法的优点主要是能够揭示市场变量之间的因果关系，提高决策的科学性；能够提高调查的精确度；能够控制调查环境和调查过程，而不是被动、消极地等待某种现象的发生。

实验法的主要缺点是花费时间较多、费用较高、实验过程不宜控制、实施对人员要求高，不宜保密。

（三）实验法的类型

实验法的类型根据实验设计的不同，是否设置对照组或对照组的多少，可以分为多种

类型。对照组是指在实验中不施加影响，保持原状的变量；实验组是指在实验中施加影响，改变的变量。

1. 单一实验组事前后对比实验

这是一种最简单的实验调查法，它是在不设置对照组情况下，对比实验组本身引入实验因素前后的变化，以测定实验因素对实验对象（调查对象）的影响。通过实验活动前后实验对象变化结果的对比得出实验结论。

实验结果＝实验组实验后检测结果 Y_n－实验组实验前检测结果 Y_0

【例 3-1】 某化妆品厂为了增加销售量，经过市场分析，认为应该改变化妆品的包装，但是对于新包装的设计效果如何，能否增加销量，没有切实的把握，于是企业决定采取单一实验组事前后对比实验对市场进行实验调查。

化妆品厂将生产三个系列的化妆品作为实验对象，实验期为两个月，实验过程中，首先统计汇总未改变包装前两个月三个系列化妆品的市场销售量，然后改变包装，同一市场销售两个月后，再统计新包装系列化妆品的销售量，实验调查结果见表 3-1。

表 3-1 包装对化妆品销售量的影响

产品	实验前销量（瓶）	实验后销量（瓶）	变动量（瓶）
A	1 200	3 000	＋1 800
B	1 300	2 000	＋700
C	1 500	1 800	＋300
合计	4 000	6 800	＋2 800

实验结果＝（A、B 和 C 实验后销售量）－（A、B 和 C 实验前销售量）
＝6 800－4 000＝2 800（瓶）

实验测试表明，改变产品的包装对化妆品的销售量影响较大，因此，根据实验调查，该化妆品厂可以对化妆品更换新包装，扩大销售量，提高市场竞争力。

对于单一实验组事前后实验来说，这种实验方法比较简便易行，但是运用这种方法，要注意排除因不同时间而发生的其他非实验因素的影响。

2. 实验组和对照组对比实验

这是将对照组的数据和实验组的实验结果进行比较的一种实验调查方法，具体做法为选择若干与实验对象相同或者相似的调查对象作为对照组，并使实验组与对照组处于相同的实验环境之中，实验者只对实验组给予实验活动，而对照组不给予实验活动。为了使对照组与实验组具有可比性，应尽量使对照组与实验组所处的市场环境相同或相似。

实验结果＝实验组实验后检测结果 Y_n－对照组实验后检测结果 X_n

【例 3-2】 某公司 A 产品上市后销量一直不好，公司认为是包装不合适，决定改变包装。为了了解改变包装后消费者反应，选择了 A、B、C 三个区域为实验组，再选择与之相似的 D、E、F 三个区域为对照组进行观察。一个月后，观察两组销售情况，结果见表 3-2。

表 3-2　　A 产品改变包装前后销售量（箱）

组别	实验前销量	实验后销量	变动量
实验组（A、B、C）	1 000（旧）	1 500（新）	500
对照组（D、E、F）	980（旧）	1 100（旧）	130

实验结果表明，在 A 产品包装改变后实验组销量为 1 500 箱，对照组销量为 1 100 箱，相比包装改变之前，销量提高了 400 箱，说明包装的改变对销量的提升有正面的作用，可以进行推广。

采取这种实验法的优点是：对照组和实验组在同一时间内进行对比，不需要分出时间先后，这样可以排除由于时间不一致引起的外在因素的影响，如市场环境改变、消费心理变化等对实验的影响，从而提高实验调查的准确性。

实验组与对照组对比实验，必须注意二者应当具有可比性，即二者的规模、类型、地理位置、管理水平、营销渠道等各种条件应大致相同。只有这样，实验结果才具有较高的准确性。但是，这种方法对实验组和对照组都是采取实验后检测，无法反映实验前后非实验变量对实验对象的影响。

3. 实验组与对照组事前后对比实验

这种方法实际上是对前两种方法的综合，是先对实验组和对照组都进行实验前后对比，再将实验组与对照组进行对比的一种双重对比方法。这是最复杂也是最科学的一种实验调查法，具体做法是在同一时间内，选择两组条件相似的实验单位，一组作为实验组，一组作为对照组，在实验前后分别对两组进行比较。这种方法既可以控制外部因素对实验过程的影响，又可以反映实验前的变化程度。

实验结果＝实验组前后对比（Y_n-Y_0）－对照组前后对比（X_n-X_0）

【例 3-3】　某食品公司制作了新的广告，想要调查广告的市场效果，原广告 A 强调食品的营养，新广告 B 强调该食品的口感。两种广告哪一个效果更好，该公司选择了相似的市场分别投放广告 A 和 B，进行对比后结果如表 3-3 所示。

表 3-3　　某食品公司新广告投放前后销量（万包）

实验单位	实验前销量	实验后销量	变动量
实验组（新广告 B）	30	36	＋6
对照组（原广告 A）	30	31	＋1

实验结果表明，B 广告投放带来的销量变化要大于原 A 广告投放带来的销量，说明 B 广告的市场效果好于 A 广告，公司应该采取 B 广告。

（四）实验法的应用

1. 市场反应调查

在人口数量、购买力水平、销售类型等方面近似的细分市场，将改变了产品品质或价格、包装的产品在其中一个市场推出，然后对比观察市场的反应，了解其对市场销售的影响。

2. 产品试销实验

企业将新开发的产品投放到某一市场，对消费者的态度和反应进行测试，了解消费者对产品的接受程度、意见和要求，以决定是否大批量生产经营，及制订企业相关的产品推广计划。

3. 市场饱和度调查

即当企业某种产品出现滞销时，为了查明市场需求是否饱和，可向市场投放一种改进后的同类产品，观察其销量变化，测试市场是否有潜力。

4. 广告效果实验

将某种产品投放广告前后的销售量进行对比，分析广告对销售量的影响程度。

任务三　了解网络调查法及其应用

一、网络调查法的含义、特点和分类

（一）网络调查法的含义

网络调查法也叫网上调查法，是指企业利用互联网了解和掌握市场信息的方式。与传统的调查方法相比，网络调查法在组织实施、信息采集、调查效果方面具有明显的优势。

进入数字化信息时代，互联网为企业进行市场调查提供了强有力的工具，因为互联网本身就是一个巨大的信息资源库。企业能够通过网络进行有系统、有计划、有组织的搜集、调查、记录、整理、分析与产品有关的市场信息，客观地测定及评价现有市场及潜在市场，以解决市场营销的有关问题，其调研结果可作为各项营销决策的依据。在市场调查技术手段方面，网络调查法是一种新兴的调查方法，它的出现是对传统调查方法的一个补充，随着我国互联网事业的进一步发展，网上调查将会被更广泛地应用。

（二）网络调查法的特点

1. 网络信息的及时性和共享性

网络的传输速度非常快，网络信息能迅速传递给网络上的用户；网上调查是开放的，任何网民都可以参加投票和查看结果，这保证了网络的信息的及时性和共享性。

2. 网络调查的互动性和充分性

网上调查可以节省传统调查中所耗费的大量的人力和物力，只需要一台能上网的计算机，调查者通过企业站点发出电子调查问卷，网民自愿填写，然后通过统计分析软件对访问者反馈回来的信息进行整理。

3. 调研结果的可靠性和客观性

由于公司站点的访问者一般都对公司产品有一定的兴趣，所以这种基于顾客和潜在顾客的市场调查结果是客观真实的，它在很大程度上反映了消费者的消费心态和市场发展的趋向。

首先，被调查者是在完全自愿的原则下参与调查的，调查的针对性更强；而传统的市场调查法中有时会受调查者主观的影响，例如面谈访问当中可能由于调查者的某些言论而具有一定的诱导性；其次，被调查者填写调查问卷时不是传统调查中的“强迫式”，填写者对调查内容感兴趣，则回答问题会相对认真一些，所以问卷填写的可靠性高；最后，网络调查可以避免传统调查中人为错误所导致的结论偏差，被调查者是在完全独立思考的环境下接受调查，最大限度地保证调查结果的客观性。

4. 无时空和地域的限制

网络调查可以 24 小时全天候进行，这与传统的调查方法相比有很大的优势。

（三）网络调查法的分类

根据调查方法的不同，网络调查一般可以分为网络直接调查和网络间接调查两种方法。

1. 网络直接调查

网络直接调查方法是利用互联网直接进行问卷调查等方式，搜集一手资料的调查方法，具体分为以下内容。

（1）按照调查方法划分，分为网上问卷法、网上实验法、网上访谈或观察法。

1）网上问卷法：指将问卷发布在网上，被调查对象通过互联网完成问卷调查。

2）网上实验法：指将产品或服务免费提供给消费者试用，然后搜集消费者的需求信息。

3）网上访谈或观察法：指通过与网民进行交谈，观察网民行为，总结分析企业所需信息。

（2）按照调查者组织调查样本的行为划分，分为主动调查法、被动调查法。

1）主动调查法：指调查者主动组织调查样本，完成统计调查的方法。

2）被动调查法：指调查者被动地等待调查样本拜访，完成统计调查的方法。

（3）按照网络调查采用的技术划分，分为站点法、电子邮件法、随机 IP 法、视频会议法。

1）站点法：指将调查问卷的 html 文件附加在一个或几个 Web 上，由浏览这些站点的网上用户在此 Web 上回答调查问题。

2）电子邮件法：指通过被调查者发送电子邮件的形式将调查问卷发给一些特定的网上用户，由用户填写后以电子邮件的形式再反馈给调查者。

3）随机 IP 法：指以产生一批随机 IP 地址作为抽样样本进行调查的一种方法。

4）视频会议法：指基于 Web 的计算机辅助访问，将分散在不同地域的被调查者通过互联网视频会议功能虚拟地组织起来，在主持人的引导下讨论调查问题。

2. 网络间接调查

网络间接调查主要是利用互联网搜集与企业营销有关的市场、竞争者、消费者以及宏观环境等方面的信息。一般是通过搜索引擎搜索或检索有关站点的网址，然后访问所想查找信息的网站或网页。在提供信息服务和查询的网站中，网站一般都提供有信息检索和查询的功能。

二、网络文案资料的搜集方法

网络文案资料的搜集指的是网上二手资料的搜集。二手资料的来源有很多，如出版物、公共图书馆、大学图书馆、贸易协会、市场调查公司、广告代理公司和媒体、专业团体、企业情报室等。许多单位和机构都已在互联网上建立了自己的网站，各种各样的信息都可通过访问其网站获得。加上众多综合型 ICP（互联网内容提供商）、专业型 ICP，以及成千上万的搜索网站，使得互联网上二手资料的搜集非常方便。

互联网上虽有海量的二手资料，但要找到自己需要的信息，必须熟悉搜索引擎的使用，还要掌握专题型网络信息资源的分布。网上查找资料主要通过三种方法：利用搜索引擎；访问相关网站，如各种专题性或综合性网站；利用相关的网络数据库。

（一）利用搜索引擎

搜索引擎使用自动索引软件来发现、搜集并标引网页，建立数据库，以网站形式提供给用户一个检索界面，供用户以关键词、词组或短语等检索项查询与提问匹配的记录，成为互联网上最突出的应用。

（二）访问相关网站

如果知道某一调查主题的信息主要集中在哪些网站，可直接访问这些网站，获得所需的资料。

（三）利用相关的网络数据库

网络数据库有付费和免费两种。在国外，市场调查使用的数据库一般都是付费的。我国的数据库业近十几年有较大的发展，近几年也出现了几个 Web 版的数据库，但它们都是文献信息型的数据库。

三、网络原始资料的搜集方法

网络原始资料的搜集指的是为当前特定的目的在互联网上搜集一手资料或原始信息的过程。原始资料的搜集方法有四种：观察法、专题讨论法、在线问卷法和实验法。网络上使用最多的是专题讨论法和在线问卷法。

搜集资料的过程中具体应采用哪一种方法，要根据实际调查的目的和需要而定，并遵循网络规范和礼仪。下面重点介绍专题讨论法和在线问卷法。

（一）专题讨论法

专题讨论法可通过网络新闻组、论坛或邮件列表讨论组进行。其步骤如下：

（1）确定要调查的目标市场。

（2）识别目标市场中要加以调查的讨论组。

（3）确定可以讨论或准备讨论的具体话题。

（4）登录相应的讨论组，通过过滤系统发现有用的信息，或创建新的话题，大家进行讨论，从而获得有用的信息。

具体地说，目标市场的确定可根据网络新闻组、论坛讨论组或邮件列表讨论组的分层话题选择，也可向讨论组的参与者查询其他相关名录。还应注意查阅讨论组上的 FAQs（常见问题），以便确定能否根据名录来进行市场调查。

（二）在线问卷法

在线问卷法即请求浏览其网站的每个人参与企业的各种调查，在线问卷法可以委托专业公司进行。

1. 具体做法

（1）向相关的讨论组发送简略的问卷。

（2）在自己的网站上放置简略的问卷。

（3）向讨论组发送相关信息，并将链接指向自己网站上的问卷。

2. 注意的问题

（1）在线问卷不能过于复杂、详细，否则会使被调查者产生厌烦情绪，从而影响调查问卷所搜集数据的质量。

（2）可采取一定的激励措施，如提供免费礼品、抽奖送礼等。

四、网络调查法的注意事项

网络调查法的优点很明显，但同时也不应忽视其存在的问题，主要表现在调查设计、样本数量和质量、个人信息保护等方面。

（一）认真设计在线调查问卷

由于在线调查占用被访问者的上网时间，所以在设计上应讲究技巧，调研应强调是专门针对某一主体的，确定调查主体的针对性；调查问卷内容应简洁明了，尽可能少占用填写问卷的时间和上网费用。

（二）样本的数量和质量

对于一些访问量较低的网站，如何吸引人们参与调查是一个重要的问题，因为达到一定的样本数量需要较长的时间。如果为了调查而加大网站推广力度，则需要增加不少的推广费用。网上调查中样本分布不均衡，同样可能造成调查结果误差大。网民结构有明显的特征，用户的地理分布和不同的网站的特定用户群体也是影响调查结果的不可忽视的原因。

（三）个人信息保护

人们担心个人信息被泄露，通常不愿在问卷中暴露准确的个人信息。为了尽量在人们不反感的情况下获取足够的信息，在线调查应尽可能地避免调查最敏感的资料，同时公布保护个人信息声明，尊重个人隐私。

（四）设法吸引网民参与调查，特别是被动问卷调查

寻找大家感兴趣的话题，提供物质奖励和非物质奖励；注意使用合适的电子邮件开头；进行市场调查时采用的任何一种调查方式都有利有弊的，多种调查方式结合才能得到更全面的调查结果。

【课后实训】

一、案例分析

速溶咖啡广告失败的原因调查

速溶咖啡出现在20世纪40年代，制造商投入大量的广告宣传，但未打开销路。问卷

调查结果显示，被调查者中不愿使用速溶咖啡的人回答说他们不喜欢这种咖啡的味道。然而，速溶咖啡老板们深信，大部分人说不出它们与鲜咖啡有何区别，怀疑是另有原因。心理学家 M. Haire 于 1950 年使用投射技术进一步了解消费者对速溶咖啡的态度。这两张购物表让两组妇女看，并让她们描述一下写这两张表的“主妇”的特点和个性特征。速溶咖啡研究中的购物表见表 3－4。

表 3－4　两张购物表

购物表 1	购物表 2
1 听朗福德焙粉	1 听朗福德焙粉
2 片沃德面包	2 片沃德面包
1 捆胡萝卜	1 捆胡萝卜
1 磅速溶咖啡	1 磅鲜咖啡
1 磅汉堡牛排	1 磅汉堡牛排
2 听狄尔桃	2 听狄尔桃
5 磅土豆	5 磅土豆

结果，这些妇女所描述的两个假想的主妇的个性特征有很大的差异：人们把那个买了速溶咖啡的主妇描述成一个喜欢凑合的妻子；而那个买了鲜咖啡的主妇则被描述成一个勤快能干、明晓事理、热爱家庭、喜欢做饭的妻子。研究结果表明，速溶咖啡的使用者给人们的是一个非常消极的印象，广告所宣传的速溶咖啡有效、省时、易做的优点，被人看成债务而不是资本了。

资料来源：百度文库，http：//wenku. baidu. com.

思考题：

1. 案例关于速溶咖啡的市场研究用了什么方法？
2. 如何用访谈的方法研究，你认为效果会怎样？

二、实训操作

选择一个调查主题，并设计一份问卷进行校内访问，可访问老师、同学等。以两人合作的形式进行，一人提问，另一人记录，各小组交书面材料。

项目四

设计市场调查问卷

【任务引入】

大学生消费水平调查问卷

尊敬的女士/先生，您好：

为了解当今大学生平时的消费情况，通过对本次问卷的调查结果进一步分析大学生的消费水平，希望您根据平时的真实消费情况填写。我们会对您填写的问卷进行保密，谢谢您的合作！

1. 您的性别是：（　　）

A. 男生　　B. 女生

2. 您是大学几年级的学生：（　　）

A. 大一　　B. 大二　　C. 大三　　D. 大四

3. 您家庭的所在地是：（　　）

A. 农村　　B. 城镇　　C. 城市

4. 您主要的生活费来源是：（　　）

A. 父母　　B. 奖学金和助学金　　C. 打工勤工俭学　　D. 其他

5. 您的消费主要用于（可多选）：（　　）

A. 学习相关　　B. 伙食费　　C. 购物　　D. 通信费

E. 谈恋爱　　F. 其他

6. 您平均每月的生活费大约是多少：（　　）

A. 500 元以下　　B. 500～700 元　　C. 700～1 000 元　　D. 1 000 元以上

7. 您平均每月的伙食费（包括零食）为多少：（　　）

A. 300 元以下　　B. 300～500 元　　C. 500～600 元　　D. 600 元以上

8. 您平均每月在娱乐方面的花费是多少：（　　）

A. 100 元以下　　B. 100～200 元　　C. 200～300 元　　D. 300 元以上

9. 您主要的消费习惯为：（　　）

A. 节俭消费　　B. 事先做好消费计划

C. 在合理范围内消费　　D. 想花就花

E. 其他

10. 平常有无冲动性消费：（　　）

A. 经常有　　　　B. 偶尔有　　　　C. 基本没有

谢谢您的参与！

资料来源：百度文库，http：//app. askform. cn/458af806-8e24-42d3-b3ab-fc7366ac8efe. aspx.

分析：

调查问卷的设计技巧包含哪些方面？

【任务分析】

市场调查问卷是调查者搜集市场信息的最普遍的工具，市场调查问卷的设计是市场调查的重要环节和基础工作，直接关系调查能否达到预期目的。本项目的工作任务是：接受企业委托或教师模拟情境，在调查主题和内容确立的基础上，学生组成调查小组，根据调查目的将所需调查的问题具体化，设计出一份完整的调查问卷。

【具体任务】

任务一　设计问卷的准备工作

一、调查问卷的含义

调查问卷又称调查表，是指以书面回答的形式了解调查对象的反应和看法，以此获得资料和信息的一种调查方式。这是了解市场信息资料、实现调查目的和任务的一种形式，采用问卷进行调查也是国际通行的一种调查方式，是我国近年来推行最快、应用最广的一种调查手段。

二、调查问卷的种类

根据不同的标准，可将问卷分为不同的类型。

（一）按照问题答案结构划分

1. 封闭式问卷

封闭式问卷又称结构式问卷，是按照调查目的和内容精心设计的具有一定结构的问卷，问卷中的问题是按一定的顺序和提问方式设计的，不仅设计出一系列的问题，还事先设计了各种可能的答案，让被调查者按照问卷设计的答案中进行选择。

2. 开放式问卷

开放式问卷又称无结构式问卷，开放式问卷中所提到的问题，没有加以严格地设计与安排，只是围绕调查目的来提问。调查者在实施调查时，可根据实际情况适当变动问题和顺序。问卷中设计了询问的问题，不设置固定的答案或没有答案选项，被调查者可以自由地用自己的想法和语言来回答问卷的问题。此种问卷适用于较小规模的深层访谈调查。

3. 半封闭式问卷

半封闭式问卷又称半结构式问卷，介于前两种调查问卷之间，即在问卷中事先设计了部分询问的问题和固定的答案，还有部分由被调查者自由发挥。

（二）根据市场调查中问卷填写方式不同划分

根据市场调查中问卷填写方式不同划分，可将调查问卷分成自填式问卷和访问式问卷两大类。

1. 自填式问卷

自填式问卷指由调查者面送（或邮寄）的方式将调查问卷交给被调查者，由被调查者自己填写的问卷。

2. 访问式问卷

访问式问卷指由调查者按照事先设计好的问卷或问卷提纲向被调查者提问，然后根据被调查者的回答进行填写的问卷。

（三）根据问卷发放方式的不同进行分类

根据问卷发放方式的不同，可将调查问卷分为送发式问卷、邮寄式问卷、报刊式问卷、网上访问式问卷、日记调查、电话访问式问卷和人员访问式问卷七种。其中前五类大致可以划归自填式问卷范畴，后两类则属于访问式问卷。

（四）按照访问方式划分

可以分为直接访问问卷和间接访问问卷。

三、调查问卷的结构

尽管调查主题不同，调查问卷在内容、题型、版式等方面会有所差异，但在结构上问卷一般由下列几部分组成：问卷标题、问卷说明、主体内容、编码、工作记载和结束语。

（一）问卷标题

问卷标题概括说明了调查的主题，是对调查主题的高度概括，即调查表的总标题，一般位于问卷表的顶端居中。例如，“2015 年大学生就业情况调查”“关于某产品市场需求状况调查”等。

（二）问卷说明

问卷说明又称前言或引言，一般是对调查目的和意义、调查内容以及问卷填写有关事项进行的说明。问卷说明一般放在问卷开头，通过它可以使被调查者了解调查目的，消除顾虑，并按一定的要求填写问卷。

例如：“××方便面的市场需求状况调查问卷”的问卷说明：

亲爱的女士/先生：

为了不断为改进产品质量，增加品种，更好地满足消费者的需求，我们公司特制定此项调查问卷，请您抽出一点宝贵的时间，回答下列问题，并将您的答案写在每题后面的括号里，您的意见对我们的决策很重要，谢谢您的合作！

（三）主体内容

问卷的主体内容，是问卷的核心部分，问题和答案是问卷的主体。问题从形式上看，可以分为开放式、封闭式和混合式三种；从内容上看可以分为以下三类。

1. 对人们的行为进行的调查

包括对被调查者本人的行为和通过被调查者了解他人的行为的调查。

2. 对人们的行为后果进行的调查

例如对阿里巴巴招财宝的效应专项调查，就包括对招财宝对应用后对余额宝的影响、招财宝出现后人们如何处理自己余额宝的存款等。

3. 人们的态度、意见、感觉、偏好的调查

例如人们接触媒体的习惯、购物的习惯、对商品品牌的喜好等。

（四）编码

编码是将问卷中的问题和答案变成用数字表示的代码过程，大多数市场调查问卷均需加以编码，以便分类整理，便于进行计算机处理和统计分析。所以，在问卷设计时，应确定每一个调查问题和答案设置相应的编码，同时每份问卷还必须有编号，即问卷编号。此编号除了顺序号以外，还应包括与该样本单位有关的抽样信息。如进行全国范围的市场调查，对问卷可进行 10 位数编码，前 6 位数的每 2 位分别代表省、市、区（县）、后 4 位代表问卷的顺序号。这种设计编码，便于掌握不同区域的问卷回收率，为决策提供依据。

（五）工作记载

（1）问卷编号。其放卷首卷尾均可，更建议放卷首。

（2）被调查者相关信息。如调查者的姓名、地址和联系电话等，这有助于问题问卷的回访，而像被调查者的性别、民族、职业、收入、文化程度、婚姻状况、家庭人口等内容，我们在设计问卷项目时就可以置入。

（3）与调查人员相关信息。包括调查员的姓名、访问日期、访问时间、对被访问者回答的评价等内容，这往往是给付调查人员报酬的依据，同时也可以做到权责明晰。

（六）结束语

一般放在问卷的最后面，用来简短地对被调查者的合作表示感谢，也可征询一下被调查者对问卷设计和问卷调查本身的看法和感受。

任务二　设计问卷的内容

从问卷的结构上看，一份完整的调查问卷包括问卷标题、问卷说明、主体内容、编码等内容，但从问卷的内容构成上看，可将其分成问卷的标题、卷首语、正文、结束语四个组成部分。由于每一部分的设计内容不同，所以有不同的设计技巧。

一、标题

问卷标题概括说明了调查研究的主题，使被调查者对所要回答什么问题有一个大致的了解。设计问卷标题应简明扼要，易于引起被调查者的兴趣。例如，标题可以设计为“关于某市葡萄酒市场情况的问卷调查”“我与住房——某市居民住房状况调查”“关于普通商品房消费需求的调查”等，而不要简单采用“调查问卷”这样的标题，它容易引起被调查者因不必要的怀疑而拒绝填写问卷。

二、卷首语

调查问卷的卷首语主要是指问卷的说明词部分，目的是引起被调查者的注意和兴趣，取得被调查者的支持。人们常说，良好的开端是成功的一半，问卷的卷首语的设计对整个市场调查有着非常重要的影响。为了提高调查效率，保证调查效果，取得被调查者的支持，问卷的开头就显得很重要。

一般来说，首先，问卷卷首语的设计一般以书信的格式开头，称呼加冒号之后换行书写其他内容，称呼要用尊称，例如：“亲爱的女士”“尊敬的先生”或者“尊敬的用户，您好”等。其次，要写清楚调查方的自我说明与介绍，以及本次调查的结果对调查方的重要性，同时还要说明调查的内容、时间和地点，以及被调查者们需要配合哪些相关工作。最重要的一点，一定要在调查问卷的卷首语上说明本次调查问卷对调查者们不会有负面的影响，能够保证被调查者的信息不外露，增加被调查者的信任度。上述调查问卷的卷首语的最基本内容。

要想吸引被调查者积极配合调查，除内容完整之外，语气也要委婉，要谦虚诚恳，并且要表示出真诚的谢意，必要时可以说明会有礼品相送。卷首语的好坏甚至可以直接影响到一次调查的效果，所以一定要引起被调查者的重视和兴趣，争取他们的合作与支持，用心去完成一次调查问卷，这就需要在语言的表达上多加斟酌。

调查内容卷首语也不应太长，这样会让被调查者失去耐心，此外，卷首语要写得通俗易懂，因为大多数调查者都是普通群体，卷首语要让被调查者能够理解这个调查问卷到底包含什么内容，怎么去完成这份问卷。一份调查问卷的卷首语一定要既完整又简洁，还要通俗易懂、语气委婉，只有卷首语足够吸引人时，整个调查问卷才会收获更好的效果。

三、正文

正文是问卷的主要组成部分，主要包括调查内容、被调查者基本情况及问卷编号等。编号是为了方便问卷的填答和回收，其设计较为简单，一般以阿拉伯数字表示。被调查者的基本情况，可根据调查目的和统计整理的需要，选择相关项目进行调查。问卷正文的设计重点是调查内容的设计，调查内容主要包括问卷的问题和答案的设计，下面就从问题和答案两个部分进行分析，在进行问卷设计时应注意。

（一）确定问题的技巧

1. 确定问题的类型

在一份问卷中往往会有多种类型的问题结合使用，但具体到问卷的每一个问题，可能最适合采用某类型的问题，调查者应根据调查目的、调查方式、调查对象等，确定最适合的问题类型。具体而言，从调查方式上看，面谈访问、电话访问比较适合事实性问题、行为性问题，且多采用直接提问和封闭提问相结合；从调查对象上看，被调查者的性别、年龄、文化程度等的不同，被调查者对问题的理解方式和程度也不同，所以对不同的调查对象应采用不同的问题类型，例如，对文化程度较高的调查对象，可以适当增加开放式问题，而对于文化程度较低的调查对象则应适当增加封闭式问题；从调查内容上看，人的年龄、性别、职业等，已经是客观存在的事实，所以采用直接性提问更方便、快捷，而对收入情况由于涉及消费者的隐私，一般采用间接提问效果比较好等。

总之，问卷的设计者应全面考虑各种情况、综合确定问题的类型。

2. 确定问题的措辞

措辞就是把问题的内容和结构转化为通俗易懂的语言和句子。措辞不当，会给调查造成难度，例如被调查者可能会拒绝或错误地回答问题，从而造成调查结果出现误差，影响调查效果。为此，问题的措辞一般应遵循以下原则：

（1）用词准确，避免模棱两可的措辞。

例如："您居住的地方离某商场有 5 分钟的路程吗"，这个问题的回答与交通工具有关，居住的地方离某商场是步行 5 分钟还是乘车 5 分钟的路程，这两者的距离差别就很大，让被调查者无所适从，不知如何回答这个问题。

（2）多用通俗易懂的、大众可以理解的词汇，避免使用专用术语。

例如："请您淡淡电子商务的优势何在"，这个问题会让一部分被调查者不知该如何回答，因为他们可能不懂电子商务的准确含义，所以无法说出自己的看法，如果是想要了解网上购物的优势，那么就可以将问题设计为："您选择网上购物的主要原因是：（　　）A. 价格便宜　B. 方便　C. 款式多　D. 其他（请自填）"。这样被调查者就很容易理解和选择。

（3）问题不隐含假设。

例如："您经常够买这种高质量的洗衣液吗"，这样的问题已经给了被调查者高质量的假设，因此正确的问法应该是："您经常购买这种品牌的洗衣液吗?"

（4）一个句子只涉及一个问题，避免一个句子出现两个问题。

例如："您认为这个品牌的电视性能和样式如何"，一个句子有两个问题，被调查者如果对两个问题有不一样的看法，就会影响答案的真实性。因此可以分成两个问题，可以分成"您认为这个品牌的电视性能如何"和"您认为这个品牌电视的样式如何"这两个问题。

3. 确定问题的顺序

问卷中的问题应遵循一定的排列次序，问题的排列顺序会影响被调查者对问卷的兴趣和情绪，进而可能会影响合作的积极性，所以一份好的问卷应该对问题的排列顺序作出精心的设计，一般问卷的顺序安排应注意以下几点：

（1）基本信息位于问卷前面，分类信息居中，鉴别信息靠后。

（2）先易后难，容易的问题靠前，困难、复杂、敏感的问题靠后。

（3）总括性问题应先于特定性问题。总括性问题指的是某个事物总体特征的提问。例如："在选择手机的时候，哪些因素会影响你的选择"，这就是一个总括性问题。特定性问题是指对事物某一个要素或某个方面的提问。例如："你在选择手机时，手机续电时间处于第几个考虑的因素"。总括性问题应置于特定性问题前面，否则特定性问题会影响总括性问题的回答。

（二）确定问题答案的技巧

1. 选择合适的方法确定答案

一般来说，事实性问题、行为性问题比较适合二项选择题，如"是"或"否"、"有"或"无"、"买"或"不买"等；而态度性问题、动机性问题可以采用多项选择题或比较法，如"您是否喜欢某某品牌的电视机"可以有多种答案，即："非常喜欢""比较喜欢""一般""比较不喜欢""非常不喜欢"等。需要了解某一个或某几个重要因素时，可采用顺位法或比较法，如了解消费者对不同品牌心理接受度，可将众多的品牌列出，让被调查者排列出前几名；对一些答案较多，很难言尽的，又想深入了解相关资料的，则可采用自由回答法。

2. 要确定答案的具体内容

在确定答案项目时，要求问卷的设计者充分考虑答案的全面性，尽量包括所有的可能性，当备选答案太多时，无法穷尽所有答案时，可以将封闭性问题与开放式问题结合起来，在答案的最后加上一个"其他"，并留有一定的空间，由被调查者自由填写，方便被调查者能够充分发挥自己的见解。例如：

"您喜欢什么品牌的手机？"（　　）

（1）三星　（2）苹果　（3）华为　（4）小米　（5）HTC　（6）其他

同时，也要注意答案的数量不宜过多，答案过多，容易引起意见分散，不宜于统计整理，也可能引起被调查者的不满，降低问卷的回收率，影响调查效果。

四、结束语

一般如果是面谈访问或电话访问，可以直接用语言表达谢意作为结束语，如果是寄卷访问，一般注明调查人员姓名、调查时间、调查地点等，同时还应对被调查者的合作表示感谢，必要时还可以建议留下被调查者的联系方式。由于一般人不愿意向别人透漏自己的姓名、身份和电话，所以如果想了解相关信息，态度要诚恳，语气要委婉。

任务三 了解问卷询问技术

调查问卷是由若干个问题组成的，问题及答案是问卷的核心，因此问题的类型及答案的设计方法是问卷设计成功的关键，直接影响市场调查的成败。问题的类型及答案的设计方法，统称为问卷询问技术。

一、问卷问句的设计技术

问卷问句的设计技术主要是指问题的类型及设计，具体有以下四个方面。

（一）按照问题的询问方式划分

1. 直接性问题

直接性问题是指在问卷中能够通过直接提问的方式得到答案的问题。直接性问题通常给回答者一个明确的范围，所问的一般是个人的基本情况或意见。例如："您的职业""您喜欢什么牌子的电视机"等。由于直接性问题能给被调查者一个较明确回答范围，所以一般比较容易得到明确的答案，这种提问对于统计分析整理比较方便。但遇到一些敏感问题，采用此提问方式，可能无法得到所需答案。

2. 间接性问题

间接性问题是指那些不宜直接回答，而采用间接提问的方式获得所需答案的问题。通常用于那些被调查者因对所需回答的问题产生顾虑，不敢或不愿真实表达自己意见的问题。例如，当问及个人收入、家庭暴力、对政府的态度等问题时，如果采用直接询问的形式，被调查者往往会因为不愿意或不敢回答而影响调查效果，这时我们就可以用提问的问题换成其他人的意见和看法，而由被调查者进行选择和评价，就比较容易了，而且还会比直接提问获取更多的信息和资料。例如："您认为工厂这次降低工资是否合理"，问题过于直接，一般人可能不愿意回答或不真实回答。可以改为："听大家议论，大多数人认为这次工厂降低工资是否合理"，采用这样的提问方式更容易获得真实的信息。

（二）按照问题是否列出答案划分

1. 开放式问题

开放式问题是指只提出问题，不列出答案，而是由被调查者自由回答的问题。这种类型的问题，由于没有限定答案，有利于发挥被调查者的想象力，突破被调查者的思维范围，集思广益，获取更多、更深入的信息资料，特别适合询问答案很多又很复杂的问题。但是，这种提问方式由于需要被调查者自己思考并书写答案，增加了回答问题的难度，被调查者一般不愿意合作，影响问卷的回收率。因此，这种提问一般适用于被调查者文化素质较高，或者了解调查内容对其存在利害关系的情况下。基于开放式问题的以上特点，一般不宜过多。

2. 封闭式问题

封闭式问题是指已经列出答案，被调查者只要或只能从中选择一个或几个答案的问题。封闭式提问由于有现成答案，回答方便，被调查者容易作答，此类问题的优点是被调查者易于合作，有利于提高问卷的回收率和有效率，回答标准化，也便于统计整理和分析；缺点是只能在规定的范围内回答，由于问卷设计者所列举的答案不一定全面，因而缺乏灵活性和深入性，无法反映被调查者的真实想法。

（三）按照提问的内容划分

1. 行为性问题

行为性问题是对被调查者的行为特征进行调查而提出的相关问题。例如："您是否购买了某电视”“您是否经常光顾某饭店”等都属于行为性问题。行为性问题回答多属于事实问题，回答简单，便于整理，有利于调查者了解被调查者的行为规律，但不利于了解被调查者的内心活动及变化规律。

2. 动机性问题

动机性问题是对被调查者的行为产生的原因或动机进行调查而提出的相关问题。例如：“您为什么购买某电脑”“您为什么经常光顾某饭店”等都属于动机性问题，比较适合了解事件或行为产生的原因，人们的行为有的是有意识的动机，有的是无意识的动机。因此，对于前者，回答者有时会因种种原因不愿意回答；对于后者，因回答者的动机并不十分清楚，因此也无法回答。所以在使用动机性问题时应注意提出的问题被调查者是否可以接受以及能否回答。

3. 态度性问题

态度性问题是对被调查者的态度、意见、看法等进行调查时而提出的相关问题。例如：“您是否喜欢某品牌的手机”“您认为某看法是否正确”等，都属于态度性问题。

（四）按照提问问题的答案是否客观存在划分

1. 事实性问题

事实性问题要求被调查者回答一些有关事实的问题。例如：“您通常什么时候看电视”。这类问题的主要目的是获得有关事实的资料，因此问题的意见必须清楚，被调查者容易理解并回答。如问卷中关于年龄、职业、文化程度、性别等问题的设置，这些问题都为事实性问题。事实性问题常常作为统计分类的依据，为统计整理提供了方便，经过整理后就可以掌握各类细分市场的特点，为企业决策提供依据。

2. 假设性问题

假设性问题是指通过假设某一客观事实已经存在，而向被调查者提问获得答案的问题。例如：“如果住房和汽车您只能选购一种，您会选购哪种”。假设性问题的主要优点体现在能缩小问题的范围，问题回答速度快，答案比较明确具体，便于统计分析整理，但使用时应注意假设的客观事实存在的可能性。

以上是从不同的角度对问题进行分类，每一类问题都有其自身的特点和适用范围，而在实际调查中，几种类型的问题结合使用会使问卷的调查更有效果。

二、问卷答案的设计技术

在市场调查实践中，无论是哪种问题类型，都要有答案进行设计，尤其是封闭性问题，一般常用的答案设计方法有以下六种。

（一）两项选择法

两项选择法是指提出的问题只有两种答案可供选择，被调查者只能在两种答案中选择其一。例如：“您家有电视吗”，答案只能是“有”或“没有”。这种方法的优点是答案态度明确，便于选择，可以快速地获取答案；由于备选答案数量少，便于进行统计分析和整理。缺点是由于只有两个对立的备选答案，所以难以反映多种情况下及程度的差异性，调查不够深入。这种方法适合于提问简单的事实性、态度性、行为性问题。

（二）多项选择法

多项选择法是指提出的问题有两种以上的答案，回答者可选其中的一项或多项。例如：

“您不喜欢食用方便面的原因是什么？（在您认为合适的项目后面画上‘√’）”

（1）没有营养　（2）对健康有害　（3）价格偏高　（4）其他______

这种方法的优点是答案有较多的范围，能较好地反映被调查者的多种意见及其程度的差异；由于限定了答案范围，为统计整理和统计分析提供了方便。缺点是使用这种方法问题设计难度较大，对问卷设计者的要求较高。

（三）自由回答法

自由回答法是指提问时可自由提出问题，回答者也可自由发表意见，没有限定答案的一种方法。例如：“您觉得软包装饮料有哪些优缺点”。自由回答法的优点是涉及面广，回答者可以充分发表自己的观点和意见，可为调查者搜集到意料之外的答案，缺点是由于回答者提供答案的想法和角度不同，因此在回答分类时会出现困难，资料难以整理。因此，此种问题不宜过多。

（四）顺位法

顺位法是指问卷设计者列出若干个项目，由被调查者按重要性决定排列顺序的一种方法。顺位法在实际应用中，主要有两种方法，一是有限顺位法，即按重要程度，规定排列顺序的数量。另一种是无限顺位法，即不规定顺序的数量，而由被调查者对答案全部排列或按其理解进行排列。例如：

“在您购买洗衣粉时，请您按重要程度的顺序排列出您认为最重要的 4 个影响因素，并将其序号写在题干后面的括号里。”

①品牌　②价格　③包装　④促销　⑤方便快捷性　⑥其他________

这属于有限顺位法，因为调查者只要求被调查者排出前 4 位的影响因素。而如果将该题的题干改成：“在您购买洗衣粉时，请您按重要程度将下列影响因素的顺序排列出来，并将其序号按照顺序写在题干后面的括号里。”

①品牌　②价格　③包装　④促销　⑤方便快捷性　⑥其他________

这属于无限顺位法，因为调查者没要求被调查者排出前几位的影响因素，在进行调查时，被调查者可以对全部答案进行排序，也可根据自己的理解进行排序。

顺位法便于被调查者对其意见、动机、态度、行为等方面作出衡量和比较，便于被调查者回答，实际应用时应注意：一是备选答案不宜太多，否则会造成排序分散，加大了整理分析的难度；二是要注意给定答案的顺序，避免对被调查者产生暗示。

（五）比较法

比较法是采用对比提问的方式，将具有可比性的事物进行对比并选择的方法，其要求被调查者作出肯定回答的方法。

（六）回想法

回想法给被调查者提示回想的范围，让被调查者根据记忆进行回答。在实际进行调查时可用于了解消费者对商品、品牌名称、企业名称和有关广告的印象强度的调查。

任务四 问卷中常用量表的设计

一、量表的含义

在心理学上，一般将测量态度的尺度理解为“量表”。量表是调查中一种用于测量人们态度的尺度工具。实际应用中，由于调查需要了解人们态度的深度和精度不同，态度测量所使用的态度量表也不同。

二、量表的种类

调查中常用的量表（尺度）类型有以下四种。

（一）类别量表

类别量表是根据调查对象的性质作出的分类，并以各类型态度占样本总体数量的比例测算被调查群体主要的态度取向的一种量表。

例如：您使用过某品牌的洗面奶吗？□1. 是　□2. 否

如果使用过，您会继续使用吗？□1. 会　□2. 不知道　□3. 不会

以上就是类别量表的应用，在后一个问题中，备选答案由“会”“不知道”与“不会”三种类型的态度所构成。由调查结果反映不同类型态度的选择比例，能了解人们的基本态度取向，如上面的答案中选择“不会”的比例越大，表示该类型的态度取向对市场影响和重要性越大。由于类别量表一般难以用定量方法做态度计量，主要以性质不同进行态度分类，属于一种定性分析。

（二）顺序量表

顺序量表又称次序量表，它能表示各类别之间不同程度的顺序关系。

例如：您认为各种传播媒体的广告可信程度如何？（最可信的填 5，次可信的填 4，如此类推，最次可信的填 1，并将顺序号填入所选答案前的□内。）

□1. 电视　□2. 广播　□3. 互联网　□4. 杂志　□5. 报纸

采用顺序量表，最后可根据各项答案被选择的顺序情况，由统计分析可以更准确地了解到广告最可信的媒体是什么。分析方法是先设定各顺序号的分值，如最可信的为 5 分，其次可信为 4 分，如此类推，最次可信的为 1 分，然后根据全部调查样本统计分析，以总分最大的选项判断为最可信赖的媒体。

（三）等距量表

等距量表又称差距量表，它比顺序量表更为精细，不仅能表示顺序关系，还能测量各顺序位置之间的距离。这种量表可以进行相加或相减计算，但不能相互做乘、除计算。顺序量表反映的是类别的顺序差异。在上例中，根据广告的可信度，电视以 14 分排在首位，

报纸以12分排在次位，但并不是说电视与报纸的可信度差距为2分。要了解类别之间的差距，需要采用等距量表来处理。

例如：您认为各种传播媒体的广告可信程度如何？（以10分为最可信值，1分为最不可信值，请您根据您的评价在10～1分之间给不同媒体评分，并将评分值填入所选答案前的□内。）

□1. 电视　□2. 广播　□3. 互联网　□4. 杂志　□5. 报纸

使用等距量表不仅能反映类别的顺序，而且能反映类别的差距。如被调查者的答案如下：

□1. 电视　□2. 广播　□3. 互联网　□4. 杂志　□5. 报纸

从其评分中反映，各媒体按可信度高低排列，依次是电视→报纸→互联网→广播→杂志。同时，其评分也反映电视与报纸的可信度差距较小，它们的新闻资讯可信度远高于其他的媒体。综合所有被调查者的答案，根据各类型媒体的综合平均值，既可以排列出各媒体广告可信度的高低顺次，又能比较相互间的可信度差距。

（四）等比量表

等比量表是表示各个类别之间的顺序关系成比率的量表，比如对身高、体重、年龄等变量的测量。它可以做相互间的加、减、乘、除计算。在市场调查中，人数、收入、成本、支出等变量都是可用等比量表进行测量的类别。例如，您家庭每月平均收入是多少。很显然，等比量表的测量尺度，一是能反映类别的不同，如根据家庭平均月收入的层次，可以将家庭分类为高收入家庭、中等收入家庭与低收入家庭三类；二是能根据收入的高低进行顺序排列；三是可反映出不同收入类别的差距，如高收入户与低收入户的差距；四是能运用乘除运算将类别间进行比率分析，例如，若高收入户的平均月收入是1万元，而低收入户的平均月收入是2 000元，用等比量表测算，我们可以说高收入户的平均月收入是低收入户的5倍。

以上四种量表（尺度）对事物的测量层次是由一般到具体、由简单功能到复杂功能逐步递进的。高层次的态度测量量表功能包含了低层次的量表功能。例如，等距量表不仅能反映类别的位置差距，而且能反映类别的顺序排列（顺序量表）和进行类别的划分（类别量表）。在市场调查实践中，由于态度通常是一种思想性的东西，较难用客观的标准来进行测量，因此在市场调查中等比量表应用得不多，最常用的是类别量表和顺序量表。

三、常用量表

市场调查中所使用的用来测量被调查者态度的量表有很多，下面介绍几种常用的态度测量表。

（一）评比量表

评比量表又称评价量表，是市场调查中最常用的一种顺序量表。对提出的问题，以两种对立的态度为两端点，在两端点中间按程度顺序排列不同的态度，由被调查者从中选择一种适合自己的态度表现。评比量表的特点是以较为直接的方式向被调查者了解其态度，提问方法直接、明确、易于理解，因而在市场调查中应用较为广泛。

例如：耐克与阿迪达斯之间，您更喜欢哪一个品牌？□耐克　□阿迪达斯请您根据喜欢的程度对品牌产品进行评价，见表 4－1。（在相应的栏内打“√”。）

运用评比量表，拟定了五个阶段：非常喜欢、喜欢、比较喜欢、不喜欢、非常不喜欢，从前到后给出相应的分值为 1、2、3、4、5（此处也可以给出 5、4、3、2、1，不影响最终结论）。

表 4－1　耐克与阿迪达斯评价表

序号	品牌名称	您的喜欢程度				
		非常喜欢	喜欢	一般	不喜欢	非常不喜欢
1	耐克					
2	阿迪达斯					

从以上评比量表的应用可以看出，调查者通过给问句设定不同程度答案或设定一定的分值，就可以在调查后根据所搜集到的资料进行分析，了解调查对象的态度类别及态度的程度。

应注意设计量表时的定量基础，并将调查得到的态度测量结果在定量基础上进行分析，判断其高低；应注意量表所测定的数量，只说明态度的不同，并不说明其他。

（二）等级量表

等级量表是一种顺序量表。它根据事物某一特点，将事物属性分成等级，用数字表示。例如，要求被调查者根据总体印象对不同品牌的商品进行排序，体育比赛中的冠军、亚军、季军（或第一名、第二名、第三名等）。

例如：如果你感到教师对待班级的态度是极其肯定的话，就在这个问题上记“5”分。见表 4－2。

表 4－2　等级量表分类（1）

描述教师对待班级的态度				
非常好	大部分时间很好	不好不坏	偶尔不好	很不好
5	4	3	2	1

例如：如果你觉得班级在大多数时候是令人满意的，但不总是令人满意的话，就对这个问题记“4”分。见表 4－3。

表 4－3　等级量表分类（2）

描述班级学生的态度				
全班都觉得极其愉快和/或满意	大多数学生显得愉快和/或多数时候感到满意	大约半数人显得愉快和/或满意	有时候学生感到愉快和/或满意	全班都显得很不愉快和/或不满意
5	4	3	2	1

（三）语意差别量表

语意差别量表是一次性集中测量被测者所理解的某个单词或概念含义的测量手段．针对这样的词或概念设计出一系列双向形容词量表，请被测者根据对词或概念的感受、理解，在量表上选定相应的位置，以此来判断其态度取向的一种态度测量技术。

例如：您如何评价 A 牌子的饮料产品？（请根据您的看法，在下面的量表上画记号“√”。）

	非常	比较	一般	比较	非常	
昂贵的						便宜的
有营养的						没有营养的
合口味的						不合口味的
有益健康的						有害身体的
高档的						低档的

（四）李克特量表

1. 李克特量表的含义

李克特量表（Likert scaling）是由美国社会心理学家李克特（又译利克特）于 1932 年在原有的总加量表基础上改进而成的。这种量表是由一组对某事物的态度或看法的陈述组成，属同一构念的这些项目是用加总方式来计分，单独或个别项目是无意义的。该量表由一组陈述组成，每一陈述有“非常同意”“同意”“不一定”“不同意”“非常不同意”五种回答，分别记为 5、4、3、2、1，每个被调查者的态度总分就是他对各道题的回答所得分数的加总，这一总分可说明他的态度强弱或他在这一量表上的不同状态。

2. 李克特量表构造的基本步骤

（1）搜集大量（50～100）与测量的概念相关的陈述语句。

（2）有研究人员根据测量的概念将每个测量的项目划分为“有利”或“不利”两类，一般测量的项目中有利的或不利的项目都应有一定的数量。

（3）选择部分受测者对全部项目进行预先测试，要求受测者指出每个项目是有利的或不利的，并在下面的“方向－强度”描述语中进行选择，一般采用所谓“五点”量表：a. 非常同意 b. 同意；c. 无所谓（不确定）；d. 不同意；e. 非常不同意。

（4）对每个回答给一个分数，如从非常同意到非常不同意的有利项目分别为 1、2、3、4、5 分，对不利项目的分数就为 5、4、3、2、1 分。

（5）根据受测者的各个项目的分数计算代数和，得到个人态度总得分，并依据总分多少将受测者划分为高分组和低分组。

（6）选出若干条在高分组和低分组之间有较大区分能力的项目，构成一个李克特量表。如可以计算每个项目在高分组和低分组中的平均得分，选择那些在高分组平均得分较高并且在低分组平均得分较低的项目。

3. 李克特量表的应用

李克特量表的构作比较简单而且易于操作，因此在市场营销研究中应用非常广泛。在实地调查时，研究者通常给受测者一个“回答范围”卡，请他从中挑选一个答案。需要指出的是，目前在商业调查中很少按照上面给出的步骤来制作李克特量表，通常由客户项目经理和研究人员共同研究确定。

在李克特量表中，受访者要对每一条语句分别表示同意的程度。一般采用5级：非常同意、同意、无所谓、不同意和非常不同意，当然也可以是相反的顺序，如1表示非常不同意，5代表非常同意等。可以将各数字代表的含义在题目开头给出，然后让受访者根据对每个陈述语句同意程度填写1～5中的某个数字，但更常用的一种格式是将1～5分别列在每个陈述语句的后面，让受访者根据自己同意或不同意的程度在相应的数字上打钩或画圈。后一种方式看起来不太简洁，但更便于受访者理解和回答。

在员工满意度研究中，李克特量表的使用十分普遍，因为它比较容易设计和处理，受访者也容易理解，因此在邮寄访问、电话访问和人员访问中都适用。李克特量表的主要缺点是相同的态度得分者具有十分不同的态度形态。因为利克特量表是一个项目总加的分代表一个人的赞成程度，它可大致上区分个体间谁的赞成程度高、谁的赞成程度低，但无法进一步描述他们的态度结构差异。

【课后实训】

一、案例分析

读者基本情况调查问卷

尊敬的女士/先生：您好，

我们期待您填写的登记卡，您的回答将严格保密进入读者数据库，届时，您可在有邮购图书时得到优惠（不但可免邮寄费，更可享受书价九折优惠），您对所购书籍有任何意见，请另附纸张一并寄给我们公司，十分感谢！

请在您选中答案的方框内打“√”，或将您的答案填写在横线上。

1. 姓名：________
2. 性别：□男　□女
3. 年龄：________岁
4. 您所在单位的行业：□制造业　□咨询业　□金融业　□服务业　□商业　□机关　□教育
5. 您的职位：□总经理　□营销总监　□部门经理　□职员　□教师　□公职人员　□学生　□其他
6. 您单位的员工数：□100人以下　□100～500人　□500～1 000人　□1 000～5 000人　□5 000人以上
7. 您的收入：每月________元人民币
8. 文化程度：□高中　□大专　□本科　□硕士　□博士
9. 通信地址：________________________
10. E-mail地址：________________________
11. 您购买的书名是：________________________
12. 您是怎样知道这本书的：□别人介绍　□在书店看到　□杂志　□网络　□报纸　□培训班购买　□其他

13. 您认为这本书的质量怎么样：□好　□中　□差

14. 请在以下几个方面予以评价：

(1) 理论、专业水平的角度　5　4　3　2　1

(2) 实用、可操作性的角度　5　4　3　2　1

(3) 内容新颖、创新的角度　5　4　3　2　1

(4) 文笔、案例生动的角度　5　4　3　2　1

(5) 印刷、装帧质量的角度　5　4　3　2　1

谢谢您的参与！

思考题：

1. 问卷中问题的排序有无不当的地方？
2. 问卷中一些问题的措辞有无不当的地方，怎样改正？
3. 问卷的结构上有无不当的地方？

二、实训操作

1. 学生自选感兴趣的课题设计一份适用于校外调查的问卷。
2. 设计一份某学校餐厅需求状况的调查问卷。

实训要求：

各小组交书面材料。

项目五

选择市场调查组织方式

【任务引入】

2010 年第六次全国人口普查主要数据公报（第 1 号）

中华人民共和国国家统计局

2011 年 4 月 28 日

根据《全国人口普查条例》和《国务院关于开展第六次全国人口普查的通知》，我国以 2010 年 11 月 1 日零时为标准时点进行了第六次全国人口普查。在国务院和地方各级人民政府的统一领导下，在全体普查对象的支持配合下，通过广大普查工作人员的艰苦努力，目前已圆满完成人口普查任务。现将快速汇总的主要数据公布如下：

一、总人口

全国总人口为 1 370 536 875 人。其中：

普查登记的大陆 31 个省、自治区、直辖市和现役军人的人口共 1 339 724 852 人。

香港特别行政区人口为 7 097 600 人。

澳门特别行政区人口为 552 300 人。

台湾地区人口为 23 162 123 人。

二、人口增长

大陆 31 个省、自治区、直辖市和现役军人的人口，同第五次全国人口普查 2000 年 11 月 1 日零时的 1 265 825 048 人相比，十年共增加 73 899 804 人，增长 5.84%，年平均增长率为 0.57%。

三、家庭户人口

大陆 31 个省、自治区、直辖市共有家庭户 401 517 330 户，家庭户人口为 1 244 608 395 人，平均每个家庭户的人口为 3.10 人，比 2000 年第五次全国人口普查的 3.44 人减少 0.34 人。

四、性别构成

大陆 31 个省、自治区、直辖市和现役军人的人口中，男性人口为 686 852 572 人，占 51.27%；女性人口为 652 872 280 人，占 48.73%。总人口性别比（以女性为 100，男性对女性的比例）由 2000 年第五次全国人口普查的 106.74 下降为 105.20。

五、年龄构成

大陆 31 个省、自治区、直辖市和现役军人的人口中，0～14 岁人口为 222 459 737 人，占 16.60%；15～59 岁人口为 939 616 410 人，占 70.14%；60 岁及以上人口为 177 648 705 人，占 13.26%，其中 65 岁及以上人口为 118 831 709 人，占 8.87%。同 2000 年第五次全国人口普查相比，0～14 岁人口的比重下降 6.29 个百分点，15～59 岁人口的比重上升 3.36 个百分点，60 岁及以上人口的比重上升 2.93 个百分点，65 岁及以上人口的比重上升 1.91 个百分点。

六、民族构成

大陆 31 个省、自治区、直辖市和现役军人的人口中，汉族人口为 1 225 932 641 人，占 91.51%；各少数民族人口为 113 792 211 人，占 8.49%。同 2000 年第五次全国人口普查相比，汉族人口增加 66 537 177 人，增长 5.74%；各少数民族人口增加 7 362 627 人，增长 6.92%。

七、各种受教育程度人口

大陆 31 个省、自治区、直辖市和现役军人的人口中，具有大学（指大专以上）文化程度的人口为 119 636 790 人；具有高中（含中专）文化程度的人口为 187 985 979 人；具有初中文化程度的人口为 519 656 445 人；具有小学文化程度的人口为 358 764 003 人（以上各种受教育程度的人包括各类学校的毕业生、肄业生和在校生）。

同 2000 年第五次全国人口普查相比，每 10 万人中具有大学文化程度的由 3 611 人上升为 8 930 人；具有高中文化程度的由 11 146 人上升为 14 032 人；具有初中文化程度的由 33 961 人上升为 38 788 人；具有小学文化程度的由 35 701 人下降为 26 779 人。

大陆 31 个省、自治区、直辖市和现役军人的人口中，文盲人口（15 岁及以上不识字的人）为 54 656 573 人，同 2000 年第五次全国人口普查相比，文盲人口减少 30 413 094 人，文盲率由 6.72%下降为 4.08%，下降 2.64 个百分点。

八、城乡人口

大陆 31 个省、自治区、直辖市和现役军人的人口中，居住在城镇的人口为 665 575 306 人，占 49.68%；居住在乡村的人口为 674 149 546 人，占 50.32%。同 2000 年第五次全国人口普查相比，城镇人口增加 207 137 093 人，乡村人口减少 133 237 289 人，城镇人口比重上升 13.46 个百分点。

九、人口的流动

大陆 31 个省、自治区、直辖市的人口中，居住地与户口登记地所在的乡镇街道不一致且离开户口登记地半年以上的人口为 261 386 075 人，其中市辖区内人户分离的人口为 39 959 423 人，不包括市辖区内人户分离的人口为 221 426 652 人。同 2000 年第五次全国人口普查相比，居住地与户口登记地所在的乡镇街道不一致且离开户口登记地半年以上的人口增加 116 995 327 人，增长 81.03%。

十、登记误差

普查登记结束后，全国统一随机抽取 402 个普查小区进行了事后质量抽样调查。抽查结果显示，人口漏登率为 0.12%。

资料来源：2010 年第六次全国人口普查主要数据公报（第 1 号）.

【任务分析】

案例中所展示的调查结果是第六次全国人口普查的调查数据，人口普查是最典型的全面调查，需要耗费巨大的人力、物力，花费较长的时间才能完成，但是调查结果较为准确。目前，采取全面调查的主体主要是政府，一般企业为了节省成本或者统计方便，更多采用抽样调查方式。

根据市场调查的目的及要求，市场调查的组织和实施可以选择不同的组织方式，不同的调查组织方式会产生不同的预算和调查精确度。本项目的工作任务是：设置教学情境，让每个调查小组，根据已经选择的市场调查项目，选择合适的市场调查方式。一般情况下，我们会选择抽样调查方式，所以要求学生设计市场调查的抽样方案，并实施抽样活动。在任务完成的过程中，引导学生掌握市场调查的方式、抽样调查的含义、特点、相关概念和抽样调查的方法及各自的优缺点。

【具体任务】

任务一 认识市场调查组织方式

一、全面调查

全面调查又叫普查，它是指调查者为了搜集一定时空范围内调查对象的较为全面、准确、系统的调查资料，对调查对象的全部个体单位进行逐一、无遗漏的调查。如国家按照一定周期组织的经济普查、工业普查、农业普查、第三产业普查和人口普查等。

这种调查方式所得资料较为全面可靠，但调查花费较大的人力、物力、财力，且调查时间较长，不适合一般企业的要求。全面调查只适用于产品销售范围较窄或用户很少的情况，而不适用于产量大、销售范围广的产品调查。目前，主要是国家在应用全面调查。

二、非全面调查

与全面调查相对的是非全面调查，这类调查是指仅调查对象总体中的一部分个体，不进行逐一调查。非全面调查方式有重点调查、典型调查和抽样调查。

（一）重点调查

重点调查是在全部单位中选择一部分重点单位进行调查，以取得统计数据、了解总体的基本情况。所谓重点单位是指其单位数在总体中的比例不大，但是其某一标志值却占到总体标志值的绝大比重，因而对它们进行调查能够反映全部总体某一现象的基本情况。重点调查的单位可以是一些企业、行业、也可以是一些地区、城市。例如，要了解全国电子商务平台的发展状况，只要调查了解阿里巴巴的基本状况就可以说明问题，因为阿里巴巴在我国电子商务平台业务中占有绝对比重。

重点调查的优点是，投入的人力、物力少，能够较快地搜集统计信息资料。但是，重点调查取得的数据只能反映总体的基本发展趋势，不能用以推断总体，因而也只是一种补充性的调查方式。

采用重点调查的前提是，总体中必须有重点单位。一般来讲，在调查任务只要求掌握基本情况，而部分单位又能比较集中反映研究项目和指标时，就可以采用重点调查。

（二）典型调查

“典型”是指调查对象中具有代表性，能够集中、有力地体现问题和情况的单位。典型调查就是根据调查目的，在调查对象总体中选择一个或者几个具有代表性的典型对象进行系统、周密的调查研究。

典型调查具有省时、省力的优点，缺点是不够准确。同时，它要求研究者有较丰富的经验，能够从总体中选择出典型单位，并进行调查研究。

典型调查适用范围：一是适用于同质性的总体，研究新生事物，及时发现新情况、新问题，探测事物发展变化的趋势；二是适用于相对类型的研究，例如，可以通过调查区分先进和落后，对比研究，总结经验，促进事物的转化与发展。

（三）抽样调查

市场调查往往要调查对象的总体情况，而采取全面调查费时费力，采取重点调查和典型调查又很难准确推断总体特征，且重点单位和典型单位的选取又有一定困难，所以这三种方法都不常采用。一般情况下，市场调查中经常采用抽样调查来推断总体的特征，这种方法是本项目学习的重点。抽样调查是指，遵循一定的原则，从被调查总体中抽取一定的个体组成样本，通过对样本的研究计算样本指标，并以样本指标来推断总体特征的一种非全面调查方式。

（四）重点调查、典型调查和抽样调查的异同

1. 相同点

三种调查都是非全面调查，即只对总体中的部分单位进行调查，均具有灵活简便、省时、省力、省费用的优点，能够快速获取信息资料，资料的时效性强。

2. 区别

三种调查方式在样本选取方法、调查目的、适用范围、推断总体的可靠程度上都存在不同，详见表 5－1。

表 5－1　　重点调查、典型调查和抽样调查的区别

区别点	重点调查	典型调查	抽样调查
样本选取方法	选择一部分重点单位作为样本，且重点单位总量占全部单位总量的绝大比重。	典型单位是在对总体情况分析的基础上有意识地抽选出来的，具有主观性。	调查单位是按一定的原则从总体单位中抽选出来，不受主观因素影响。

续前表

区别点	重点调查	典型调查	抽样调查
调查目的	掌握调查总体的基本情况。	为了研究调查总体出现的新情况、新问题而进行的调查。	以样本特征来推断总体特征。
适用范围不同	适用于部分单位能比较集中地反映所研究项目或指标的情况。	典型调查较灵活，即可侧重质的研究，又可侧重量的研究，即可研究几个典型，也可研究部分典型。	适合于不能或很难进行全面调查，而又需要了解总体特征的情况。
推断总体的可靠程度	不能推断总体特征。	一定条件下可以推断总体特征，但又不确定可靠程度。	可以计算和控制推断的可靠程度。

任务二　抽样调查

一、抽样调查的含义与特点

（一）抽样调查的含义

抽样调查是从调查总体中抽取样本进行调查，获取数据，并据此推断总体数量特征的调查方式。抽样调查属于非全面调查的一种。从广义上说，一切非全面调查都是抽样调查。例如，顾客买米时随便抓一把看看，判断大米是否饱满、洁白；学校通过召开部分同学的座谈会了解校食堂的服务质量；统计部门通过部分工业企业的产值资料来估计整个区域的工业增加值等，都属于抽样调查。

抽样调查是按照一定的原则和程序，从调查总体中抽取一部分个体作为样本，对样本进行调查，并以样本特征来推断总体特征的一种调查方式。

（二）抽样调查的特点

抽样调查是一种科学、可靠的调查统计方法，抽样调查所取得的数据就是用来推断或代表总体的。抽样调查与其他非全面调查相比具有以下特点。

1. 经济性好，易广泛应用

由于抽样调查把调查的对象的数量降低到较小，又能保证调查的有效性，从而可以大大减少工作量，降低费用开支。同时，由于抽样调查只需较少的人力、物力、财力，企业易于承担，容易组织和实施。

2. 质量可控，可信度高

抽样调查是建立在数理统计基础之上的科学方法，通过严格的抽样调查设计，由专职人员按照抽样调查的要求进行抽样，一般可以确保获取的信息资料具有较好的可靠性和准确性。同时，由于调查样本的数量较少，可以最大限度地减少工作性误差，从而提高调查的质量。

3. 时间短，实效性强

抽样调查是以抽取全部调查对象中的一部分样本作为对象，相对于普查，调查工作量小，取得调查结果比较快，能在较短的时间内获得较为准确的数据。

二、抽样调查的适用范围

与普查相比，抽样调查具有准确度高、成本低、速度快、应用面广等优点。一般适用于以下范围。

（一）总体庞大的市场调查

市场调查的对象总体大多非常庞大，例如，调查城乡居民生活水平，其调查范围广，数量多，而市场研究不像数理统计那样要求不差毫厘，完全可以通过抽样调查近似的推断总体的特征。所以，市场调查一般都不会进行普查，而是用抽样调查代替普查。

（二）不可能实施全面调查的情况

由于各种原因，很多时候企业不可能进行全面调查。如对大气或污染情况的调查，难以把握总体的范围；又如对汽车的受撞击程度的调查、产品的质量检查，往往会带来破坏性的后果。这些情况下，自然只能采取抽样调查。

（三）调查存在破坏性的情况

有的时候，企业可以进行全面调查，但全面调查的成本很高，而调查单位之间又存在很大的相似性，就没有必要进行全面调查。例如，城乡居民收支调查，可按地区、家庭、个人逐个进行登记，但工作量太大，并且许多地区、家庭、个人的消费之间有很多相似之处，只需抽取其中一小部分进行调查，就可以据之推算全体，不必进行全面调查。

（四）全面调查的质量检验

对全面调查的资料质量进行检验时，可以采取抽样调查。如对人口普查的资料进行检验，不可能再进行一次全国范围的全面调查，只要抽取部分单位进行调查就可以了。

（五）假设检验

利用抽样推断的方法，可以对于某总体的假设进行检验，来判断这种假设的真伪，以决定取舍。

三、抽样调查的相关概念

（一）总体

总体也称全及总体，指调查对象的全体，它是由研究范围内具有某种共同性质的全体单位所组成的集合体。例如，我们要研究北京市有多少家庭拥有电脑，拥有电脑的家庭与没有电脑的家庭有什么区别，那么调查总体就是北京市所有家庭。总体的单位数量通常很大，甚至是无限的，一般用 N 表示。

总体分为变量总体和属性总体。变量总体的各个单位可以用一定的数量标志加以计量，例如，研究某地居民的收入水平，该地区每户居民的收入就是它的数量标志。属性总体不可以计量，只能用文字描述。例如，要研究织布厂100台织布机的完好情况，只能用“完好”和“不完好”等文字来描述。

（二）样本

样本又称样本总体，是从总体中抽取出来的部分单位所组成的集合体，也是抽样调查实际的调查对象。例如，某企业有30万名员工，从中抽取1 000名来进行生活状况的调查。这30万名职工就是总体，被抽选出来的1 000名职工就是样本。

一般来说，样本单位数用 n 表示，超过30的样本称为大样本，小于30的样本称为小样本。社会经济现象的抽样调查多取大样本，而自然实验观察多取小样本。以很小的样本来推断很大的总体，这是抽样调查的一个特点。

（三）分析单位

单个的调查对象就是分析单位。例如上例的职工生活状况调查，需要对1 000名职工分别作生活状况调查，单个的调查对象是个人，那么调查的分析单位就是个人。再如，对企业生产情况调查，那么分析单位就是企业。

（四）抽样单位和抽样框

抽样单位是指被抽取样本的基本单位，可以是分析单位，也可以是分析单位的组合。例如，在矿泉水质量调查中，调查对象是矿泉水，抽样单位可以是瓶，也可以是箱，瓶是分析单位，箱是分析单位的组合。再如，从30万名职工中抽1 000名，可以直接抽取1 000名员工，抽样单位就是个人；也可以按照员工所住宿舍和企业来抽取，抽样单位就是宿舍或企业。

抽样框是指所有抽样单位的集合，表现为名单、名册、编号表等。无论抽样框采取何种形式，在抽样之后，调查者必须能够根据抽样框找到具体的抽样单位。因此，抽样框中的抽样单位必须编号，且根据某种顺序进行排列；其二，抽样框中包含的抽样单位务必要“不重不漏”，否则将出现较大抽样误差。

（五）总体指标和样本指标

1. 总体指标

根据总体各单位标志值或标志属性计算的、反映总体某种属性的综合指标，称为总体指标，有时也称为总体参数。总体指标是总体变量的函数，其数值是由总体各单位的标志值或标志属性决定的，由于总体是唯一确定的，根据总体计算的总体指标也是唯一确定的。

不同性质的总体需要计算不同的总体指标。

对于数量总体，常用的总体指标有总体平均数 $\overline{X}$、总体标准差 σ 和总体方差 σ^2。

总体平均数：$\overline{X}=\dfrac{\sum X}{N}$；

总体标准差：$\sigma=\sqrt{\dfrac{\sum(X-\overline{X})^2}{N}}$；

总体方差：$\sigma^2=\dfrac{\sum(X-\overline{X})^2}{N}$。

对于属性总体，计算结构相对指标，称为总体成数。总体成数是指总体中具有某种性质的单位数在总体全部单位数中所占的比重，用 P 来表示，用 Q 表示总体中不具有某种性质的单位数在总体中所占的比重。

设总体 N 个单位中，有 N_1 个单位具有某种性质，N_0 个单位不具有某种性质，$N=N_1+N_0$，则总体成数为：

$$P=\frac{N_1}{N};$$

$$Q=\frac{N_0}{N}=\frac{N-N_1}{N}=1-P。$$

2. 样本指标

根据样本各单位标志值计算的、反映样本属性的指标称为样本指标。和总体指标相对应的有样本平均数 $\bar{x}$、样本方差 σ_i^2、样本标准差 σ_i、样本成数 p 等。

$$样本平均数：\bar{x}=\frac{\sum x}{n};$$

$$样本方差：\sigma_i^2=\frac{\sum(x-\bar{x})^2}{n};$$

$$样本标准差：\sigma_i=\sqrt{\frac{\sum(x-\bar{x})^2}{n}}。$$

在属性总体中，设 n 个单位中，有 n_1 单位具有某种属性，n_0 个单位不具有某种属性，$n=n_1+n_0$，p 为样本中具有某种属性的单位数所占的比重，q 表示不具有某种属性的单位数所占的比重，则样本成数为：

$$p=\frac{n_1}{n};$$

$$q=\frac{n_0}{n}=\frac{n-n_1}{n}=1-p。$$

（六）抽样误差

抽样调查的本质是从总体中抽出样本，并以样本的特征推断总体的特征。但样本并不是总体，虽然有代表性，但必然会存在一定的误差，这种误差是由于抽样这种方式决定的，因而称为抽样误差。在抽样调查中，抽样误差是不可避免的，但可以通过科学的抽样方法，降低误差或控制误差。

（七）重复抽样和不重复抽样

1. 重复抽样

重复抽样也称放回抽样，其做法是每次从总体中随机抽取一个样本单位，经调查观测后，将该单位重新放回总体，然后再在总体中随机抽取下一个单位进行调查观测，依次重复这样的步骤，直到从总体中随机抽够 n 个样本单位为止。

2. 不重复抽样

不重复抽样也称不放回抽样，其做法是每次从总体中随机抽取一个样本单位，经调查观测后，不再将该单位放回总体中参加下一次抽样，而是在剩下的总体单位中随机抽取下一个单位进行调查观测，依次重复这样的步骤，直到从总体中随机抽够 n 个单位为止。很显然，不重复抽样避免重复记录同一个调查对象，其准确性要比重复抽样高。

四、抽样调查的程序

（一）确定调查总体

调查总体是指市场调查对象的全体，它可以是一群人、一个企业、一个组织、一种情形或一项活动等。如果调查总体界定不准确，轻则误导调研，重则使调研无效。确定调查总体就是为调查总体界定一个明确的范围，将调查对象和非调查对象区分开。例如，汽车消费者：在过去的 12 个月中购买了新汽车的消费者；啤酒消费者：18 岁以上，在最近 1 个月内喝过啤酒的人。

（二）确定抽样单位和抽样框

抽样单位是抽样的基本单位，有时是个人，有时是家庭或公司等。假设某公司想了解其目标消费者群“25 周岁以下的青年人”对某新型移动电话的评价，一种选择是直接对 25 周岁以下的青年进行抽样调研，此时抽样单位与调查个体相同；另一种选择是对所有包含 25 周岁以下青年的家庭抽样，然后再访问家庭中 25 周岁以下的青年人，这里的抽样单位是家庭。

抽样框是抽样单位的集合，明确了抽样单位，抽样框就可以确定了。有些调查的抽样框资料是现成的。例如，学生的名单、产品的编号、企业的名册等。但是有很多时候需要创建名单，例如，调查一堆苹果，就要首先给每一个苹果编号；调查流动人口，就要按照流动人口的家庭住址建立名册，以此才能建立抽样框。

（三）选取抽样方法

抽样方法的选择取决于调查研究的目的、调查问题的性质，调研经费以及调研期限等客观条件。抽样调查的方法有很多种，每种都具有各自的优缺点和适用范围。调研人员应该能够根据调查项目的特征选择合适的抽样方法，在条件允许的情况下，保证较高的样本代表性。

（四）确定样本容量

样本容量需要控制在必要的最低限度，但要能够尽可能准确地推断总体特征。对于非随机抽样，样本容量通常依靠预算、抽样原则、样本的大致构成来主观决定。对于随机抽样，调查人员考虑允许误差的目标水平（抽样结果与总体指标的差异绝对值）、置信水平（置信区间的概率值，置信区间是样本结果加减允许误差形成的一个范围）和研究对象数量特征，计算样本容量。为了简便，市场调查常用经验确定样本容量。

1. 市场调查抽取大样本

在统计学中，把容量小于或等于 30 个单位的样本叫小样本，大于 30 个单位的样本叫大样本。在市场调查中，由于面对的总体及总体的异质性较大，一般要抽取大样本，样本规模为 30～5 000 个单位。

2. 大总体样本容量确定

对于一个国家、一个省、一个城市、一个县或一个地区这样的大总体来说，如果遵循了随机原则，样本量在 2 000～2 500 就够了，样本量也可增加到 4 000～5 000，但最多不超过 1 万。

3. 小总体样本容量确定

对于一个学校、一个机关、一个街道、一个企业这样的小总体，样本量在 200～250 即可。

4. 样本与总体关系表

根据总体规模与样本占总体比重之间的大致关系，可以确定样本量。见表 5－2。

表 5－2　经验确定样本量的范围

总体规模	100 以下	100～1 000	1 000～5 000	5 000～10 000	10 000～100 000	100 000 以上
样本占总体的比重	50%以上	50%～20%	30%～10%	15%～3%	5%～1%	1%以下

（五）实施抽样并收集样本资料

确定好总体、抽样单位、样本容量及抽样方法后，可以按照抽样方法要求实施抽样了。抽样完成之后，就可以对具体的样本单位进行调查、搜集资料了。这个过程中，一定要注意抽样要严格按照抽样方法来抽样，样本调查一定要遵循市场调查的一般原则，保证调查的准确性。

（六）计算样本统计值并推断总体

搜集到样本的具体数据后，还要对数据资料进行整理和分析，最后计算出样本的统计值。利用样本的统计值推断总体的统计值，是抽样调查的最终目的。在用样本统计值推断总体参数值时，要根据概率论的有关理论，对推断的可靠程度加以控制。

任务三　抽样技术

抽样调查可以按不同的标准进行分类。按抽选样本是否遵循随机原则（机会均等原则），可以分为随机抽样和非随机抽样。

随机抽样按其组织方式不同可分成：简单随机抽样、等距抽样、分层抽样、整群抽样等不同类型。

非随机抽样不遵循随机原则，它是从方便出发或根据主观意愿来抽取样本。非随机抽样无法估计和控制抽样误差，无法用样本的定量值推断总体；但非随机抽样简单易行，尤其适用于探测性研究。非随机抽样主要包括：任意抽样、配额抽样、判断抽样、滚雪球抽样等。

一、随机抽样技术

（一）简单随机抽样

简单随机抽样也称为纯随机抽样。对于大小为 N 的总体，抽取样本量为 n 的样本，若全部调查对象被抽中的概率都相等，则称这样的抽样为简单随机抽样。

1. 抽选方法

简单随机样本的抽选，首先要将总体 N 个单位从 1 到 N 编号，每个单位对应一个号；然后从所编的号中抽号，如果抽到某个号，则对应的那个单位放入样本，直到抽够 n 个单位为止。简单随机样本的抽选，通常有以下两种方法。

（1）抽签法。

当总体不大时，可以用质地均匀的材料制作 N 个签，并充分混合，可分别采用两种方法抽取。一种是全样本抽选法，即从 N 个签中一次抽取 n 个，这 n 个签上的号码即为入样的单位号码；另一种是逐个抽选法，即一次抽取一个签但不放回，接着抽下一个签，直到抽够 n 个签为止，这 n 个签上号码所对应的单位入样。可以证明，按这两种方法抽到的 n 个单位的样本是等价的。

（2）随机数表法。

当总体较大时，抽签法实施起来比较困难，这时可以利用随机数表、随机数色子、摇奖机进行抽样。

1）利用随机数表抽选。

随机数表由 0，1，2，…，9 这 10 个数字组成，10 个数字在表中出现的顺序是随机的，每个数字被抽中的机会都相等。抽选简单随机样本时，一般可根据总体大小 N 的位数决定在随机数字表中随机抽取几列，可以是两位数、也可以是三位数、四位数，甚至是十位数。例如，从全校学生总数 $N=768$ 人中，要从中抽取 $n=100$ 人进行体检，则在随机数字表中随机抽取相邻的 3 列，按顺序向下（或向上）数，去掉大于 768 的数字，其余的即为选中者。如果不够，再另外连续选取 3 列，重复上述步骤直到选满 100 个为止。

用随机数表法选取样本单位时，可能遇到同一个号码被选中两次或两次以上的情况，这时，将第一次中选的号码计入样本，如果再次遇到同样的号码就跳过。

2）利用随机数色子抽选。

随机数色子不同于立方体的普通色子，它是由均匀材料制成的正 20 面体（每个面都是正三角形），0～9 共 10 个数随机地分布在 20 个面上，每个数字出现 2 次。使用时，根据总体单位数 N 的位数 m 制作 m 个不同颜色的色子，事先确定每种颜色所代表的位数，将 m 个色子放在特定的盒子里进行摇动，每个色子一次产生一个 0～9 的随机数，m 个不同颜色的色子一次可产生一个 m 位的随机数。一个 m 位的随机数也可以用一个色子连续掷 m 次产生。重复上述步骤，直到产生 n 个不同的随机数。

3）利用摇奖机抽选。

各类彩票的抽奖活动通常是利用摇奖机来完成的，抽样也可以借助这一方法完成简单随机样本的抽选。其程序是，将标有数字 0～9 的 10 个球放入摇奖机中，充分转动，使球在机内处于随机活动的状态，直到摇出其中的一个球，记录该球所标明的数字，产生随机数的个位数。重复上述步骤，直到再摇出一个球，记录该球所标明的数字，产生随机数的十位数。如此，重复上述步骤，可产生随机数的百位数、千位数等。这样可产生任意位数的随机数。重复以上步骤，直到产生 n 个不同的随机数。

2. 简单随机抽样的特点

（1）简单随机抽样的优点。

简单随机抽样是最单纯的抽样方法，它不对总体中的单位进行分组或排列，完全按照随机的原则来抽取样本，最符合随机性原则。这种方法简单直观，使用方便。

（2）简单随机抽样的缺点。

1）编号很困难。采用简单随机抽样，一般必须对总体各单位加以编号，而实际调查总体往往数量巨大，逐一编号几乎是不可能的。

2）不清楚总体单位数，无法采用简单随机抽样。例如，对连续不断生产的产品进行质量检验，对街头的行人进行拦截式访问，就不能对全部产品、所有的行人进行编号。

3）仅适用于同质性较大的总体。当总体各单位差异较大时，采用简单随机抽样抽出的样本可能会集中于某类单位，其样本的代表性较差。

4）样本分散。采用简单随机抽样抽出的样本分布较为分散，实地调查消耗的人力、物力、费用较大。

（3）适用范围。

鉴于上述特点，简单随机抽样比较适用于总体单位数不多，且内部差异不大的情况。

（二）等距抽样

1. 等距抽样的含义

等距抽样又称为系统抽样，先将总体中各单位按某一标志排列，然后每隔一定的间距抽取样本的方法。

等距抽样的排队标志可以分为无关标志和有关标志。无关标志排队就是按照与调查研究无关的标志排队。例如，在研究居民的平均收入水平时，先按其姓氏笔画顺序进行排队就是一种无关标志排队。有关标志排队是按照与调查研究目的或内容有关的标志排队。例如，若要研究某个单位职工的平均工资水平，先对职工按其工资高低进行排队，然后再抽样就是一种有关标志排队。等距抽样中，排队应使用无关标志。

等距抽样的关键是确定在第一个间距内抽样单位的位置。如果总体是按无关标志排队的，可以在第一个间隔内随机抽取样本单位。如果总体是按有关标志排队的，则第一个抽样单位可以选择第一个间隔内居中的那个单位。在样本的第一个单位确定后，其余各抽样单位就可以按每隔一个等间距来确定。这样可以保证样本单位在总体中均匀分布。

2. 等距抽样的程序

（1）排队。

设总体共有 N 个单位，现需要从中抽出 n 个单位作为样本。先将总体的 N 个单位按与总体特征标志无关的标志进行排队。

（2）确定抽样间隔。

确定等距间隔为 $k=N/n$，即将总体单位数目 N 划分为 n 个数量相等的部分。抽样间隔 k 有时可能正好是不整数，可以最接近的那个整数来代替抽样间隔。

（3）确定第一个样本。

等距抽样的关键在于第一个样本的确定，有两种方法：第一种方法是从总体中用简单随机抽样方法抽出一个号码，编号为 a，并设为起点；第二种方法是根据确定的抽样间隔把总体分隔成 n 段。在第一段中，用简单随机抽样方法抽取一个号码，设为 b，b 即抽样的起点。

（4）按抽样间隔等距抽样。

第一种方法：以 a 为起点，每隔 k 个单位向前和向后抽取一个单位作为样本，直到抽出的样本单位的编号小于 0 和大于 N 为止。第二种方法：以 b 为起点，向后每隔 k 个单位抽取一个单位作为样本，直到抽出 n 个样本单位为止。抽取的样本编号依次是：b，$b+k$，$b+2k$，$b+3k$，…，$b+(n-1)k$。

【例 5-1】 利用等距抽样法从 180 名学生中抽取 15 名学生，对学生的学习成绩进行调查研究。方法如下：

（1）先将学生按与学生学习成绩无关的标志编号，假设按学生座位顺序把学生编为 1～180 号；

（2）确定抽样间隔，$k=180/15=12$；

（3）随机抽取编号 34 为起点，即决定从第 34 号作为第一个样本。往前抽取样本为 34－12＝22 号单位；向后抽取样本为 34＋12＝46；如此类推，抽出的 15 个样本编号为：10；22；34；46；58；70；82；94；106；118；130；142；154；166；178。

3. 等距抽样的优点

（1）工作量小，操作简便。

与简单随机抽样相比，等距抽样较为简便，工作量较小。只要确定好起点，后面的单位可以方便的抽出来，不必始终利用随机数表。如果有现成的抽样框，等距抽样还省去了编号的程序。

（2）适用于无法编制抽样框的情况。

由于实际情况无法列出抽样框时，等距抽样也可以实施。例如，调查商店的流动顾客或街头拦截时，由于无法事先确定这些流动人口的总体或抽样框，可以采取每隔一定距离抽取一个单位的办法选择调查对象，更为方便均匀。

（3）样本分布比较均匀，对总体的代表性比较高。

与简单随机抽样相比，等距抽样的样本在总体中的分布更为均匀，其抽样误差要小于简单随机抽样的误差，样本的代表性更高一些。

4. 等距抽样的局限性

使用等距抽样时，总体中各单位的排列顺序必须是随机的，不存在任何与研究变量相关的规则分布，否则，等距抽样的样本代表性不高。因此，等距抽样的排序应采用无关标志排序。

5. 等距抽样的适用范围

等距抽样适用于同质性总体，即总体内部各单位之间差别不大。如果总体内各单位之间差异较大或是各单位的排列有规律，采用等距抽样获得的样本代表性并不高。

（三）分层抽样

1. 分层抽样的含义

当总体的差异性较大，为了使总体中各类单位在样本中都有均衡的分布，提高样本对总体的代表性，可以使用分层抽样。

分层抽样，又称为分类抽样，是将总体中所有单位按一定的属性或特征分成相互不重叠的层，然后在每一层中分别抽取样本构成样本总体的方法。分层抽样的关键是分层的抽样框，一定要使每个单位都不重不漏的分布在不同的层中。例如，一项全国性调查，可按调查对象所在的行政区划、地理位置、城乡等分层。调查对象是企事业单位，可按部门、行业、规模大小等分层。

2. 分层抽样程序

（1）确定分层变量。

选择分层变量即将总体按照一定的标准分层，常见的如年龄、性别、行政区等。分层变量要满足这样的条件：一是分层后，同一层内部的单位尽可能是同质的，不同层之间的单位尽可能是异质的；二是分层变量与研究目的密切相关，例如，市场调查的目的是研究企业规模对广告投放费用的影响，就要按规模把调查对象划分为不同的类别，不同规模的企业都要抽取一定的单位作为样本；三是应当易于测量。

（2）分层。

将总体按照分层变量分成若干层，即 N_1，N_2，N_3……，分层是互相排斥且穷尽的，$N=N_1+N_2+N_3+\cdots\cdots$

（3）确定各层的样本量。

确定所需要的样本总数 n 和从总体各层中抽取样本的数目 n_1，n_2，n_3……，并令 $n=n_1+n_2+n_3+\cdots\cdots$

（4）在各层中抽样。

按照随机原则，采用简单随机抽样方法或者等距抽样方法，从各层中抽取所需要的样本数，各层的样本之和构成了总体的样本。

3. 分层抽样的类型

（1）等比例分层抽样。

等比例分层抽样，是一种应用最广的抽样方法，要求在每一层次中所抽取的样本数在样本总数中所占的比例与这一层次的单位数在总体中所占的比例相一致。这样可以保证样本的结构与总体的结构保持一致，使样本具有更大的代表性。一般地，如果对样本的代表性要求一致时，等比例分层抽样所需要的样本单位数可以比简单随机抽样或等距抽样所需要的少一些，准确性更高。

【例 5-2】 某地共有居民 4 万户，按经济收入高低进行分类，其中高收入居民为 8 000户，中等收入居民为 24 000 户，低收入居民有 8 000 户。要从中抽出 800 户进行购买力调查，采用等比例分层抽样，如何抽取？

第一步，确定分层变量并分层。

因为购买力与家庭收入密切相关，可以将收入水平作为分层变量，按此变量将总体分为高收入户、中等收入户和低收入户三层。

第二步，确定各层的样本量。

高收入户：8 000/40 000＝20%；中等收入户：24 000/40 000＝60%；低收入户：8 000/40 000＝20%。

各层在样本中所占的比例与各层在总体中所占的比例是一样的。因此，计算样本在各层中的具体抽样数目是：

高收入户：800×20%＝160（户）；

中等收入户：800×60%＝480（户）；

低收入户：800×20%＝160（户）。

第三步，在各层中采用等距抽样方法抽取样本。

（2）不等比例分层抽样。

在分层抽样时，有时为了保证占总体比例小的层有足够的样本数，或者某些层内抽样单位的差异性较大，需要加大这些层的抽样比例，就使用不等比例分层抽样法。不等比例分层抽样，各层的抽样比例不相同，即各层子样本在总样本中所占的比例与各层在总体中所占的比例不同。具体每层需要抽取多少样本量并没有确定的标准，通常原则是比较各层标准差的大小，对于标准差大的层，抽样单位数要多，对于标准差小的层，抽样单位数可以相应少些。

需要注意的是，不等比例分层抽样获得的样本主要用于对各层的单独研究，这样的样本并不适合进行总体推断。

4. 分层抽样的特点

在样本数量相同的情况下，分层抽样的抽样误差要小于简单随机抽样和等距抽样。如果分层时采用了合适的分层标准，使各层同质性增强，差异性缩小，样本的分布比较均匀，代表性高，抽样效果较好，在实际工作中应用广泛。

5. 分层抽样的适用范围

分层抽样适用于规模大、内部结构复杂且类别分明的总体。例如，城镇居民消费收支调查，有些项目在户与户之间的差别很大，如人均收入、人均消费支出、耐用品拥有量等。

（四）整群抽样

1. 整群抽样的概念

整群抽样即将总体按照某一标准划分成群，然后采用随机的方法抽取若干个群，以这些群包含的所有单位作为样本的抽样方法。例如，某校要了解该校学生的学习情况，可在该校随机抽取几个班级，对抽中班级的全部学生进行调查即可。

2. 抽样程序

（1）确定分群的标准。

分群是按照一定的标准进行的。分群标准与分层标准不同，分群的标准最好是无关标准。同时，分群后，同一群内部的元素尽可能是异质的。

（2）分群。

将总体分成若干个子群体，$N=N_1+N_2+N_3+\cdots\cdots$，每一个群体中有若干单位。

（3）抽样。

在子群体中随机抽取一定数量的子群体，如 N_1，N_2，$N_3\cdots\cdots$，以抽出的子群体中所有单位作为样本，$n=n_1+n_2+n_3+\cdots\cdots$

【例 5-3】 某校有学生 2 000 名，为了调查学生的学习成绩，计划从中抽出 160 名样本进行研究。

分析：选择无关标志“宿舍”作为抽样单位。假设该校共有学生宿舍 250 个，每个宿舍住 8 个学生。从 250 个宿舍中随机抽取 20 个，其中男生宿舍 10 个，女生宿舍 10 个，对抽中的宿舍的所有学生进行调查，这 20 个宿舍总共 160 名学生就是此次抽样调查的样本，见图 5-1。

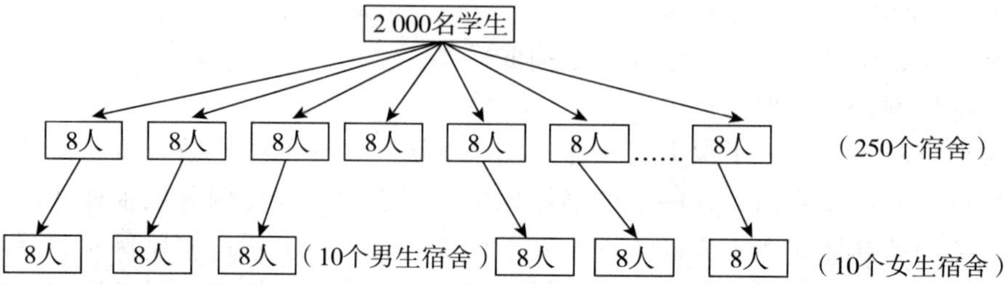

图 5-1 整群抽样示意图

3. 整群抽样的特点

优点：样本单位比较集中、便于组织抽样和调查，节省时间和经费。

缺点：在群大小不等时，样本单位数难以控制，增加了调查组织的不确定性；另外，整群抽样样本集中于某些群内，样本单位分布不均匀，样本代表性不高，在样本数量相同的情况下，其抽样误差要大于简单随机抽样、等距抽样和分层抽样的抽样误差。

4. 整群抽样的适用范围

尽管整群抽样有比较大的局限性，但由于这种方法操作简便、节省人力和经费，因此经常被采用。这种抽样方法适用于总体可以分割为群，并且群之间大体相同，而群的内部构成比较复杂的抽样。

5. 分层抽样与整群抽样的异同

分层抽样和整群抽样有相似的地方，都是先分类再抽样，但两者的分类标准和抽样方法完全不同。两者的异同点如表 5-3 所示。

表 5-3 分层抽样与整群抽样的异同表

抽样方法		分层抽样	整群抽样
相似之处		都是将总体划分为小部分	
不同之处	具体的抽样方式	以每一类中的部分单位作为样本。	以若干子群体中的所有单位作为样本。
	小部分的特征	各层内部差异小，层之间的差异大。	各子群体内部差异大，子群体之间差异小。
	划分小部分的标准	与研究目的密切相关。	与研究目的不相关。

二、非随机抽样技术

除了随机抽样之外，许多市场调查也采用非随机抽样来选择调查对象。非随机抽样方法中，总体中每一个单位被抽中作为样本的机会不是均等的。与随机抽样相比，非随机抽样的主要优点是省时、省力、省钱，抽样过程比较简单；缺点是调查对象被抽取的概率是未知的，样本的代表性差，利用调查结果来推断总体的风险较大。因此，非随机抽样方法通常是在一些小规模的市场调查中，或是不方便使用随机抽样方法的情况下使用，它的目的不着重于推断总体情况，只是作探测性的了解。

（一）方便抽样

方便抽样即根据调查者的方便来抽取样本的一种抽样方法。样本的选择主要是从调查人员便利的角度来考虑。例如在街头拦截访问，常用到方便抽样。

方便抽样的优点是简便易行，能及时获取信息，省时、省力，成本也很低；缺点是对调查对象缺乏了解、样本的偏差大、代表性差、调查结果不一定可靠。

方便调查一般选择那些可以接近、愿意合作的人作为调查对象，调查行为纯属方便为之，而不是为了准确。因此，这种方法的调查结果不能用来推论总体的情况，一般只用于非正式的探测性调查。

（二）判断抽样

判断抽样又称主观抽样，它是凭研究人员的主观意愿、经验和知识，从总体中选择具有典型代表性样本的一种抽样方法。应用前提是研究者对总体的有关特征有一定了解。

判断抽样选取样本单位一般有两种方法：一是由专家判断决定样本单位；另一种做法是根据所掌握的统计资料，按照一定的标准来选定样本。一般选取“多数型”或“平均型”的单位组成样本。“多数型”是在调查总体中占多数的单位，“平均型”是在调查总体中具有平均水平代表性的单位。

判断抽样方法在样本量小及样本不易分类挑选时有较大的优越性，但由于其精确性依赖于研究者对调查对象的了解程度、判断水平和对结果的解释情况，所以判断抽样方法的结果的准确性有待商榷。

（三）配额抽样

配额抽样与分层抽样有些相似，都是按照某种属性或特征将总体分成若干种类，然后在各类中抽样。不同的是分类后抽取样本的方法，分层抽样中各类子样本是按简单随机抽样或等距抽样随机抽取的，而配额抽样则是采用方便或判断抽样方法从各类中抽取子样本的。

采用配额抽样方法，可以保证总体的各个类别都能包括在所抽样本之中，故与其他几种非随机抽样方法相比，样本具有较高的代表性。在市场调查中，配额抽样被广泛采用。

（四）滚雪球抽样

滚雪球抽样是调查者先针对少数样本进行调查，再通过这些样本单位各自发展其他同类单位进行调查，如此进行下去，就像滚雪球一样越滚越大，直到发展到所需要的样本单位数为止。运用滚雪球抽样，前提是样本单位之间具有一定的联系，能通过相互介绍，引出足够多的调查对象，最终满足调查需求。

滚雪球抽样的基本程序为：首先，找出少数样本单位；其次，通过这些样本单位了解更多的样本单位；最后，通过更多的样本单位去了解更多的样本单位。如此类推，如同滚雪球，样本量越来越大，直到达到所需数量为止。例如，啤酒消费调查中，如果以每周至少有一天以上喝酒的人作为调查对象，就可以采用这种方法。因为经常喝酒的人本身就会集结成一个小团体。再如，要对劳务市场的保姆进行调查，因为总体总处于不断流动之中，难以建立抽样框，研究者因一开始缺乏总体信息而无法抽样，这时可先通过各种方法，如街坊邻居或熟人介绍、家政服务公司、街道居委会等，找到几个保姆进行调查，并让他们提供所认识的其他保姆的情况，然后再去调查这些保姆，并请后者如是引荐其他保姆。以此类推，可供调查的对象越来越多，直到完成所需样本的调查。

滚雪球抽样方法的优点是便于有针对性地找到调查对象，而不至于“大海捞针”。其局限性是要求样本单位之间必须有一定的联系，并且愿意保存和提供这种关系，否则，将会影响调查的进行和效果。

【课后实训】

一、案例分析

TCL电视机市场需求调查抽样设计

一、抽样背景

电视机作为信息传播的载体，在人们生活中扮演着不可或缺的角色，随着科技不断进步，高质量、新品牌的电视机也不断涌现，为了了解西安市居民对TCL电视机的需求状况，更好地服务于消费者，进行此次调研活动，考虑到人力、物力、财力等因素，选择非随机抽样的方法选取部分人群进行访问调查。

二、抽样目的

了解被调查对电视机的需求情况、满意度、购买偏好、购买动机等信息，并据此分析西安市居民对TCL电视机的需求状况，以便于企业做出正确的投资决策、合理的资源配置。

三、总体描述

此次调查主要研究西安市TCL电视机未来两到三年市场需求情况，所以调查总体是20岁以上，分布在西安市中心、东郊、西郊、北郊、南郊各个区域、有货币支付能力的西安市居民。由于不同年龄、文化水平、经济收入的人群对电视的认知程度及性能要求存在较大差异，所以调查范围相对较广。

四、样本框及样本单位描述

西安市TCL电视机需求情况抽样调查的抽样框就是所有具有货币支付能力的个体单位，样本的选取涉及20岁以上各个年龄阶段，不同文化水平、不同生活水平、不同职业的消费群体。

五、确定样本量

为了使样本具有一定的代表性，选取样本量300名。

六、抽样方法

针对此次西安市TCL市场需求的调查，我们选取配额非随机抽样的抽样方法，确定样本量300名，选择消费者年龄，性别，所在区域三个标准分类样本配额比例及配额数见表5-4。

表5-4　　样本配额表

性别/年龄	男	女	所在区域	人数
20岁以下	20	20	西安市中心	100
20～30岁	40	40	东郊	50
30～40岁	40	40	西郊	50
40～50岁	30	30	北郊	50
50岁以上	20	20	南郊	50
合计	150	150	合计	300

七、抽样实施步骤

1. 确定区域，西安市中心、东郊、西郊、南郊、北郊。

2. 选择样本量，西安市中心选100名人接受调查，其他四个郊区各选50名。

3. 不同区域选择人群按男女比例各半进行调查，同时要求调查者的年龄分布在20岁以上各个阶段。

八、抽样组织表及注意事项

抽样组织表见表5-5。

表5-5　　抽样组织表

调查时间	一天
调查访问人员	5名
调查经费预算	500元
抽样方案设计	两天
抽样方案设计人员	一名
抽样方案评估审核人员	一名

注意事项：样本具有代表性、有效性；抽取样本的成本要在调查经费的承受范围内；抽样方法的选择上要结合调查对象、调查目的及可操作性。

思考题：

阅读案例，分析案例中关于总体的描述和抽样框的建立是否正确？如不正确该如何修改？为了提高抽样调查的准确性，可以采取什么抽样方法？

二、实训操作

全班分小组承接“关于学生食堂服务质量的抽样调查”任务，设计本调查项目的抽样设计方案。每个小组按教师规定时间提交一份抽样方案，内容包括抽样目的、总体、抽样框及抽样单位、抽样方法及详细抽样过程。编写的抽样设计方案要正确、规范、完整，符合实际，抽取的调查点要有代表性。

关于学生食堂服务质量的抽样调查

学生食堂是专门为学生提供膳食服务的机构。学生食堂的饭菜质量和卫生状况对学生的生活和健康有重要影响，这是每个学校的领导、教师、学生以及学生家长都十分关心的问题。为了帮助食堂提高饭菜质量，改善卫生状况，我们从全校学生中选取一部分学生进行调查，听取他们的意见……

项目六

组织实施市场调查

【任务引入】

访问员行为规范

作为一名访问员，在调查过程中应当遵守以下行为规范：

1. 严格执行调查技术规范，不得擅自更改调查程序和访问受众。

2. 必须诚实、负责，绝不弄虚作假。

3. 未依据受访者对所问问题的回答填写问卷，而是自己模仿或揣测受访者的想法，以受访者名义填写问卷。

4. 在受访者数量不足的情况下，随便找非指定的人访问，冒充指定受访者填写问卷。

5. 必须始终保持公平、中立态度，不诱导受访者回答问题，并使受访者知道你既没有偏见，也不想左右他的想法。

6. 要有坚忍不拔的精神，勇于克服困难，积极耐心地向受访者讲解调查活动的意义。

7. 完整准确地保持调查数据的原始形态，无权修改受访者答案。当答案可能有出入时，应及时追问；如受访者坚持答案，请将你的个人判断写在问题旁边，但不能更改受访者答案。

8. 遵守保密原则，不得向与本调查无关的人员提及项目、受访者的任何情况。

9. 礼貌。做到举止大方、轻松自然，创造融洽氛围，与受访者建立互相尊重、互相理解的人际关系，努力消除受访者的紧张情绪和怀疑心理。

10. 始终保持愉快心情。每当面对一位新的受访者时，都要把它当作一个新的开始，千万不要因为工作熟练起来而忽略许多应该注意的地方（如：诱导受访者配合访问、解释问题的具体含义、介绍产品性能特点等）。请记住每位受访者都是第一次接受你的访问，你需要耐心讲解才能保质保量地完成工作。

11. 必须随身携带胸卡，以便争取指定受访者的信赖与合作。

12. 必须衣着整洁，禁止穿着奇装异服进行访问。

13. 尊重受访者意愿，不冒犯受访者禁忌。

14. 将应交给受访者的礼品确实交给对方，不得擅自更换或藏匿礼品。

15. 访问结束后应检查问卷，以保证问卷填写符合要求、所需信息确实无误。检查内容包括：是否询问了所有应问的问题；答案是否已被正确记录；有无遗漏、错填现象；答案之间是否符合逻辑；记录（包括接触记录）是否已经完成。

资料来源：北京东尚方略市场调查有限公司.

分析：

作为调查人员应该具备哪些素质和能力？

【任务分析】

市场调查的具体实施涉及市场调查机构的选择、市场调查人员的组织和培训以及市场调查工作的管理。本项目的工作任务是：接受企业委托或教师模拟情境，学生在规定的情景内，熟悉市场调查机构的类型和市场调查机构的选择原则，能够运用所学知识进行市场调查人员的组织和培训，具备对市场调查工作的管理能力，进行实际调查。

【具体任务】

任务一　选择市场调查机构

一、市场调查机构的含义

市场调查机构是指受部门委托，专门从事市场调查的组织。在市场调查实施过程中，为了更有效地对市场信息进行搜集、整理和分析，就要设立市场调查机构。市场调查机构可以是企业内部固定或临时的市场调查部门，也可以是企业外部专业性的市场调查机构。

二、市场调查机构的类型

市场调查机构大致可以划分为以下三种类型。

（一）企业内部的市场调查部门

1. 企业临时调查机构

企业因应某种市场调查需要临时成立的负责组织某项市场调查与预测活动的机构。这类型机构的优点是机构比较灵活，机构在需要时组建，调查完成后解散，节省了开支；缺点是调查人员都是临时从企业内部或外部选聘，调查经验可能存在不足。

2. 企业专门调查机构

企业内部有一定数量且固定的人员、稳定的经费投入、专职负责市场调查活动的职能机构。目前国外许多大的企业和组织，大都设立专门的调查机构，市场调查已经成为这类企业固定性、经常性的工作。这一类型机构的特点是由具备专业能力、且在工作中不断积累经验的人员承担市场调查工作，能提高市场调查工作的质量。

（二）企业外部的市场调查机构

企业外部的调查机构也称之为专业市场调查机构，是专业从事市场调查的机构，专业水平较高。大多数中小型企业常采用委托专业市场调查机构进行市场调查与预测。

企业外部专业的市场调查与预测机构主要有以下四种类型。

1. 综合性市场调查与预测专业公司

这类公司专门搜集市场信息，当有关单位的企业需要时，只需交纳一定费用，就可随时获得所需资料。同时，他们也承担各种调查委托，为企业进行专项和全面调查，具有涉及面广、综合性强的特点。

2. 广告公司的调查与预测部门

广告公司为了制作出打动人心的广告，取得良好的广告效果，就要对市场环境和消费者进行调查。有一定规模的广告公司都下设有市场调查部门，为其主体业务即广告业务作辅助，主要功能是为广告客户搜集必要的市场资料，协助客户制定广告推广策略。这类机构也接受一般企业的委托，从事一些市场调查与预测业务。

3. 咨询公司

这类公司一般由一些资深的专家、学者和有丰富实践经验的人员组成，主要为企业和单位的经营管理提供咨询服务的专业机构。这类机构往往具有较强的研究实力，除了能够从较高层次、较宏观的角度提供咨询顾问服务以外，还进行一些独立的相关研究。另外，也接受企业或单位的委托，代理或参与调查设计和具体调查工作。如，闻名世界的美国兰德顾问公司。

4. 非商业性质设立的统计调查部门

上面所谈到的调查机构基本属于商业性质的市场调研机构，社会上还有各种各样非商业性的调查机构。非盈利是这类调查与预测机构的特点，其活动经费主要靠公共财政或协会成员缴费，有的甚至没有专门的经费。

（1）各级政府部门组织的调查机构。我国最大的市场调查机构就是各级政府的统计部门，它们会定期进行市场调查与预测，搜集有关的统计资料以年鉴等形式向社会公布。如我国的国家统计部门，国家统计局、各级主管部门和地方统计机构负责管理和公布统一的市场调查资料，便于企业了解市场环境变化及发展，指导企业微观经营活动。此外，为适应经济形势发展的需要，统计部门还相继成立了城市社会经济调查队、农村社会经济调查队、企业调查队和人口调查队等调查队伍，也提供了这种类型的调查信息。

（2）新闻单位、大学和研究机关的调查机构。这些机构也都开展独立的市场调查活动，定期或不定期地公布一些市场信息。如新华社就有全国主要农产品物价监测网络。

（3）另外，一些非官方性质的机构，如行业协会等非政府组织，有些设有自己的市场调查与预测部门，负责本行业市场情报的调查与预测研究，为本行业企业提供公共服务。

（三）市场信息网络

市场信息网络是现代市场调查的一种方式，也可以视为一种特殊的市场调查机构，市场信息网络可分为宏观市场信息网络和微观市场信息网络两种。

宏观市场信息网络即中心市场信息网络，它是为整个市场服务的信息管理系统，是纵横交错、四通八达的市场信息网络系统的总和。例如化工信息情报网就是专门进行化工系统信息交流的信息传递网络。

微观市场信息网络又称基础市场信息网络，是以单个企业为典型代表的企业市场信息系统，它可为企业提供市场经营活动所需的各种信息。

市场信息网络具有以下五个优势：

（1）整体性。信息网络是一个有机整体，构成网络的各个要素之间互相协调、互相配合，实现信息搜集和反馈的最优化。

（2）时效性。信息网络多数要求定时交流信息，以提高经济信息时效性。

（3）广泛性。信息网络覆盖面广，可以涉及市场的各个领域。

（4）灵活性。指各种信息网络可以相互交叉、互通有无。

（5）开放性。信息网络是以搜集、贮存、处理和传递信息为目的而建立起来的。开放性使信息源源不断地流入和流出，有效地实现信息的传递和交流，发挥信息的最大效益。同时，开放性特点也要求其信息网络必须面对市场、加强市场调查。

我国影响较大经济信息网络的主要是有以下几种形式。

1. 行业性市场信息网络

以行业为主体，广泛建立信息点组织调查，搜集信息，进行综合分析。按照这种网络的地域覆盖范围不同，可分为企业性、地区性和全国性三类。如中国人民银行信息网联系全国各地分行，建立了银行经济信息网，它们曾多次对全国许多产品的供销情况进行调查和预测，并发布信息，对商品生产和商品流通起着重要的指导作用。

2. 以产品为主体的信息网络

以产品为主体，广泛组织有关单位参加，以自愿为原则，互相交换信息。如全国化工产品信息网络，搜集、汇总了全国化工行业的产供销信息资料，为我国化工行业走向市场，科学决策提供了可靠的依据。

3. 联合性市场信息网络

这种网络不受行业和产品的限制，由于市场竞争环境需要自动联合，互相交流信息。这样，商品生产者、转卖者和用户都可以借助计算机网络直接了解某种商品的销售和库存情况，根据不同情况合理安排生产和流通，从而把产、销、用三者紧密地联系起来。如商业部门是沟通生产和消费的桥梁，各类商品的购、销、存数量、品种、价格及消费者的意见、反映、市场行情的动态趋势等，都能在此得到体现。通过工商企业的信息沟通．就能把局部的、零散的、不协调的信息，集中形成准确、系统的信息，并直接指导商品再生产过程。

4. 临时性的市场信息网络

临时性的市场信息网络主要是通过会议或展览的形式，临时组织有关信息人员参加会议、沟通信息。如各类市场上所进行的商品交易活动是公开的、具体的，展销商品陈列产品，明码标价、产品质量有详细介绍或可凭经验判断。各种各样的商品交易会、展销会、订货会等，可将买卖双方汇集于一处，成为一个信息的交汇点和集散地。

三、选择市场调查机构的原则

当企业需要委托市场调查专业机构进行调查时，应做到知己知彼，慎重地选择合作对象，以取得事半功倍的效果。企业在委托调查机构完成调查任务时，应明确以下六项原则。

（一）调查机构的信誉

调查机构在同业界的声誉和知名度，严守职业道德及公正原则的情况，限期完成工作的能力等。

（二）调查机构的专业能力和业务能力

调查机构内专业人员业务能力的高低；能否提供有价值的资讯；他们是否具备创新观念、系统观念、营销观念和观念沟通能力。

（三）调查机构的资历

包括调查机构创建的时间长短，主要工作人员服务年限，已完成的市场调查项目性质及工作范围等。

（四）调查机构的资源配置

市场调查机构所拥有的硬件和软件条件。硬件包括信息搜集、整理和传递工具的现代化程度；软件包括调查人员的素质及配备情况。

（五）调查机构的经费报价

包括调查机构的收费标准和从事本项调查的费用预算等收费的合理性。

（六）调查机构对委托人调研项目的适应性

调查机构能不能完成调查任务，对调查任务是否熟悉，这是选择调查机构必须要考虑的因素。

通过以上的分析和评估，可以选择最有可能合作的两三个调查机构，进行面谈，要求各调查机构提出书面的调查建议书。一般建议书内容包括：工作人员的配备、专业水平、实际工作经验，抽样调查的方法和技术，市场调查的重点及可能结果，提供市场报告的时间，市场调查预算及收费条件，企业应有的协助等。在研究几个调查机构的建议之后，与最能满足要求的调查机构进行合作。

任务二　选拔和培训市场调查人员

一、选拔市场调查人员

市场调查人员是调查工作的主体，其数量和质量直接影响市场调查的结果，因此，市场调查机构必须根据调查工作量的大小及调查工作的难易程度，配备一定数量并具有较高素质的工作人员。为保证市场调查与预测工作的质量，市场调查与预测机构必须重视对有关人员的选择和培训。

根据市场调查与预测活动的特点，选择市场调查与预测人员应考虑以下五个方面的条件。

（一）具有较高的职业道德修养

要有工作责任感和事业心，重视社会公德，尊重他人人格，乐于为人服务。

（二）掌握多学科的知识

有较广博的理论知识，较强的语言表达和文字写作能力，善于与客户沟通，具有创新精神。

（三）具有优秀的品质及谦虚的态度

在调查过程中，调查人员可能会面对各种问题，如经受各种拒绝、猜测等。因此，要具备良好信心和耐心，要足够细心、态度谦虚和善。

（四）具有搜集调查资料的能力

能够根据调查目的，搜集到充分完整且有时效性和针对性的文案资料；能够熟练运用各种调查方法获取有价值的第一手资料。

（五）具有较强的分析研究能力

掌握资料审核、分组、整理的方法，掌握资料分析的技术，并能熟练使用 SPSS 等软件系统进行数据处理。能够创造性地运用专业知识解决新问题，根据调查结论提出创新性意见和建议。

二、培训调查人员

（一）培训的基本内容

市场调查人员的重要作用以及对调查人员的客观要求，都提出了对人员进行培训的问题。培训的内容应根据调查目的和受训人员的具体情况而有所不同。通常包括以下三个方面的内容。

1. 思想道德方面的教育

组织调查人员学习市场经济的一般理论，学习国家有关政策、法规，充分认识市场调查的重要意义，使他们有强烈的事业心和责任感，端正工作态度和工作作风，激发调查的积极性。

2. 性格修养方面的教育

对调查人员在热情、坦率、谦虚、礼貌等方面进行培训。

3. 市场调查业务方面的培训

学习市场调查基本原理、统计学、市场学、心理学等知识。加强问卷设计、提问技巧、信息处理技术、分析技术及报告写作技巧等技能方面的训练，以及规章制度方面的教育。调查人员必须遵守组织内部和外部的各种规章制度，这是调查得以顺利进行的保证。

（二）培训的方式

1. 基础培训

基础培训是专业市场调查与预测机构的基础性工作之一。培训的主要内容包括：

（1）职业道德。合法的手段，严谨的态度，杜绝弄虚作假和舞弊行为，对待调查工作要严肃客观。

（2）行为规范。主要是按调查项目的要求，规范其行为。例如严格按照抽样方法进行抽样，依据规范要求进行操作。

（3）调查技巧。告诉调查者应该怎么做，以及为什么要这么做。

2. 项目培训

项目培训是针对特定市场调查项目而组织有关人员进行的岗前培训。较大规模的市场调研项目往往参与人员众多，人员活动空间较广，活动时间较长且要求紧凑。因此，项目开展实施前组织有关人员进行有针对性的训练是非常重要的。项目培训内容一般包括：

（1）熟悉调查与预测对象的基本情况或基本环境。每个行业背景不同情况不同，了解这些基本情况有助于调查者更好地与被调查者沟通。

（2）掌握抽样方法、询问或观察的技巧。

（3）资料搜集方法。

（4）岗位责任与纪律要求。

（三）培训的具体方法

培训的方法很多，培训时可根据培训目的和被培训人员实际情况进行选择。常见的培训方法主要有以下六种。

1. 集中讲授法

这是培训中采用的主要方法，即邀请有关专家或是调查方案的设计者，对调查课题的意义、目的、要求、内容、方法及调查工作的具体安排等进行讲解，在必要的情况下，还可讲授一些调查的基本知识，介绍一些背景材料等。采用这种培训方法，应注意突出重点、针对性强、讲求实效。这样的培训方法能让调查与预测人员了解和掌握相关学科与行业最新的发展技术和方法，实现知识更新，促进业务水平的提高。

2. 模拟训练法

模拟一种调查环境，由培训者和受训者或受训者之间相互分别装扮成调查者和被调查者，进行一对一的模拟调查，练习某一具体的调查过程。模拟时，要将在实际调查中可能遇到的各种问题和困难表现出来，让受训者作出判断、解答和处理，以增加受训者的经验。采用这种方法，应事先做好充分准备，模拟时才能真实地反映调查过程中可能出现的情况。这种培训方法尤其对缺乏相关工作经验、新入行的人员有显著的效果。

3. 分层培训法

分层培训法也叫哈雷斯法，该方法是由经济学家哈雷斯从自身从事的市场调查与预测经验中总结出来的一种方法。哈雷斯认为，按受训对象不同，可将受训人员分为监督员与访问员。监督员是较高级的调查与预测人员，他们要负责训练访问员，指导、监督与检查访问员的工作，组织与控制调查进度。因此，对监督员的培训要求更严格、更全面。访问员是具体实施调查的人员，对他们的培训应侧重于活动能力与技巧方面。在培训方法上，哈雷斯认为有书面训练法和口头训练法：前者用于思维能力、分析能力、判断能力的训练；后者主要适用于行为能力与应变能力的训练。

4. 以会代训法

以会代训一般有两种形式的会议：一是开研讨会，主要是对需要调查的主题进行研究，从拟定调查题目到调查计划的设计，资料的搜集、整理和分析调查资料和调查的组织实施等各项内容逐一研究确定；二是开经验交流会，大家互相介绍各自的调查经验、先进的调查方法、手段和成功的调查案例等，以集思广益，博采众长，共同提高。采取以会代训方法，一般要求参加者有一定的知识水平和业务水平。

5. 以老带新法

这是一种传统的培训方法，它是由有一定理论和实践经验的人员，对新接触调查工作的人员进行传、帮、带，使新手能尽快熟悉调查业务，得到锻炼和提高。这种方法能否取得成效，取决于带者是否无保留地传授，学者是否虚心求教。

6. 实习锻炼法

即在培训者的策划下，让受训者到真实的调查环境中去实习和锻炼，有助于理论和实践有机地结合，在实践中发现各种问题，在实践中培养处理问题的能力。采用这种方法，应注意掌握实习的时间和次数，并对实习中出现的问题和经验及时进行总结。

三、配置调查人员的岗位

不同的调研机构职位设置不尽相同，但一般可分为以下六类。

（一）管理人员

组织、控制整个市场调查与预测工作，协调下属各部门之间的工作；制定公司的管理规则、人员的职责。如调研公司总裁、调查部主任、项目经理、调查实施部主任等。

（二）研究人员

拟定调查方案和数据处理计划，进行抽样设计、文具设计、数据分析以及撰写调查报告，此外，还负责向客户汇报调查结果，提供咨询服务。如统计学家或数据处理专家、分析师等。

（三）督导

负责访问员的招聘、访问员的培训，以及对访问员的工作进行指导、监督和检查。

（四）访问员或调查员

采集资料，对指定的受调查者进行调查访问，以获得原始数据资料。

（五）电脑录入员

对搜集到的问卷资料进行编码，并将数据资料输入电脑，以便研究人员做统计分析处理。

（六）资料员

进行各种一般性的商业资料的搜集、分类、整理和归档，以便研究人员查询，资料一般来自各种媒体，包括报纸、杂志、商业通报、邮件或其他出版物。

任务三　市场调查工作的管理

市场调查是一项复杂和细致的工作，为了确保市场调查工作高效地进行，必须加强组织管理，建立一套系统科学的程序来进行调查工作。

一、市场调查准备工作

市场调查工作的准备阶段是市场调查工作的开始，准备工作是否充分，对后续的实际调查工作的开展和调查质量的好坏影响很大。准备阶段包括明确调查的主题和目标、调查的可行性分析和调查计划书的设计及最终确定三方面的内容。

（一）明确调查的主题和目标

明确调查的主题和目标，是市场调查能够取得成效的重要条件。调查主题，一般是根据企业预测、决策和计划的要求，或者是根据经营活动中发现的新情况和新问题而提出的。

（二）调查的可行性分析

无论是外部委托的调查和预测的项目，还是内部组织的调查项目，事先都需要做严谨的可行性分析与研究。如调查活动从技术角度看是否具有可行性；市场调查与预测机构从人力、物力、财力等方面是否具备承担活动的能力和条件；相关主题的调查活动是否有法律的保障和是否有违社会道德准则等。

（三）调查计划书设计及最终确定

在选定市场调查主题和目标，并且具有调查的可行性之后，就可以进行方案的设计策划，这是确定市场调查取得成功的关键内容，市场调查必须事先编制详细、周密的调查计划书，为了提高调查计划书的科学性、可操作性，还必须对调查计划书进行可行性论证。最终为整个调查活动制定详细的、内容完整的计划书。

二、市场调查计划的实施

主要包括调查人员的培训、实地调查和调查总结三个方面的内容。

（一）调查人员的培训

对调查人员进行培训，让调查人员理解调查计划，掌握调查技术和同调查目标有关的知识，解答调查人员对调查表和问卷的疑问，这是保证调查质量的一项重要措施。

（二）实地调查

调查人员在计划规定的时间地点搜集有关资料，不仅要搜集第二手资料，而且要搜集第一手资料，实地调查的质量取决于调查人员的素质、责任心和组织管理的科学性。

（三）调查总结

市场调查的作用能否充分发挥，和是否做好调查总结的以下两项具体工作密切相关。

1. 资料的整理和分析

通过市场调查取得的资料往往是杂乱无章的，有些只是反映问题的某个侧面，往往带有很大的片面性或虚假性，所以对这些资料必须做审核、分类、制表工作。审核就是去伪存真，不仅要审核资料的正确与否，还要审核资料的全面性和可比性；分类是为了便于资料的进一步利用；制表的目的是使各种具有相关关系或因果关系的经济因素更为清晰地显示出来，便于作深入的分析研究。

2. 编写调研报告

它是调查活动的结论性意见的书面报告。编写原则应该是客观、公正全面地反映事实，以求最大限度地减少营销活动管理者在决策前的不确定性。调研报告包括的内容有：调研对象的基本情况、对所调研问题的事实所作的分析和说明、调研者的结论和建议。

三、市场调查工作的管理和监督

（一）调查进度的影响因素

进度的安排要综合考虑所有相关的因素。确定调查进度主要考虑的因素有：客户的要求、兼职调查员与督导员的数量及比例、调查员每天所完成的工作量等。

（1）客户的要求。

这是调查公司安排调查进度首先和必须要考虑的最重要的因素。

（2）兼职调查员和督导员的比例。

调查实施期间兼职调查员和督导员的比例会直接影响到调查进度，因此要合理安排二者的比例。

（3）调查员每天完成的工作量。

每天完成的工作量主要从调查员的工作能力、责任心，以及调查问卷的复杂程度、调查方式的难易程度和调查的区域和时段进行综合考虑。

（二）调查进度管理和监督的具体内容

1. 时间管理

确保项目按照计划进行是非常重要的，所以要按照具体调查项目设置具体的调查时间安排，保证调查能够按时完成，否则可能会给客户造成损失。例如调查结果必须在某月某日提交，否则就会影响委托者是否开放新市场的决策。判断是否可以加快项目进展，是否需要增加调查人员，或是要延期，都要及时与客户沟通。

2. 进度管理

一个调查项目的实施要有计划、按步骤进行，对于实施进度合理安排是至关重要的。进度安排可以分为三个阶段：

第一阶段：调查实施初期，采用慢节奏。

第二阶段：调查实施中期，采用快节奏。

第三阶段：调查实施末期，采用慢节奏。需要对有问题的问卷进行补做等，这时每天安排的时间数量可以少一些。

当然，进度的具体安排还是要根据调查人员的实际能力、被调查者所在的地点的远近以及其他的相关影响因素进行综合考虑，以确定具体的进度安排。

四、市场调查的质量管理与监督

调查的质量管理主要是以调查结果为对象，以消除调查结果的差错为目标，通过一定的方法和手段，对调查过程进行严格监控，对调查结果进行严格的审核和订正的工作过程。调查质量的管理与监督主要是从调查质量控制和调查质量评估两个方面进行管理与监督。

（一）调查质量控制

控制调查质量应根据调查工作的不同阶段进行，具体分为：

（1）设计阶段的质量控制（研究者）。

（2）调查实施阶段的质量控制（访问者、被访者）。

（3）资料整理阶段的质量控制（研究者）。

（二）调查质量评估

1. 实施过程的质量评估

调查员的工作质量：包括访谈过程是否规范、问卷的填写是否合格、工作记录是否齐备、完成时间是否及时等。

2. 数据质量的评估

良好的现场调查操作也不能保证数据质量就一定会高。在采纳数据之前，对原始数据的质量进行评估是十分必要的。一般从以下两个方面对原始数据的质量进行评估：

（1）受访者的配合程度。在调查问卷的尾部，一般要设计几个问题，内容主要包括被调查者对问卷的理解程度和被调查者的配合程度。

（2）问卷回答率，也是评价数据质量的一个重要的量化指标。

（三）调查员的监督管理

对调查员的监督管理的目的是保证调查员能够按照培训的方法和技术进行市场调查。要做好调查人员的监督管理，首先要了解调查员在调查过程可能出现的问题，其次要掌握监控的各种方法和手段，对调查员的工作过程实施监督管理。

1. 调查人员容易发生的问题

（1）调查人员自填问卷，而不是按照要求让被调查者去填写。

（2）没有对指定的调查对象进行调查，而是对非指定的调查对象进行调查。

（3）调查人员自行修改已经完成的调查问卷。

（4）调查人员没有按照调查要求向被调查者发放礼品或礼金。

（5）调查者在调查过程中带有一定的主观倾向性。

（6）有些问题漏记或没有记录。

调查人员为了获取更多的报酬，片面追求问卷完成的份数，而放弃有些地址不太好找的调查对象。

2. 监控的方法和手段

市场调查人员所搜集的被调查者的问卷是研究者重要的信息来源。但是，在实际调查过程中，调查人员的问卷来源不一定真实可靠，就必须对调查人员进行适当的监控，以保证调查问卷的质量。对调查人员的监控一般有以下四种方式来判断调查人员访问的真实性，然后再根据每个调查人员的任务完成质量，从物质上给予相应的奖励和惩罚。

（1）现场监督：在调查人员进行现场调查时，有督导跟随，以便随时进行监督并对不符合规定的行为进行指正。

（2）审查问卷：对调查人员搜集来的问卷进行检查，看问卷是否有质量问题，是否有遗漏，答案之间是否有前后矛盾，笔迹是否一致等。

（3）电话回访：根据调查人员提供的电话号码，看是否真实地进行过调查。

（4）实地复访：如果电话回访找不到有关的被调查者，根据调查人员提供的真实地址，由督导或专职访问员进行实地复访。在电话回访和实地复访中，通常要根据以下三个方面来判断调查人员访问的真实性：

1）电话能否打通或地址能否找到。

2）家中是否有人接受访问。

3）受调查的问题是否跟该调查吻合。

【课后实训】

一、案例分析

调研员培训纲要

一、对调研员的要求

（1）有高度的责任心和敬业精神。

（2）对调查工作有热心、感兴趣，愿意接触和了解社会。

（3）诚实可靠。

（4）有较高的文化素质和必要的市场调查知识。

（5）仪表大方端正，态度亲切，平易近人，以外向性格为佳。

（6）客观公正，不存偏见。

（7）高中以上学历。

二、调研员的培训

1. 问卷内容培训

讲解问卷设计内容。

2. 态度训练

（1）调研员自己谈访谈态度，然后培训员进行总结。

（2）培训员说出访谈态度的要求：

1）客观公正。

2）热情，态度良好，给被访者创造良好的和谐气氛。

3）被访者有不明白之处，应给予解释，但不能提示答案。

4）耐心，不能弄虚作假，自己作答问卷。

3. 技能训练

目的是提高调研员与陌生人打交道的能力，以有效地完成访问任务，以实际演练为主，主要为大胆、微笑、热情。

4. 问题处理训练

访问过程中，调研员常常会碰到各种各样的问题，如受访者不愿意配合、找不到被抽到的样本等。

（1）假设访问中所遇到的问题；

（2）让大家提出解决办法；

（3）总结问题及告知解决办法。

1）遇到受访者题目答至一半不愿再答，应要求他们再答，若不肯，不能勉强对方。应另外再找样本填写，但需收回此份问卷，并在问卷上说明原因。

2）若找不到样本，只有耐心再找其他样本。

5. 讲解访谈的基本要求

6. 训练方法

（1）讲解。就上述内容进行讲解，采用授课的形式先从认识上加以训练。

（2）模拟训练。即设计作业情境，让调研员进行具体操作，让他们模拟调研中将存在的问题，并加以指导、纠正。

（3）实际操作训练。让新聘调研员充当有经验的老资格调研员的助手，也可以让新聘调研员担当访问主角，有经验的调研员在旁辅导。

7. 附工作日志

三、访谈的基本要求

（1）调研员需分组，一般两人一组。

（2）调研地点选择人流密集之处进行，每组每天需完成预定的调研工作。

（3）人群选择应注意随机抽样，男女比例适当，调研对象见样本要求。

（4）每次发放问卷量应在3～5份，不要过分贪图速度，要注重调研质量，每份问卷（消费者问卷）需答满一定数量方为有效问卷。

（5）对每一份答卷过程需注意跟踪，遇到消费者不明白的总是要尽量解释，但必须保持中立态度，不能预示答案，并注意答完后必须回收问卷。

（6）须进行礼品及笔的准备。

（7）调研员需着装整洁，举止文雅，表现出一定专业素质，要反复向消费者解释我们此次市调的目的，让其耐心答完问题。消费者回答问题时，尽量不进行干扰。

（8）回收问卷需注意将男女分开，各场点的问卷须分开。

（9）事先顺便询问消费者的职业，遇到以下三种人应停止调研：

1）遇到广告业内人士要停止访谈；

2）遇到同类产品市场人员或促销人员要停止访谈；

3）遇到行业相关人士要停止访谈。

（10）务必在固定的时间内完成工作。

（11）每天写访谈日记。

（12）记下访谈的地点，以备复查。

（13）废卷不要让被访问者带走。

资料来源：百度文库，http：//wenku.baidu.com/view/ae69b509844769eae009edc5.html.

思考题：

分析上面的访问员培训纲要，设计一份访问员培训方案。

二、实训操作

市场调查实施过程

某纯水公司委托北京广播学院调查统计研究所（以下简称SSI）进行的郑州市纯水市场调查。这项调查深层访谈是于1998年5月13日至1998年5月15日实施的，共调查了800个家庭用户和151个单位用户。

SSI做了以下的工作：

1. 在调查实施之前，制定访问员培训手册，培训手册包括常规培训手册和针对每一道题的培训手册两部分。

2. 调查的实施委托了郑州当地的一家调查公司具体执行。SSI派出两位专人前往郑州对当地督导和访问员进行了严格的培训。访问员都是河南大学的学生，基本上都有做调查的经历。经过反复讲解、示例的培训后，还让访问员相互练习模拟实地访问2个小时，使访问员都真正掌握了这次实施访问的要领。

3. SSI派出了一位主管，每天随时检查：一是访问员在访问中是否遇到问题，如何解决遇到的问题，拒访率如何；二是及时对调查结果进行验收；三是对调查结果及时复核。

4. 调查问卷的验收，分3个阶段进行：访问员自查、当地督导员检查、SSI主管在当地验收。

对验收后的问卷进行了两次复核：当地督导电话复核或再次面访（复核率为50%）；SSI主管在当地进行再次的电话复核（复核率为15%）。

实训要求：

根据所给案例分析，说明市场调查实施过程对调查人员是如何进行监督管理的？

项目七

整理分析市场调查资料

【任务引入】

个人投资者证券投资情况的统计描述

一、问题的提出

某大学曾进行过一项研究，考察个人投资者选择某些证券组合的理由。研究人员从一家大型全国性金融经济所的客户计算机记录中随机抽取 3 000 个客户，分别给他们寄去一份问卷。填写后寄回答卷的共 972 人，答卷所提供的信息包括性别、婚姻、年龄、年收入、学历、职业六项。通过对投资者有关信息的了解，有助于分析个人投资者选择证券组合的原因。

二、数据的描述

为了更好地观察个人投资者的特点，特将这些原始资料进行整理分析，最后以统计图表的方式展现出来，以便观察其趋势及特点，各项数据见表 7－1、表 7－2、表 7－3、表 7－4。个别特殊情况未包括在数据中。

表 7－1　按性别及婚姻状况分组

性别	人数/人	婚姻状况	人数/人
男	782	已婚	784
女	190	未婚	188

表 7－2　按年龄和受教育程度分组

年龄	人数/人	受教育程度	人数/人
21～25	1	中学学历	225
25～35	29	学士	526
35～45	117	硕士	90
45～55	274	法学博士	63
55～65	252	工科博士	28
65 以上	299	医学博士	40

表 7-3　　按职业分组

职业	人数/人	职业	人数/人
专业技术人员	265	农场主	15
管理人员	157	服务员	5
业主	124	办事员	23
推销员	53	手艺人	18
家庭主妇	69	退休人员	217
技工和一般工人	8	失业人员	18

表 7-4　　按年收入情况分组

收入/美元	5 000 以下	5 000～10 000	10 000～15 000	15 000～20 000	20 000～25 000	25 000～50 000	50 000～100 000	100 000～150 000	150 000 以上
人数/人	1	80	148	129	173	251	132	27	15

为了制作图形，需要首先识别表中各变量的类型（品质变量、数字变量），然后用图形对每一变量进行适当描述。性别、婚姻状况、职业和受教育程度是品质变量，可以用饼形图或条形图来描述，而年龄和年收入是数字变量，可以采用直方图或折线图进行描述。各项数据见图 7-1、图 7-2、图 7-3、图 7-4、图 7-5、图 7-6。个别特殊情况未包括在数据中。

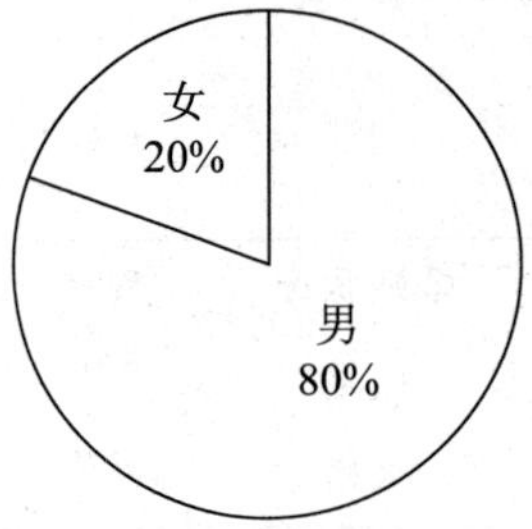

图 7-1　性别状况

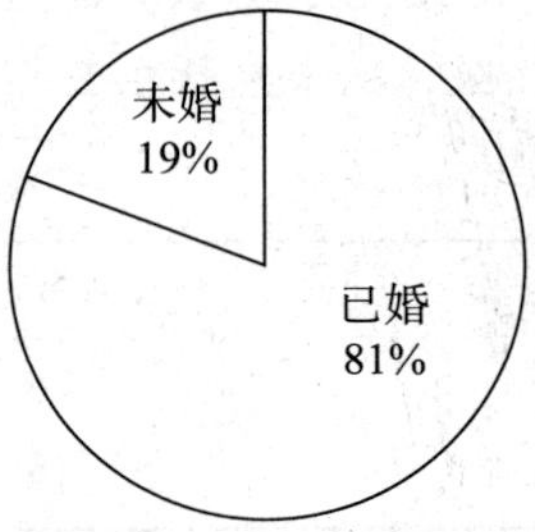

图 7-2　婚姻状况

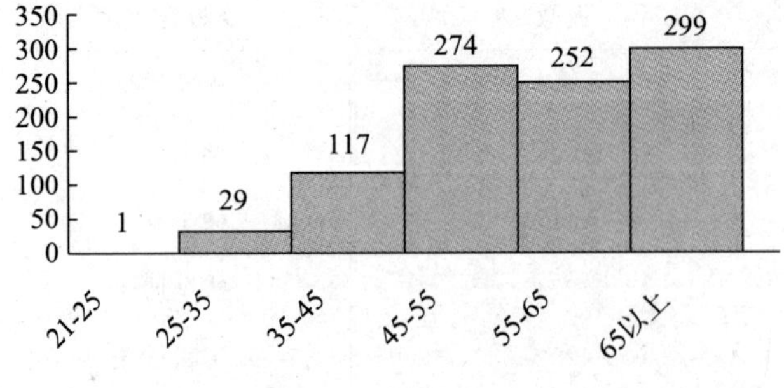

图 7-3　年龄情况

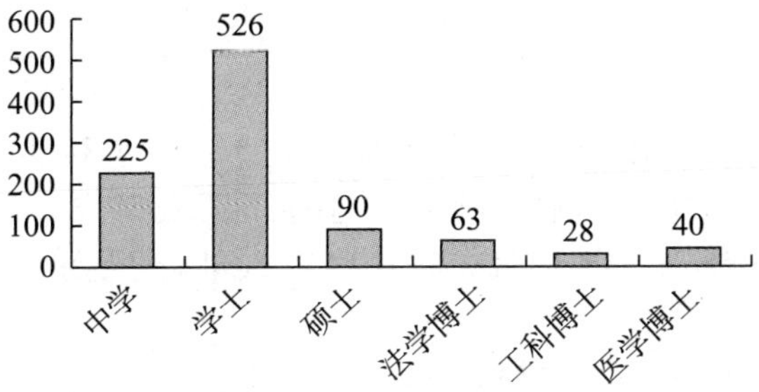

图 7-4 受教育情况

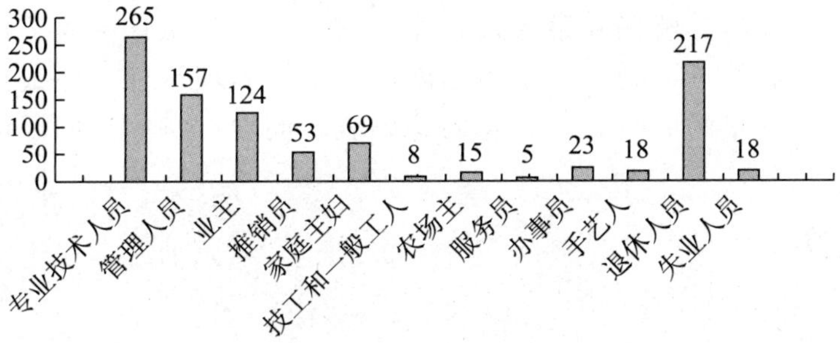

图 7-5 职业情况

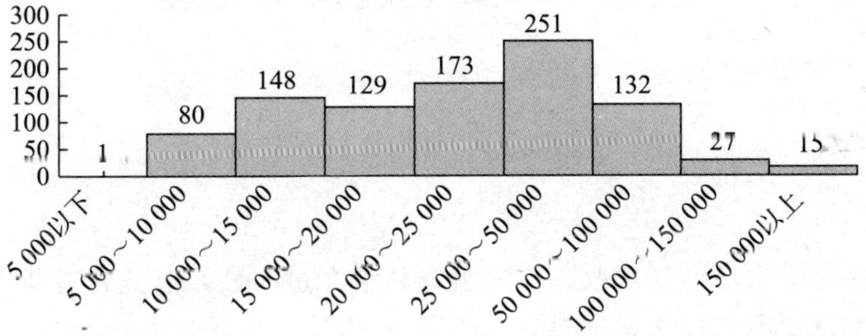

图 7-6 年收入状况

三、分析总结

根据统计图可以观察到以下分布特征：从性别来看，个人投资者80%来自男性，20%来自女性；从婚姻状况来看，81%来自已婚人士，19%来自未婚人士；从学历来看，其中有526人是学士，占样本中各种不同学历的最大比重，人数最少的是工科博士，只有28人；从年龄构成来看，45岁以上的人数达到825人，可以说是股市中个人投资者的主要组成部分；从职业来看，专业技术人员和退休人员是主力军，他们共计482人，其次是管理人员和业主；从收入水平来看，年收入为25 000～50 000美元的人数（251人）最多，其次是年收入为20 000～25 000美元的投资者。由此可见，具有学士学位、年龄在45岁以上、年收入为20 000～50 000美元的已婚男士是重要的个人投资者，他们大都是专业技术人员或退休人员。

【任务分析】

案例中关于个人投资者的研究，随机抽取了 3 000 个样本，对调查总体的性别、婚姻、年龄、年收入、学历、职业六项内容进行了调查研究，经过研究分析发现这六项指标分别具有不同的特点，并用图表将这些特点进行展示，这就是调查资料的整理和分析。

原始资料搜集完成之后，为了使资料含有的信息更直观、更准确地表现出来，必须对其进行整理和分析，具体包括审核、分组、编码和录入，针对原始资料和文案资料，整理分析的方法还有一定区别。本项目的任务是，将之前经过问卷调查搜集回来的资料进行审核、分组、编码和录入，并在此基础上制作统计图表，以图表的形式显示事物的发展趋势和特点，为下一步预测做好准备。本项目任务完成后，每个小组应形成的任务单有：资料的分组表、问卷的编码表、问卷中每一个问题的频数分布表及统计分析图。

【具体任务】

任务一　文案资料的整理

一、文案资料的评价和选择

搜集文案资料成本低、易获取，但文案资料存在过时性，有效性有待考量，所以需要通过一些标准来评价和选择文案资料。

（一）文案资料的提供机构要具有可靠性

衡量资料准确性的首要一点是资料的来源，资料的提供机构会影响资料的质量。信誉好的机构，由于资料采集过程比较客观、科学，因而数据资料一般也比较可靠。从来源上来说，要尽量选择有资质的调查公司或权威机构。

（二）资料搜集目的要具有客观性

在利用文案资料之前，还应考察资料搜集的初衷。原始资料的提供者在搜集资料时总是具有某种目的。例如，某些机构是为了机构本身的某种利益搜集资料，此类资料就要慎重考虑其真实性。

（三）文案资料的搜集方法要具有科学性

评价文案资料质量的另一个重要标准是样本的搜集方法。事实上，搜集资料所用的一整套方法的缺失往往是影响资料质量的最终评价。在文案资料搜集方法的评估中，要了解问卷的设计方法、访问方式、抽样方法、问卷访问的有效率、调查实施的组织管理情况以及其他任何有可能影响调查结果的方面，通过考察该文案资料获取时采取的相关技术，可以评估资料的准确性。考察文案资料的调查报告，应选择那些使用调查技术科学的资料。

（四）文案资料的内容要具有相似性

文案资料的来源渠道和调查技术通过审核后，还要核对调查资料的内容是否与现在的研究目的相符，如果内容不符合调查目的要求，也是不能加以利用的，尽量选择与本次调查目的相似或相近的资料。

（五）文案资料搜集的时间要具有时效性

原始资料的搜集时间关系着资料的时效性。有些资料可能是近期出版或公开发表的，但资料采集是在很早以前进行的，这样的资料常常是没有什么利用价值的。所以，为了保证时效性和可利用性，最好选择近三年的数据进行利用。

二、文案资料的调整和汇编

选择了合适的文案资料以后，一定要对文案资料进行调整和汇编，因为其他人的资料都不能完全符合我们的调查目的。文案数据的调整和汇编是根据统计研究目的，将统计调查所获得的文案资料进行科学的筛选、分类和汇总，使之系统化、条理化，从而得出能够有针对性地反映调查项目特征的资料。加工改造的方法主要有调整法、推断法、再分组法。为了方便资料的使用，可以制表、归类、汇编、归档，使资料更为清晰。

任务二 原始资料的整理

一、原始资料的审核

在汇总前，要对搜集的原始数据资料进行审核。审核、检查所搜集的统计数据资料是否完整，有无迟报、不报、漏报的情况，如果报送已齐全，应审查有无差错。审查的方法主要有以下三种。

（一）经验审核

根据已有经验，判断数据的准确性。例如，年龄填写成三位数或四位数肯定是有问题的；选择喜欢的西餐品牌，选择了“全聚德”也肯定有问题。根据经验，这都是与事实不符的。

（二）设疑审查

根据指标之间存在的一定量值范围与比例关系，设置疑问框，审查数据疑点。例如，如果规定现价工业总产值与销售收入的比值在0.7～1.5，那么，小于0.7或大于1.5的比值均为“疑问”值。疑问框的设置必须有科学依据，不可随意设置。

（三）逻辑审查

利用逻辑理论检查指标之间或数据之间有无矛盾，是否符合逻辑关系。例如，在家庭的收支结构调查中，家庭总收入远小于总支出与储蓄之和，这种情况肯定是错误的。

发现统计数据差错以后，要分别就不同的情况及时纠正与处理。在对原始数据资料进行审核的同时，也要对整理后的次级数据资料进行审核与检查。

二、原始资料的分组

分组是根据统计研究的需要，将原始数据按照某种标准分为不同的组别。为了观察方便，分组后可计算出各组数据出现的频率，形成频数分布表。

调查数据一般按照计量尺度不同可以分为分类数据、顺序数据、数值型数据。

数据分组的方法有单变量值分组和组距分组两种。

单变量值分组是把每一个变量值作为一组，这种分组方法通常适合于分类数据、顺序数据、变量值较少的数值型数据。

数值型数据采用组距分组，它是将全部变量值依次划分为若干个区间，并将这一区间的变量值作为一组。

（一）简单分组

简单分组指对总体各单位或样本各单位只按一个标志或标准进行分组。分组的标志或标准一般可以区分为品质属性、数量属性、时间属性、空间属性四类。

【例 7-1】 某市组织了一次样本量为 2 000 户的居民家庭空调满意度和购买行为的市场调查，则品质属性分布数列是以被调查者的职业、所属行业、性别、文化程度、职业等品质属性作为分组标志而形成的简单品质数列，如表 7-5 所示。其他属性的分布数列以此类推。

表 7-5　　某市居民家庭空调拥有量品牌分布

品牌	A	B	C	D	E	F	G	合计
拥有量（台）	369	665	775	444	406	261	230	3 150
比重（%）	11.7	21.1	24.6	14.1	12.9	8.3	7.3	100.0

（二）平行分组

平行分组是对总体各单位或样本各单位同时采用两个或两个以上的标志或标准进行平行排列的分组，所编制的分组数列称为平行分组数列。

1. 两变量平行分组

将两个有联系的调查项目按相同选项分组，并将分组结果并列在一起而编制的平行分组，如表 7-6 所示。

表 7-6　　某市居民家庭空调品牌分布

品牌	A	B	C	D	E	F	G	合计
拥有量（台）	369	665	775	444	406	261	230	3 150
比重（%）	11. 7	21.1	24.6	14.1	12.9	8.3	7.3	100.0

续前表

品牌	A	B	C	D	E	F	G	合计
需求量（台）	103	192	183	140	110	68	52	848
比重（%）	12.1	22.6	21.6	16.5	13.0	8.0	6.2	100.0

2. 多变量平行分组

将两个以上有联系的调查项目按相同选项分组的结果并列在一起而编制的平行分组，常用于产品或服务满意度测评、被调查者态度测量等原始资料的加工开发，如表7-7所示。

表7-7　　某市居民家庭空调满意度测评汇总表

测评项目	很满意	满意	较满意	不满意	很不满意	次数合计
制冷效果	261	328	686	340	85	1 700
制热效果	272	330	514	386	198	1 700
节电效果	272	330	514	386	198	1 700
噪声大小	115	230	680	365	310	1 700

（三）交叉分组

交叉分组是对总体各单位或样本各单位采用两个或两个以上的标志或调查项目进行交叉分组，表现为相关分组或复合分组。

1. 两变量交叉分组

利用反映被调查者基本情况的两个调查项目之间的关联性进行交叉分组处理，见表7-8。

表7-8　　被调查者性别与文化程度分布　　（单位：人）

文化程度/性别	男	女	合计
小学以下	6	4	10
初中	210	176	386
高中高职	297	321	618
专科	248	265	513
大学本科	226	177	403
硕士博士	48	22	70
合计	1 035	965	2 000

2. 三变量交叉分组

见表7-9。

表 7-9　被调查者对空调维修服务满意度测评汇总表

态度测评选项	男			女			合计
	大学以下	大学以上	小计	大学以下	大学以上	小计	
很满意	135	116	251	124	40	164	415
较满意	126	48	174	141	95	236	410
一般	124	52	176	136	46	182	358
不满意	196	46	242	170	13	183	425
很不满意	180	12	192	195	5	200	392
合计	761	274	1 035	766	199	965	2 000

（四）开放式问题答案的分组

1. 答案类型归纳

集中同一个开放式问题的全部文字性答案，通过阅读和分析，按照答题者思想认识的不同归纳为若干类型，并选择合适的描述词或短语作为组名。

2. 计算各答案类型的频数

根据所有同一问题、同一答案类型数目的统计，计算各种类型出现的频数，制成全部答案的频数分布表。

3. 确定合适的分组数

对全部答案分布表中的答案进行挑选、归并，在符合调研项目的前提下，保留频数多的答案，把频数很少的答案尽可能归并到含义相近的组，一般控制在 10 组之内。

【例 7-2】　在一项关于居民空调购买行为的调研中，问卷中设置了“你对‘静音空调’这个产品概念有何看法”的开放式问题，被调查者的回答是多种多样的，通过分类归纳得到的答案分布见表 7-10。

表 7-10　被调查者对“静音空调”的看法分布

看法分类	答案人数	比重（%）
符合环保需求	325	16.25
符合发展趋势	286	14.30
符合消费需求	316	15.80
希望尽快推出	198	9.90
有可能实现	312	15.60
不可能实现	350	17.50
难以评价	213	10.65
合计	2 000	100.00

（五）组距分组与频数分布表

数值型数据采用组距分组，将全部变量值依次划分为若干区间，并将这一区间的变量值作为一组。在组距分组中，各组之间的取值范围叫做组限，一个组的最小值称为下限，最大值称为上限。每个组上限与下限之差为组距，上限值与下限值的平均数为组中值，它是一组变量的代表值。假设一组数据为（a，b），则下限为 a，上限为 b。将数值型变量进行组距分组，最后形成一个频数分布表。

【例 7-3】 某公司 2014 年 1—4 月份冰箱销售量如表 7-11 所示，请对这一组数值型数据进行组距分组。

表 7-11　　某公司 2014 年 1—4 月的冰箱销售量（台）

	A	B	C	D	E	F	G	H	I	J
1	234	159	187	155	172	183	182	177	163	158
2	143	198	141	167	194	225	177	189	196	203
3	187	160	214	168	173	178	184	209	176	188
4	161	152	149	211	196	234	185	189	196	206
5	150	161	178	168	174	153	186	190	160	171
6	228	162	223	170	165	179	186	175	197	208
7	153	163	218	180	175	144	178	191	197	192
8	166	196	179	171	233	179	187	173	174	210
9	154	164	215	233	175	188	237	194	198	168
10	174	226	180	172	190	172	187	189	200	211
11	156	165	175	210	207	181	205	195	201	172
12	203	165	196	172	176	182	188	195	202	213

第一步：排序。

面对一组数据，首先要将原始数据按数值大小顺序排列，并确定最小值、最大值。根据表 7-11，将 1—4 月份共 120 个销售数据进行排序，确定最小值为 141，最大值为 237。如表 7-12 所示。

表 7-12　　某公司 2014 年 1—4 月的冰箱销售量排序（台）

	A	B	C	D	E	F	G	H	I	J
1	141	159	166	172	177	182	188	196	203	214
2	143	160	167	173	177	183	189	196	203	215
3	144	160	168	173	178	184	189	196	205	218
4	149	161	168	174	178	185	189	196	206	223
5	150	161	168	174	178	186	190	196	207	225
6	152	162	170	174	179	186	190	197	208	226
7	153	163	171	175	179	187	191	197	209	228
8	153	163	171	175	179	187	192	198	210	233

续前表

	A	B	C	D	E	F	G	H	I	J
9	154	164	172	175	180	187	194	198	210	233
10	155	165	172	175	180	187	194	200	211	234
11	156	165	172	176	181	188	195	201	211	234
12	158	165	172	176	182	188	195	202	213	237

第二步：确定组数。

组数一般与数据本身的特点及数据的多少有关。组数太少，数据的分布就会过于集中，组数太多，数据的分布就会过于分散，这都不便于观察数据分布的特征和规律。组数的确定和组距有密切联系。组距大则组数少，组距小则组数多，两者成反比例关系。

在实际分组时，可以按 Sturges 提出的经验公式来确定组数 K，$K=1+\lg n/\lg 2$。其中 n 为数据的个数，对结果四舍五入取整数即为组数。例如，对表 7-11 的数据有：$K=1+\lg 120/\lg 2\approx 8$，即应分为 8 组。当然，实际应用时，可根据数据的多少和特点来确定组数。为了使数据均匀分布，本例共 120 个数据，经验判断取组数为 10。

第三步：确定组距。

组距一般取 5 或 10 的倍数，如果调查对象的数目不能正好被 5 或 10 整除，可以四舍五入后取整数。第一组的下限应低于最小变量值，最后一组的上限应高于最大变量值。组距用 L 来表示，计算公式：$L=(b-a)/K$。上例中，$L=(237-141)/10=9.6$，取整数为 10。

第四步：根据分组情况编制频数分布表。

针对调查对象，把各个数据组、相应的频数及频率在表中列出来就是频数分布表。即将确定好组数的数据，合计出每一组中数据出现的次数，将其对应地表现在表格中。根据分组情况制作频数分布表，如表 7-13 所示。

表 7-13　　某公司 2014 年 1—4 月的冰箱销售量频数分布

分组	频数（f）	频率（%）
140～150	5	4
151～160	10	8
161～170	15	13
171～180	28	23
181～190	20	17
191～200	16	13
201～210	11	9
211～220	6	5
221～230	4	3
231～240	5	4
合计	120	100

三、原始资料的编码

（一）编码的概念与作用

编码就是将问卷信息转化为统一的计算机可以识别的代码，以便于对其进行数据整理与分析。编码是信息转换的重要手段之一，在市场调查中，编码是一个不可忽视的重要环节。从问卷设计中的编码设计，到数据处理阶段的编码过程，都有可能伴随着编码误差，直接影响调查的数据质量。编码的作用主要有三个。

1. 提高工作效率

减少数据录入和分析的工作量，节省费用和时间，提高工作效率。

2. 便于定量分析

将定性数据转化为定量数据，把整个问卷的信息转化为规范标准的数据库，进而可以利用统计软件，采用统计分析方法进行定量分析。

3. 减少误差

量化的数据简单易懂，不像文字资料容易丢失重要信息，在编码过程中，还可以利用编码修正回答误差、替代缺失值，这都有助于减少调查误差。

（二）编码的基本原则

1. 系统化原则

编码要系统化，要以整体目标为基准，编码结构要对有关各方都具有实际意义，编码应能适应整个系统的全部功能。

2. 标准化原则

编码的编制要标准化，一般来说，每一个编码只代表一个资料数据。编码要等长，要尽量避免混淆和误解。

3. 实用性原则

编码应与分类相适应，编码的设计要适合使用者的需要，编码的方法必须合理，结构上要直观。

4. 预见性原则

编码时应预留足够的位置，以适应变化的需要，否则，编码体系一旦确定，要插入新的号码将不可能，而要改变整个结构。当然，空档留得太多也是一种浪费。

5. 兼容性原则

要尽量使编码具有兼容性和通用性，以便于其他系统相连接。

（三）编码设计的内容与分类

编码的设计工作包括确定各问卷及其项目和答案对应编码的名称、形式、范围，以及与原数据的对应关系。

1. 编码设计的内容

（1）变量的定义。

为了统计处理时方便，在数据输入计算机前，必须先给每个问题或变量起一个变量名称。变量名称一般使用数字或英文字母的组合。例如，可以用 Q（Question）代表“问题”，而 Q1 代表第一个问题，以此类推。

（2）编制问卷的编码。

问卷的编码主要包括地区编码、调查员编码、问卷编码、问题编码及答案编码。可以参照身份证的编码原则，根据实际调查的地区和问卷数量进行编码。例如，某问卷的编码为“0106301104”，第一位数字“01”表示第一块被调查地区，后面两位“06”表示调查员代号，再后面两位“30”为问卷代码，再后两位“11”表示该问卷的第 11 个问题，最后的代码“04”表示第 11 个问题的第 4 个答案。其中，每个代码可以根据实际情况赋予相应的内容，并设置相应的位数，满足问卷的整体编码需要。为问卷编码，看上去很繁琐，实则会为问卷的整理、分析和查询带来极大的方便。

【例 7-4】 以项目四任务引入中的“大学生消费水平调查问卷”为例，现配备 6 名调查人员，针对 A、B、C 三个地区进行问卷调查，共调查 60 份问卷，每个调查人员负责调查 10 份问卷，请为第一名调查人员调查 A 地区的 10 份问卷的所有问题进行编码。

解析：

编码过程：本问卷的编码涉及地区码、调查人员码、问卷码、问题码及答案码。A、B、C 三个地区分别编码 01、02、03；6 名调查人员分别编码 01、02、03、04、05、06；每名调查人员负责的调查问卷编码为 01～10；问题码按照前编码设计为 01～12；答案码根据每一题的具体情况编码，例如第一题的两个答案分别编码 01、02。编码代表信息从左到右依次为：第 1～2 位代表调查地区码，第 3～4 位代表调查人员码，第 5～6 位代表问卷码，第 7～8 位代表问题码，第 9～10 位代表答案码。为了满足编码需求，可以根据问卷实际情况进行位数分配。如果调查地区和调查人员的人数少于 10 个，可以取 1 位数进行编码。如此得到一个编码表，如表 7-14 所示。

表 7-14　“大学生消费水平调查问卷”编码表

第一名调查员在 A 地区调查 10 份问卷的编码表									
第一题	第二题	第三题	第四题	第五题	第六题	第七题	第八题	第九题	第十题
0101010101	0101010201	0101010301	0101010401	0101010501	0101010601	0101010701	0101010801	0101010901	0101011001
0101010102	0101010202	0101010302	0101010402	0101010502	0101010602	0101010702	0101010802	0101010902	0101011002
	0101010203	0101010303	0101010403	0101010503	0101010603	0101010703	0101010803	0101010903	0101011003
	0101010204		0101010404	0101010504	0101010604	0101010704	0101010804	0101010904	
				0101010505				0101010905	
				0101010506					

注：A3 单元格编码代表第一名调查人员在 A 地区调查的第一份问卷的第一个问题的第一个答案。其他 9 份问卷的编码以此类推。

2. 编码设计的分类

（1）根据编码设计的方法和时间不同分类。

根据编码设计的方法和时间不同，编码设计分为前设计编码和后设计编码两种。

前设计编码主要针对答案类别事先已知的问题，如封闭式问题，在问卷设计的同时设计其编码。这种编码设计简单易行，并且与问卷设计同时完成，方便整理和录入。

后设计编码，主要针对答案类别无法事先确定的问题，如问卷中的文字型开放题，要在数据搜集完成后，根据被调查者的回答类型设计编码表。这种编码表的分类可能相对更准确、有效，但比较复杂，而且费时、费力。

（2）根据问卷中问题类型的不同分类。

根据问卷中问题类型不同，编码设计分为封闭式问题的编码、半封闭式问题的编码和开放式问题的编码。封闭式问题和半封闭式问题一般采用前设计编码，开放式问题采用后设计编码。例如，对【例 7－2】中的开放式问题编码，在经过归纳分组后，每一个组设为一个答案选项，赋予一个编码，最后的编码情况如表 7－15 所示。

表 7－15　　开放式问题“调查者对‘静音空调’的看法”编码表

看法分类	答案人数	编码
符合环保需求	325	01
符合发展趋势	286	02
符合消费需求	316	03
希望尽快推出	198	04
有可能实现	312	05
不可能实现	350	06
难以评价	213	07

四、原始资料的录入

市场调查一般都需要进行调查后的数据录入工作。如果调查表的编码和数字书写有统一的规范和标准，可以采用光电录入的方法进行，例如英语等级考试时按标准涂卡后再用光电阅读系统录入。如果调查表没有统一的标准和规范，则采取手工录入，但是手工录入的错误率较高。

（一）手工录入的要求

最常见的手工录入方式还是键盘录入，但是手工键盘录入出错率很高，这就要求有防错的措施，一般需要注意以下几点：

（1）挑选工作认真、有责任心、技术熟练的录入员。

（2）加强对录入员的监督管理。

（3）定期检查录入员的工作质量和工作效率。

（4）对录入的资料进行抽样复查，一般复查比例为 25％～35％。

（5）二次录入或双机录入。即相同的资料由不同的人进行两次录入，或相同的资料在两台不同的机器上录入，以备查询。

（二）机器录入的方法

随着计算机技术的发展，计算机应用的普及，数据的录入工作已逐渐从手工处理转变为计算机操作。目前常用的机器数据录入方式有 OMR（光标阅读机）、OCR（光学字符识别技术）及语音识别。这三种属于自动识别技术，适合比较大型的市场调查，处理大量的数据输入工作。

任务三　资料的基础分析

调查资料不会直接显现出事物的规律，需要对资料进行分析总结，结合统计指标、统计表列及图形，实行定量分析，只有这样才能更好地呈现数据的趋势和特点。

一、常用指标分析

（一）平均指标

1. 算术平均数

算术平均数也称均值，是全部数据的算术平均。均值是集中趋势的最主要测度值，它主要适合于数值型数据，而不是用于分类数据和顺序数据。

（1）简单算术平均数。

未分组的原始资料，将总体各单位的标志值简单加总形成总体标志总量，再除以总体单位总数即得到算术平均值。计算公式为：$\bar{x}=\dfrac{\sum x}{n}$。式中：$\bar{x}$ 为算术平均数，n 为单位数或项数。

【例 7-5】　某工厂某生产班组有 11 名工人，各人日产量分别为 15、17、19、20、22、22、23、23、25、26、30 件，则平均每个工人日产量件数为 22 件。

（2）加权算术平均数。

根据分组整理的频数分布表，计算算术平均数，称为加权算术平均数。计算公式为：$\overline{X}=\sum xf/\sum f$，式中：$f$ 是各组的频数，也称权数。

2. 几何平均数

n 个观察值连乘积的 n 次方根就是几何平均数。根据资料的条件不同，几何平均数分为加权和不加权之分。

简单几何平均数的公式为：$X_G=\sqrt[n]{x_1\times x_2\cdots x_n}$。式中：$x$ 为被平均的变量。

加权几何平均数的公式为：$G=\sqrt[\sum f]{\Pi x^f}$。式中：f 为各个变量值出现的次数。

【例 7-6】　某公司从金融机构按复利贷款，当贷款利率为 6.93%时贷款一年，当贷款利率为 6.39%时贷款 2 年，当贷款利率为 5.85%时贷款 3 年。试求该企业近 6 年的平均本利率。

根据公式有：$X_G=\sqrt[6]{1.0693^1\times 1.0639^2\times 1.0585^3}=106.21\%$。

则该企业近 6 年的平均本利率为 106.21%。

值得注意的是，几何平均数在实际应用中受到不少限制，如在被平均变量中不允许有零值出现，只要任意一个变量值为零就不能计算几何平均数。

3. 平均差

平均差是反应各标志值与算术平均数之间的平均差异。平均差异大，表明各标志值与算术平均数的差异程度越大，该算术平均数的代表性就越小；平均差越小，表明各标志值与算术平均数的差异程度越小，该算术平均数的代表性就越大。

在资料未分组的情况下，平均差的计算公式为：$A.D=\dfrac{\sum|x-\bar{x}|}{n}$。

根据分组数据计算平均差的公式为：$A.D=\dfrac{\sum|x-\bar{x}|f}{\sum f}$，式中：$x$ 为各组组中值。

【例 7－7】　某车间 200 个工人按日产两分组编成分配数列，计算平均差表，见表 7－16。

表 7－16　　某车间 200 个工人日产量资料

日产量/千克	工人人数/人 f	组中值/千克 x	Xf	$x-\bar{x}$	$\|x-\bar{x}\|$	$\|x-\bar{x}\|f$
(1)	(2)	(3)	(4)＝(3)×(2)	(5)＝(3)－42	(6)＝|(5)|	(7)＝(6)×(2)
20～30	10	25	250	－17	17	170
30～39	70	35	2 450	－7	7	490
40～49	90	45	4 050	＋3	3	270
50～59	30	55	1 650	＋13	13	390
合计	200		8 400			1 320

本例中每个小组的组限为 10，计算出的组中值如第三列所示。

$$\bar{x}=\frac{\sum xf}{\sum f}=\frac{8\,400}{200}=42(\text{千克})，A.D=\frac{\sum|x-\bar{x}|f}{\sum f}=\frac{1\,320}{200}=6.6(\text{千克})。$$

4. 标准差

标准差，也称均方差，是各数据偏离平均数的距离的平均数，它是离均差平方和平均后的方根，用 σ 表示，标准差是方差的算术平方根。标准差能反映一个数据集的离散程度。标准差的计算方法也分为简单平均式和加权平均式两种。

简单平均式的计算公式为：

$$\sigma=\sqrt{\frac{\sum(x-\bar{x})^2}{n}},$$

加权平均式的计算公式为：

$$\sigma=\sqrt{\frac{\sum(x-\bar{x})^2 f}{\sum f}}。$$

【例 7－8】　某车间 200 个工人按日产量分组资料计算标准差，见表 7－17。

表 7-17　　某车间 200 个工人日产量资料

日产量/千克	工人人数/人 f	组中值/千克 x	$x-\bar{x}$	$\|x-\bar{x}\|$	$\|x-\bar{x}\|^2 f$
(1)	(2)	(3)	(5)=(3)−42	(6)=|(5)|	(7)=(6)²×(2)
20～30	10	25	−17	17	2 890
30～39	70	35	−7	7	3 430
40～49	90	45	+3	3	810
50～59	30	55	+13	13	5 070
合计	200	—	—	—	12 200

$$\sigma=\sqrt{\frac{\sum(x-\bar{x})^2 f}{\sum f}}=\sqrt{\frac{12\ 200}{200}}=7.8(\text{千克})。$$

二、制作统计图表

为了更好地呈现数据的趋势，我们要使用统计图和统计表。统计表把杂乱的数据有条理地组织在一张简明的表格内，统计图把数据形象地显示出来。显然，统计表和统计图比文字更形象。

（一）统计表

统计表是用于显示统计数据的基本工具。在数据的搜集、整理、描述和分析过程中，都要使用统计表。一个规范的统计表一般都包括总标题、横标题、纵标题、数字资料、单位、制表日期六个内容。

(1) 总标题是指表的名称，它要能简单扼要地反映出表的主要内容。

(2) 横标题是指每一横行内数据的意义。

(3) 纵标题是指每一纵栏内数据的意义。

(4) 数字资料是指各空格内按要求填写的数字。

(5) 单位是指表格里数据的计量单位。在数据单位相同时，一般把单位放在表格的左上角。如果各项目的数据单位不同时，可放在表格里注明。

(6) 制表日期放在表的右上角，表明制表的时间。各种统计表都应有“备注”或“附注”栏，以便必要时填入不属于表内各项的事实或说明。例如表 7-18。

表 7-18　　媒体广告对购物的影响

(%)　　6 月 7 日

序号	媒体	影响	备注
1	报纸	13.60%	
2	电视	49.26%	
3	购物场所广告	12.62%	
4	广播	2.48%	

续前表

序号	媒体	影响	备注
5	街头广告	2.72%	
6	其他	12.38%	
7	没有影响	6.93%	
	总计	100.00%	

（二）统计图

统计图是根据统计数字，用几何图形绘制的各种图形。它具有直观、形象、生动等特点。一张好的统计图，往往胜过冗长的文字表述。因此，在统计资料整理与分析中，统计图被广泛应用。统计图的类型，有条形图、饼图、折线统计图等，下面以表 7－18 为数据源，制作三类统计图。

1. 条形图和柱形图

条形图和柱形图是用宽度相同的条柱的长短或高度来表示数据多少的图形。在表示数据的分布时，使用条形图和柱形图的长短或高度来表示各类数据的频数、频率，能够清晰地显示各个数据的多少和差别。如图 7－7、图 7－8 所示。

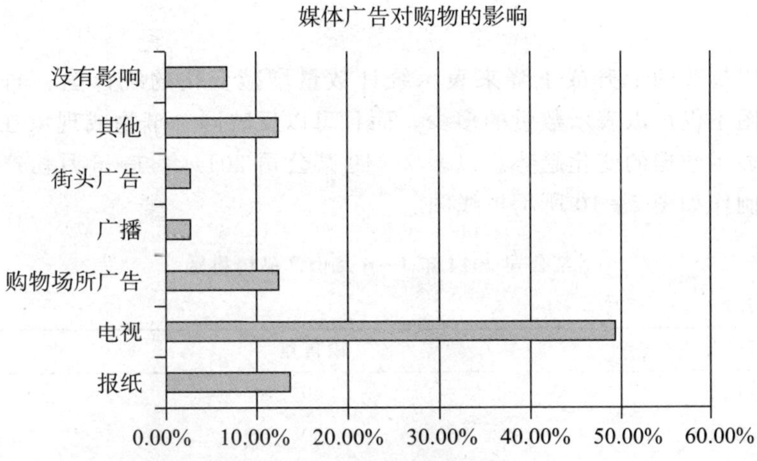

图 7－7　条形图

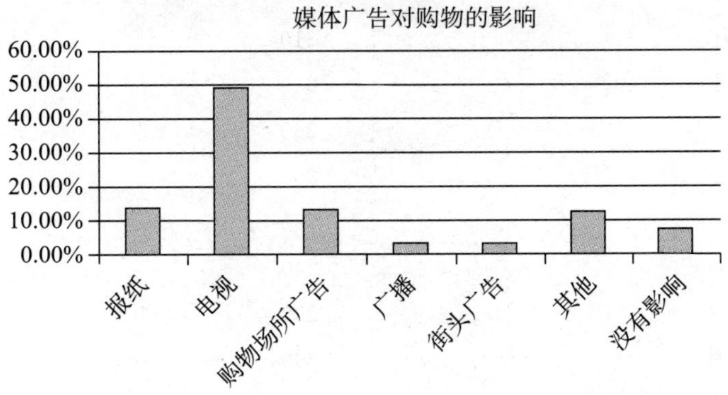

图 7－8　柱形图

2. 饼图

饼图以一个圆的面积表示事物的总体，以扇形面积表示各项目占总体的百分数的统计图。饼图可以清楚地反映出部分与部分、部分与整体之间的数量关系，易于显示每组数据占总体的百分比，如图 7－9 所示。

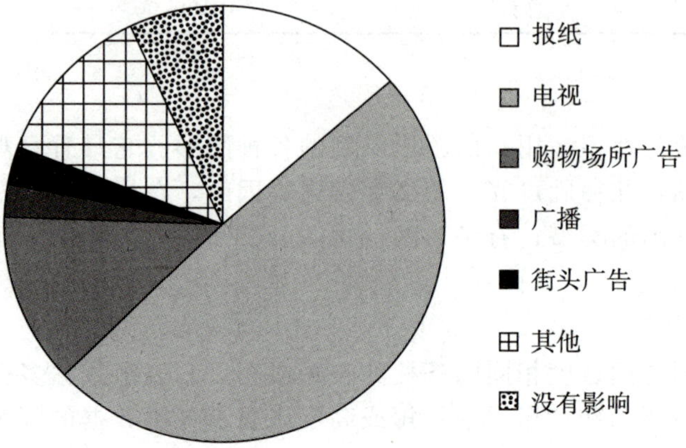

图 7－9　饼图

3. 折线图

折线图是以折线的上升或下降来表示统计数量增减变化的统计图。与其他统计图相比，折线统计图不仅可以表示数量的多少，而且可以反映同一事物或现象在不同时期的变化发展情况，显示数据的变化趋势。以表 7－19 某公司 2014 年 1—6 月份产品销售量统计表为数据源，制作如图 7－10 所示折线图。

表 7－19　某公司 2014 年 1—6 月份产品销售量

（件）　7 月 5 日

月份	销售量	备注
1 月	50	
2 月	80	
3 月	100	
4 月	150	
5 月	210	
6 月	230	
7 月	250	
8 月	290	
9 月	260	
10 月	240	
11 月	230	
12 月	200	
总计	2 290	

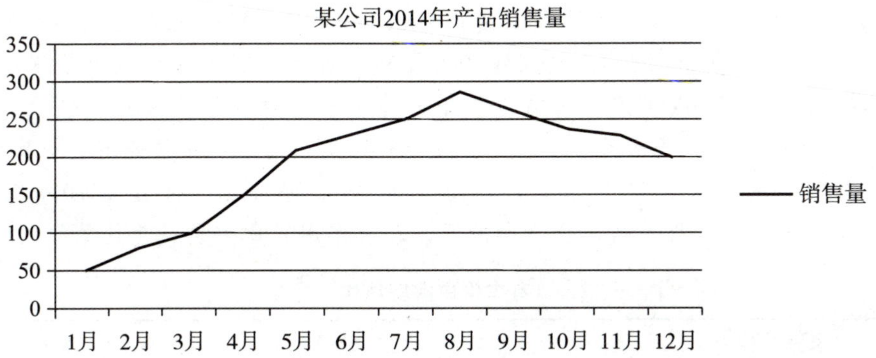

图 7-10 折线图

【课后实训】

一、案例分析

某市家用汽车消费情况调查分析案例

随着居民生活水平的提高，私家车消费人群的职业层次正在从中高层管理人员和私营企业主向中层管理人员和一般职员转移，汽车正从少数人拥有的奢侈品转变为能够被更多普通家庭所接受的交通工具。了解该市家用汽车消费者的构成、消费者购买汽车时的关注因素、消费者对汽车市场的满意程度等，对汽车产业的发展具有重要意义。

本次调研活动中共发放问卷400份，回收有效问卷368份，根据整理资料分析如下。

一、消费者构成分析

1. 有车用户家庭月收入分析

如表7-20所示，目前该市有车用户家庭月收入在2 000～3 000元间的最多；有车用户平均月收入为2 914.55元，与该市民平均月收入相比，有车用户普遍属于收入较高人群。61.96%的有车用户月收入在3 000元以下，属于高收入人群中的中低收入档次。因此，目前该市用户的需求一般是每辆10～15万元的经济车型。

表 7-20 有车用户家庭月收入

家庭收入	比重（%）	累积（%）
2 000元以下	28.26	28.26
2 000～3 000元	33.70	61.96
3 000～4 000元	10.87	72.83
4 000～5 000元	18.48	91.31
5 000元以上	8.69	100.00

2. 有车用户家庭结构分析

如表 7－21 所示，Dink 家庭（double income no kid），即夫妻二人无小孩的家庭，占有车家庭的比重大，为 36.96%。其家庭收入较高，负担较轻、支付能力较强，文化层次高、观念前卫，因此 Dink 家庭成为有车族中最为重要的家庭结构模式。核心家庭，即夫妻二人加上小孩的家庭，比重为 34.78%。核心家庭是当前社会中最普遍的家庭结构模式，因此比重较高不足为奇。联合家庭，即与父母同住的家庭，仅有 8.70%。单身族占 17.39%，这部分人个人收入高，且时尚前卫，在有车用户中占据一定比重。

表 7－21　　有车用户家庭结构

家庭结构	比重（%）	累积（%）
夫妻	36.96	36.96
与子女同住	34.78	71.74
与父母同住	8.70	80.44
单身	17.39	97.83
其他	2.17	100.00

3. 有车用户职业分析

调查显示有 29%的消费者在企业工作，20%的消费者是公务员，另外还有自由职业者、机关工作人员和教师等。目前企业单位的从业人员，包括私营业主、高级主管、白领阶层，仍是最主要的汽车使用者。自由职业者由于收入较高及其工作性质，在有车族中也占据了较高比重。详见图 7－11。

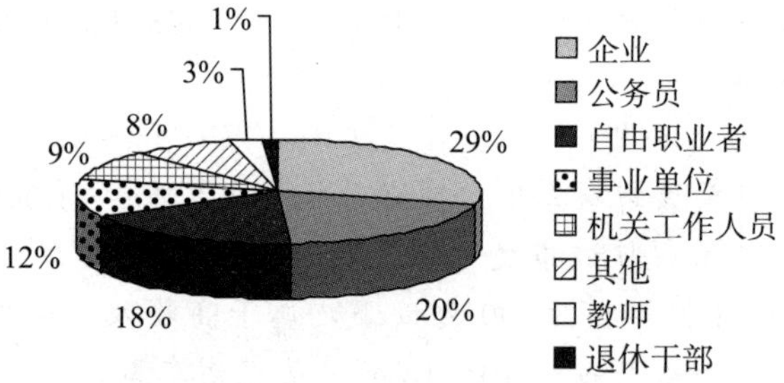

图 7－11　消费者职业构成

4. 有车用户年龄及驾龄分析

在我们所调查的消费者中，年龄大多在 30～40 岁或是 30 岁以下，所占比重分别为 43%和 28%，也有 23%的年龄在 40～50 岁，仅有 6%的消费者年龄在 50 岁以上。可见，现在有车一族年轻化的趋势越来越明显，这是因为大多数年轻人没有太多的家庭负担，正处于购买力和消费需求同样旺盛的时候，而越来越低的购车门槛，也给了他们足够的购车理由。

该市有车用户的驾龄平均为 5.294 年，而在本次接受调查的消费者中，有 61.94%的用户驾龄在 3 年以上，由此可见，本次调查的有车用户驾龄普遍较长，因而对汽车也比较熟悉，对汽车相关信息掌握的也相对全面，这就使得我们对有车用户青睐的品牌的调查有了较高的可信度，而他们在汽车使用方面的经验，也能够为今后该市家用汽车市场营销策略的制定提供一定的帮助。

二、消费者购买汽车时关注的因素分析

调查显示，消费者在购车时最关注的因素首先是汽车的价格和性能，所占比例分别达到了19%和16%，因此，性价比越高的汽车越能受到消费者的青睐。消费者对汽车的关注因素中排在前例的还有油耗、品牌和售后服务等几项，所占比重分别为14%、13%和13%，由此可见，汽车自身的品质与经销商所提供的售后服务保证是同等重要的。

因此，在对消费者最终选购汽车起主导作用的因素中，油耗经济性好、性价比合理、售后服务好这三项占据了前三名，所占比重分别为22%、21%和15%。影响消费者购车的因素见图7-12。

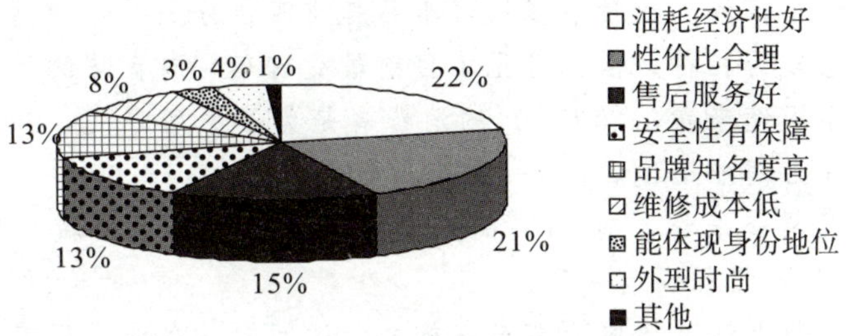

图7-12 影响消费者购车的因素

消费者在购车前获取信息的渠道主要有哪些呢？通过汽车报纸杂志获取信息的消费者占总数的27%，还有23%的消费者是通过电视、广播获取信息的。此外，上网查询和广告等也都是消费者获取信息的主要渠道。由此可见，在传媒业越来越发达的今天，任何媒介都能够加以利用，成为推动营销的帮手。消费者获取信息的渠道见图7-13。

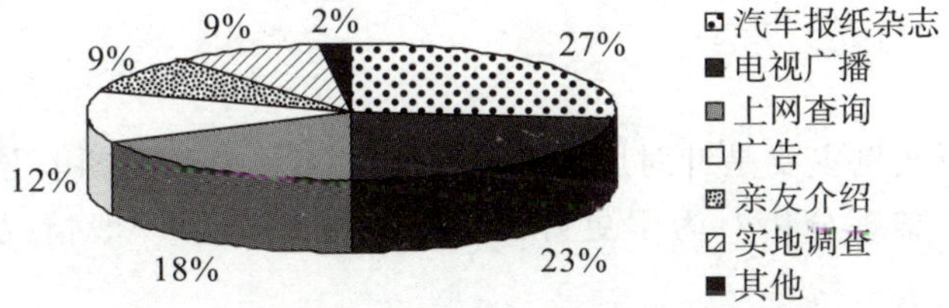

图7-13 消费者获取信息的渠道

在大型汽车市场、品牌专卖店、综合销售点和其他销售点这几种汽车销售点中，目前消费者最为信赖的还是品牌专卖店，选择在品牌专卖店购买汽车的消费者比重高达74%，相信这与品牌专卖店舒适的购车环境、良好的信誉、有保障的售后服务都是分不开的。目前消费者在支付方式的选择上大多还是选择一次付清，也有33%的消费者选择分期付款，但选择向银行贷款买车的消费者仅为7%，这一方面反映出大部分消费者的购车计划是在对自身收入合理估算后的可行选择；另一方面也说明了目前我国信贷业的不发达与不完善。消费者最信赖的购车场所见图7-14，消费者满意的支付方式见图7-15。

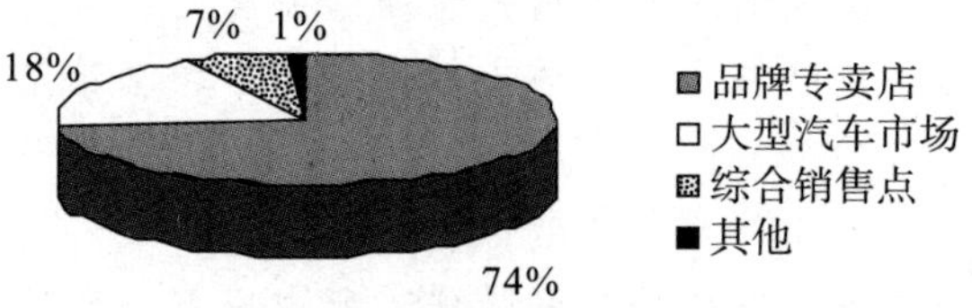

图 7-14　消费者最信赖的购车场所

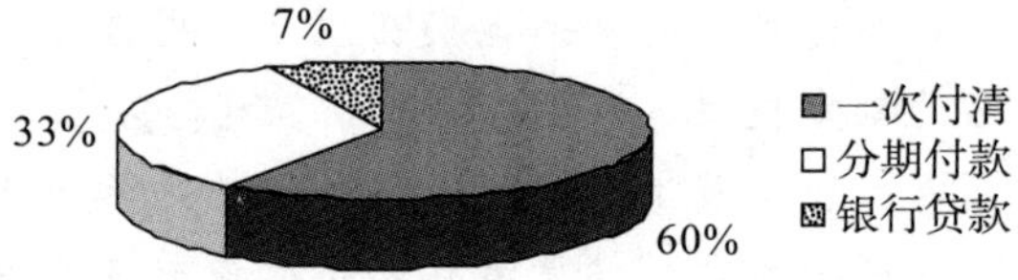

图 7-15　消费者满意的支付方式

三、用户使用情况特点分析

本次调查中男性用户的汽车品牌排名前三位的分别是：捷达、宝来和本田，所占比例分别为37%、14%和11%；女性用户的汽车品牌前三位的分别是：宝来、本田和捷达，所占比例分别为44%、13%和13%。由此可见，该市家用汽车市场上消费者使用的品牌的前三位毫无疑问的是捷达、宝来和本田，所占比重分别是33%、20%和11%。消费者所认为的该市家用汽车市场上数量最多的汽车品牌前四位分别是：捷达、宝来、本田和丰田，这与实际情况也较为相符。由此可见，目前最受有车一族青睐的无疑是经济车型。

本次调查从购车用途来看，仅有1%的消费者是为了家用方便，98%的消费者买车是为了上下班方便或作为商业用途。

对车主保险情况调查来看，有81%的人都会给爱车投保，以减少用车风险，但也有4%的消费者认为给爱车投保没有必要。

目前，油价的不断上涨，已成为有车一族关心的问题，在他们用车的过程中也产生一定的影响，有46%的消费者已经考虑更换小排量、低油耗的车，还有18%的消费者选择减少用车频率，但也有36%的消费者认为基本没有影响。可见，未来的几年内，低油耗的车型仍会成为消费者青睐的对象。此外，还有交通设施不足、塞车现象严重和停车难问题占据日常行车困扰的榜首，这表明我国交通设施建设仍需进一步提高。

资料来源：百度文库，http：//wenku. baidu. com/view/654cf94df7ec4afe04a1df8f. html.

思考题：

阅读案例，分析案例主要是针对原始资料还是文案资料的分析？该案例主要从哪些方面对调查资料进行了整理分析？为了更好地观察调查结果，一般情况下如何整理和分析资料？

二、实训操作

针对实地调查搜集回来的资料进行整理分析，包括审核、分组、编码、录入，对原始问卷的调查信息进行分析总结，制作频数分布表并用统计图陈示。步骤及要求如下：

第一步，审核。找出无效问卷，并重新调查，获取数据。

第二步，分组。针对原始问卷中的每一个题目及答案，进行分组，制作频数分布表。

第三步，编码。对问卷进行详细编码，重点对原始问卷中开放式问题的答案进行分组编码。

第四步，计算基础数据并统计陈示。为了观察调查资料的变动趋势，计算需要了解的基础数据，包括平均数及标准差等；利用已经制作好的频数分布表，制作统计图，陈示数据特点及趋势。

项目八

市场预测与定性预测

【任务引入】

“头脑风暴”巧解除雪难题

有一年，美国北方格外严寒，大雪纷飞，电线上积满冰雪，大跨度的电线常被积雪压断，严重影响通信。许多人试图解决这一问题，但都未能如愿以偿。电信公司经理应用奥斯本发明的头脑风暴法，尝试解决这一难题。他召开了一种能让头脑卷起风暴的座谈会，参加会议的是不同专业的技术人员，要求他们必须遵守以下原则：

第一，自由畅想。要求与会者尽可能解放思想，无拘无束地思考问题并畅所欲言。

第二，会后评判。要求与会者在会上不要对他人的设想评头论足，不要发表“这主意好极了”“这种想法太离谱了”之类的观点。至于对设想的评判，留在会后组织专人考虑。

第三，追求数量。鼓励与会者尽可能多而广地提出设想，以大量的设想来保证质量较高设想的出现。

第四，改进补充。即鼓励与会者积极进行智力互补，在自己提出设想的同时，注意思考如何把两个或更多的设想结合成另一个更完善的设想。

按照这种会议规则，大家七嘴八舌地议论开来，有人提出设计一种专用的电线清雪机；有人想到用电热来化解冰雪；也有人建议用振荡技术来清除积雪；还有人提出能否带上几把大扫帚，乘直升机去扫电线上的积雪。对于这种“坐飞机扫雪”的想法，大家心里尽管觉得滑稽可笑，但在会上也无人提出批评。相反，有一位工程师在百思不得其解时，听到用飞机扫雪的想法后，大脑突然受到冲击，一种简单可行且高效率的清雪方法冒了出来。他想，每当大雪过后，出动直升机沿积雪严重的电线飞行，依靠调整旋转的螺旋桨即可将电线上的积雪迅速扇落。他马上提出“用干扰机扇雪”的新设想，顿时又引起其他与会者的联想，有关用飞机除雪的主意一下子又多了七八条。不到一小时，与会的10名技术人员共提出90多条新设想。

会后，公司组织专家对设想进行分类论证。专家们认为设计专用清雪机，采用电热或电磁振荡等方法清除电线上的积雪，在技术上虽然可行，但研制费用大，周期长，一时难以见效。那种因“坐飞机扫雪”激发出来的几种设想，倒是一种大胆的新方案，如果可行，将是一种既简单又高效的好办法。经过现场实验，发现用直升机扇雪真能奏效，一个久悬未决的难题终于在头脑风暴会中得到了巧妙的解决。随着发明创造活动的复杂化和课题涉及技术的多元化，单枪匹马式的冥思苦想将变得软弱无力，而“群起而攻之”的发明创造战术则显示出攻无不克的威力。

分析：

案例中应用了头脑风暴法解决了一个难题，为了得到预想的效果，该方法在使用过程中需要注意哪些问题？遵循了哪些原则呢？这一方法是否可以应用到市场预测中呢？

【任务分析】

头脑风暴法在使用中有四个原则：自由畅想、会后评判、追求数量及改进补充，这些原则就是为了鼓励多出主意、出新主意，在市场预测中，应用头脑风暴法不仅可以避免一言堂、还可以碰撞出创新的火花，该方法已经成为市场预测中一种常用定性方法。

经过前期的工作，同学们顺利地实施了市场调查活动，将市场调查资料进行整理和初步分析，最后以频数分布表和统计分析图的形式对调查资料进行了陈示。此时，调查组便可以对委托方进行调查结果汇报了，但如果想进一步获得预测数据，还必须以这些资料为基础，运用预测方法，进行预测分析。本项目的工作任务是认识市场预测的含义、特点、分类和程序，应用已经取得的调查资料，练习使用定性预测法，获得预测数据，充实调查报告。

【具体任务】

任务一　认识市场预测

一、市场预测的含义和特点

（一）预测的含义

预测是用已有的信息，对事物未来的发展状况进行预先测算，这里我们主要研究市场预测。市场预测是指运用科学的方法，对影响市场供求变化的各种因素进行调查研究，分析和预见市场各因素未来的发展趋势，为企业经营决策提供依据。

通过预测，企业可以掌握经济发展变化的有关动态，为经营决策提供依据，降低决策的风险，提高决策的科学性。

（二）预测的特点

1. 客观性

市场预测是在调查获得的信息资料的基础上，应用科学的方法进行的计算和预测。其工作对象是各种信息，一切预测都是以资料和信息为前提，不是主观臆断，具有客观性。

2. 科学性

要做好预测，不仅需要有准确、丰富的信息，更要用科学的方法进行预测，才能得到正确的预测结果。市场预测方法有定性方法和定量方法，每一种方法的应用都有其科学的规则，因此，市场预测具有科学性。

3. 分析判断

如果说市场调查是对现状和问题的反映，那么市场调查就是科学分析的结果，因此必须做足分析，分析包括两个方面：一是按照相关理论分析预测结果是否符合理论条件；二是对预测误差进行分析，并评价预测结果的准确性。

在充足分析的基础上，还要根据预测项目的具体情况，判断选择关键的信息、合适的预测方法进行预测，只有这样才能取得准确的预测。

二、市场预测的原理

（一）可知性原理

从理论上来讲，世界上的一切事物都具有自己的发展规律，只要遵循其发展规律，就能够预测未来的发展状态。市场预测的对象也同样具有自己的发展规律，例如产品都有其生命周期、消费者对产品的需求也有其规律，只要遵循市场因素发展变化的规律，就可以做出正确的市场预测。

（二）连续性原理

事物的发展有其过去、现在和未来，未来的发展状况与过去有着紧密的联系，我们可以利用这个连续性的特点，找到客观事物大量历史的和现实的信息，找出发展变化的规律性，据此推断未来。

（三）类推性原理

相同事物在不同地区的发展或者同类事物之间存在着某种类似的结构和发展模式，人们可以根据已知事物的结构和发展模式，类推某个相似预测目标未来的结构和发展模式。依据这一原理，我们可以采取类推的方法进行预测。

（四）相关性原理

任何事物的发展都不是孤立的，都是与其他事物的发展变化相关联系、相互影响的。例如，市场需求量与供给量存在着某种相关关系，市场需求增加，会刺激生产，产品供给会增加；产品供给增加，市场供应激增，产品价格下降。在市场预测中，可以采用相关分析进行研究预测，通过知晓一两个因素的现状，推测相关因素未来的发展状况。

三、市场预测的分类

（一）按预测的时间跨度分

市场预测按预测的时间跨度划分，可以分为短期预测、中期预测、长期预测。

1. 短期预测

短期预测是指对1年以内市场发展变化的预测，它为企业确定短期内的销售任务和制定具体方案提供依据。

2. 中期预测

中期预测，是指1～5年的预测，一般是对经济、技术、政治、社会等影响市场长期发展的因素，经过深入调查分析后，所作出的未来市场发展趋势的预测，为编制3～5年计划提供科学依据。

3. 长期预测

长期预测，一般是5年以上的预测，是为制定经济发展的长期规划预测市场发展趋势，为综合平衡、统筹安排长期的产供销比例提供依据。

（二）按预测的地理范围分

按照预测的地理范围划分，市场预测分为国际市场预测、国内市场预测和地区市场预测。

1. 国际市场预测

国际市场预测是指对国际市场营销环境及国际市场潜力进行的预测活动，目的是帮助做国际业务的企业了解国际市场动态。

2. 国内市场预测

国内市场预测主要针对国内市场竞争态势、国内产品需求状况进行的研究预测，为企业提供决策依据。

3. 地区预测

如果企业的产品主要以地区市场为目标，或者为了进驻某一地区市场，针对地区市场环境、产品需求状况的预测，就是地区预测。

（三）按预测的性质分

按预测的性质分，市场预测可以分为定性预测和定量预测。

1. 定性预测

定性预测，是由预测人员凭借知识、经验和判断能力对市场的未来变化趋势做出性质和程度的预测。例如综合意见法、德尔菲法、头脑风暴法等方法，具有操作简便的特点。

2. 定量预测

定量预测，是以过去积累的统计资料为基础，建立数学模型进行分析预测的方法。这种方法较为客观科学，具有较强的说服力。

四、市场预测的内容

（一）市场环境预测

企业是存在于市场环境中的，市场预测很重要的一部分内容就是预测企业面对环境未来的发展变化趋势。环境预测包括宏观环境预测和微观环境预测，找准环境发展的方向，能为企业的经营决策提供依据。宏观环境预测包括对一个地区政治、经济、法律、科技、自然、人口、文化未来的发展方向预测；微观环境预测包括对一个企业自身、供应商、经销商、竞争者、顾客、营销中介、公众等因素的预测。

（二）市场需求预测

市场需求是指特定的时间、地域和顾客群体对某一商品现实和潜在的需求量。对市场需求的预测包括很多方面，具体包括对市场需求量的预测、市场需求结构预测、消费者购买行为预测等。市场需求量预测包括生活消费需求预测和生产消费需求预测；市场需求结构预测包括消费品需求结构预测和生产资料需求结构预测；消费者购买行为预测主要指对消费者的购买动机、购买方式和购买心理的预测分析。

（三）市场供给预测

市场供给是指在一定时期内可以投放市场以供出售的商品资源。市场供给预测是对进入市场的商品资源总量、构成及各种供给变动因素的预测。

五、市场预测的程序

预测应该遵循一定的程序和步骤，以使工作有序化。市场预测的过程大致包含以下五个步骤。

（一）明确预测目标

明确预测目标，即明确预测什么，要达到什么样的目的。预测目标不同，预测的类型、预测的内容以及方法都不同。一般情况下，委托方会向调查组表达其想要达到的目的，调查组要综合分析委托方的资料和问题，根据实际情况确定预测目标，从而制订预测计划，调配预测资源，组织预测队伍，有效实施预测。例如，委托方提出最近销售量下降的问题，调查组要根据企业存在的问题，调查研究多方面资料和信息，帮助企业分析销售量下降的营销因素，这时候不同阶段的预测目标不同，可能是广告对销售量的影响预测、消费者需求变化对销售量的影响预测，调查组要与委托方沟通，确定某一阶段调查预测的目标。

（二）搜集与分析数据资料

市场预测是在调查分析数据的基础上进行的，所以，调查组必须搜集丰富、有效的信息，为预测工作准备资料。数据资料主要来源于市场调查活动中获取的文案资料和原始资料，重要的一点是，这些资料要经过初步筛选和基础分析，才能为进一步的预测分析使用。科学、准确、全面的资料，将决定着预测工作的准确性，因此前期的数据搜集非常重要。

（三）选择合适的预测方法

有了准确的数据资料，调查组可以根据预测的目标以及各种预测方法的适用条件和特点，选择合适的预测方法进行预测，有时同一个预测项目，可以选择多种预测方法来预测。预测方法的选用是否恰当，将直接影响到预测的精确性和可靠性。运用预测方法的核心是建立描述，概括研究对象特征和变化规律的模型，根据模型进行计算或者处理，即可得到预测结果。

（四）结果评估，撰写报告

取得预测结果后，为了准确起见，调查组还需要对预测结果进行检验和评估。预测结果的检验方法有理论检验、专家检验和数理检验。理论检验，是运营经济学、市场学、统计学的理论知识，采用逻辑分析的方法，检验预测结果的准确性。专家检验是邀请行业专家对预测结果进行检验、评价。数理检验，是通过应用统计模型对预测结果进行检验。

检验通过后，就可以着手撰写市场调查与预测报告了，可以将市场调查及预测的一系列资料和结果进行陈述，帮助企业分析预测结果，提出经营建议。

（五）预测结果的追踪

报告的提交并不是预测工作的结束，市场调查与预测工作作为一种市场咨询服务，还需要在调查预测报告提交后，对企业的实施效果进行追踪调查，研究分析预测的准确性和误差，分析总结原因，以便取得经验，不断提高预测水平。

任务二　定性预测

定性预测是指依靠熟悉业务知识、具有丰富经验和综合分析能力的专家，根据已掌握的信息资料、个人经验和分析判断能力，对事物的未来发展作出判断后，再综合各方面的意见，对事物未来的发展作出预测的方法。

定性预测适合于数据资料掌握不充分、影响因素复杂或对主要影响因素难以进行数量分析的情况。定性预测注重对事物发展性质的预测，灵活简单，省时省力。但是，定性预测易受主观因素的影响，易受预测者知识、经验和能力的束缚，缺乏对事物发展数量上的精确描述。下面介绍几种常用的定性预测方法。

一、综合意见法及其应用

（一）综合意见法的含义和特点

综合意见法，也称为集合意见法，是将相关人员集中起来，对市场调查和预测的目标进行分析和讨论，并作出个人判断，通过对各预测值的综合统计处理，得出最终市场预测结果的方法。

综合意见法能够集合多数人的意见，利用集体的经验和智慧，避免个人经验判断的片面性，提高了预测的准确性与可靠性。

（二）综合意见法的实施步骤

1. 组成预测小组，提出预测要求

选择若干熟悉预测对象的人员组成预测小组，并向预测小组成员提供预测对象的相关资料，提出预测目标和预测要求。

2. 预测小组进行预测

预测人员根据预测目标和预测要求，凭借个人的经验和智慧对预测对象进行预测，在分析时尽量能够将定性分析与定量分析相结合，最终提出个人的预测值，并说明预测的方法与依据。如果是预测某产品未来销售量，即要确定以下三个要点：

（1）确定未来该产品市场的可能状态。

（2）确定每种市场状态出现的概率（主观概率）。

（3）确定每种状态下产品销售量可能达到的水平（状态值）。

3. 搜集预测值并进行统计

组织人员搜集每个预测人员的预测值，并计算其预测的期望值。期望值等于各项主观概率与状态值乘积之和。

4. 对不同的预测人员的预测值赋予权重

由于预测人员对市场的了解程度和经验不同，他们对最终预测结果的影响程度也不同。为了达到最高的准确性，要对预测人员的预测值分别给予不同的权数表示这种预测差异，然后再采用加权平均法计算最终预测值。如果各位预测人员的预测值所占权重相同，即各位预测人员对预测结果的影响程度相同，则直接采用算术平均法计算最后的预测值。

5. 确定最终预测值

（三）常用的综合意见法

1. 经理判断意见法

（1）经理判断意见法的含义。

经理判断意见法就是将熟悉企业和市场发展情况的各部门经理或负责人聚集起来，组成预测小组，对市场的某个问题发表意见，进行分析判断，最后将大家的意见进行综合处理得出预测值的方法。

（2）经理判断意见法的优点。

1）预测成本低。采用本方法只需较少的预测费用，成本低廉。

2）简单易行，迅速及时。该方法只需集合管理方面的人员进行定性预测，操作过程简单，不需要太长时间，预测速度快。

3）预测结果较可靠。这种综合意见法综合了对市场情况熟知且有经验的管理人员的预测意见，发挥集体智慧，预测结果较为可靠。

4）该方法适用于不可控因素较多的情况。这种方法根据管理者的经验进行判断，不需要大量的统计资料，更适用于不可控因素较多的预测情况。

（3）经理判断意见法的缺点。

1）主观性。整个预测过程是综合分析个人经验的过程，预测结果具有一定的主观性。

2）片面性。该方法主要集中了企业内部的经验人士进行分析判断，忽视了市场变化和消费者的意见，在市场变化较快，消费者的需要发生变化时，这种方法的预测准确性较低。

【例 8-1】 某 mp3 生产企业，组织甲、乙、丙三位厂长进行销售量预测，他们根据个人的经验和知识，对企业产品未来一年的销售状况进行了预测，得到预测值如表 8-1 所示。

表 8-1　　三位厂长预测值统计表（万件）

厂长	销路好		销路中等		销路差		期望值
	销售估计值	概率	销售估计值	概率	销售估计值	概率	
甲	200	0.1	150	0.8	130	0.1	153
乙	300	0.3	200	0.5	150	0.2	220
丙	280	0.2	200	0.7	180	0.1	214

表8-1中，每个厂长根据自己的经验预测了未来一年企业产品销售量的最高值、中等值和最低值，并且给出每种值出现的可能概率，根据每种预测值出现的概率，计算甲、乙、丙三位厂长的期望值：

$$\text{甲厂长期望值}=\frac{200\times0.1+150\times0.8+130\times0.1}{0.1+0.8+0.1}=153(\text{万件})$$

$$\text{乙厂期望值}=\frac{300\times0.3+200\times0.5+150\times0.2}{0.3+0.5+0.2}=220(\text{万件})$$

$$\text{丙厂期望值}=\frac{280\times0.2+200\times0.7+180\times0.1}{0.2+0.7+0.1}=214(\text{万件})$$

根据各位厂长在企业的地位、作用和权威不同，假定厂长乙是主管市场营销业务的，其预测方案具有较大权威性，给予较大的权数2，厂长甲、丙的预测方案给予较小的权数1，则本次厂长预测的综合预测值为：$\frac{153\times1+220\times2+214\times1}{1+2+1}=201.75(\text{万件})$。

2. 销售人员意见法

（1）销售人员意见法的含义。

销售人员意见法是将各地区的销售代表，或普通销售人员集合起来，组成预测小组，对某产品的销售状况进行预测的一种综合意见法。由于销售人员是最接近消费者的人员，能够直接了解消费者的需求倾向，以及不同花色、品种、规格、式样产品的销售状况，因此对产品的相关情况进行预测时，销售人员的预测意见具有较强的影响力。

（2）销售人员意见法的优点。

1）简单易行。

2）能反映消费者需求情况。销售人员是顾客的直接接触者，是消费者意见的最直接接收者，因此，销售人员对消费者的意向有较深刻的了解，对市场有很敏锐的洞察力，预测结果能够反映消费者的意见。

3）适应范围广。该方法可应用于商品销售量预测，商品需求量预测，消费者对产品花色、品种、规格的需求预测。反映消费者意见的预测都可以采取这种方法，应用范围较为广泛。

（3）销售人员意见法的缺点。

1）片面性。销售人员可能对宏观经济形势及企业的总体规划缺乏了解，只从微观情况出发进行预测，降低了预测的准确性。

2）存在误差。销售人员受知识、能力和经验所限，其预测判断存在误差，预测意见受情绪的影响较大。

3）主观性。当预测任务关系销售人员利益时，预测意见可能带有很大的主观性。例如，有些销售人员为了能超额完成下年度的销售配额指标，获得奖励或升迁机会，可能会故意压低预测值。

4）销售人员的预测积极性不高。很多销售人员对预测任务不感兴趣，给出预测值时非常草率，导致预测误差。

3. 顾客意见法

顾客意见法是指对消费者在未来购买某种商品的意向进行调查，根据多名消费者的意向调查，对该商品的需求量或销售量作出量的推断。这种方法的基本原理是凭借多名消费者购买商品的决策倾向，反映他们未来对商品的需求状况，以此来对商品未来的销售状况进行预测。

顾客意见法与市场调查中的消费者意见调查有相似之处，它也通过编制问卷、抽取样本、调查实施、统计分析等程序进行预测，但它的目的不止于市场调查，而是进行定性预测。由于顾客意见法所得结论的准确性较低，大多是时候作为参考资料，因此，顾客意见法一般作为其他定性预测方法的辅助，而不单独使用进行定性预测。

二、德尔菲法及其应用

（一）德尔菲法的含义和特点

1. 德尔菲法的含义

德尔菲是古希腊的一座城市，因阿波罗神殿而驰名，传说阿波罗有着高超的预测能力，故德尔菲成了预测、策划的代名词。德尔菲法是 20 世纪 60 年代初由兰德公司提出的，是为了避免集体讨论存在的屈从于权威或盲目服从多数的缺陷而提出的一种定性预测方法。

德尔菲法，又名匿名专家意见法，是运用匿名方式反复多次征询专家意见，进行背靠背的交流，充分发挥专家们的智慧、知识和经验，经过反复征询、归纳、修改，最后汇总成专家基本一致的看法，作为预测结果的方法。由于通过多轮次、背对背的调查，专家对问卷所提问题的看法不受他人影响，得出的预测结果较为可靠。

2. 德尔菲法的特点

德尔菲法由于其独特的特点，在进行定性预测时，具有较广的应用范围。

（1）德尔菲法的优点。

1）准确性高。

2）具有专业性，充分利用专家的经验和学识进行预测。

3）匿名性。采用背靠背的方式进行意见的征询，每一位专家独立自由地作出判断，专家之间互不联系，保证了意见的客观性和创新性。

4）收敛性。专家给予意见回执后，马上进行分类汇总，并及时反馈给专家，以便他们分析判断，直到大家的意见达成一致。这种方法对于解决涉及利益的敏感问题、有困难的、有争论的和带有感情色彩的问题时，具有独特的效果。

（2）德尔菲法的缺点。

1）难于控制专家的回答情况。专家时间紧张或工作较忙，回答问题时往往比较草率。

2）存在一定主观性。专家提出自己的预测意见后，组织者要对各种意见进行统计处理，但由于多采用主观判断法进行统计处理，预测值存在一定主观性。

3）专家选择难度大。由于轮番征询次数较多，反馈时间较长，有的专家可能因工作或其他原因而中途退出，影响预测的准确性，因此合适专家的选择存在难度。

4）不适用于短期预测。由于整个德尔菲法的实施需要较长时间的反馈与综合，因此不适用于时间要求较短的预测。

5）过程复杂，耗时长。尽管如此，本方法由于其独特的背靠背征询意见的方式，在很多时候，仍不失为一种有效的定性预测法。

（二）德尔菲法的作用

市场经济中充满了不确定因素和未知事件，准确的市场预测为决策提供了可靠的依据，德尔菲法对企业的正确经营管理和决策发挥了重要的预测作用，主要体现在以下五个方面。

1. 为开发新产品提供依据

通过德尔菲法进行长期销售预测，了解产品目前所处的生命周期，从而为新产品的开发提供依据。

2. 为生产计划及采购计划提供依据

根据德尔菲法的预测，编制销售计划，根据预测值制定年度和月度生产计划以及采购计划。

3. 为企业投资计划及人事计划提供参考

通过德尔菲法对销售量的预测，可以为企业未来的投资方向和人事安排提供参考资料。

4. 为定价策略的制定提供依据

根据销售量和市场占有率的预测值，为企业制定正确的价格策略提供依据。

5. 为库存量的确定提供依据

正确的销售预测，指导企业库存不会出现生产过剩或库存不足的现象。

（三）德尔菲法的操作步骤

1. 确定预测主题，拟订征询提纲

预测之前必须明确本次预测的目的和主题，并根据预测目标列出含义明确的征询问题，对所询问的程序和问题列出提纲，以利于预测的顺利进行。

2. 选择专家，组成专家小组

尽量选择本领域的专家，并要在理论和实践方面都比较权威的专家中选择。专家的数量一般不超过 20 人，专家人数太少不利于预测的准确性，专家人数太多会延长预测时间，加大预测的工作量。

3. 专家首次预测

以通信方式向各位专家发出调查表、相关背景资料和其他材料。使各位专家明确预测的目的、时间期限以及调查表的填写要求，并要求专家背对背地发表各自的观点，进行预测。

4. 首次预测总结

对专家首次预测的反馈，进行及时的整理和统计，进行对比分析整理之后，再次将整理结果提供给大家，进行第二轮预测，并要求专家对别人的意见作出评价。这一轮预测还要询问专家需要哪些新资料，搜集这些资料提供给专家，并对再次预测提出要求。

5. 轮番征询专家意见

这是德尔菲法的主要环节，如第三、四步骤所述，轮番征询专家意见，一般每一轮征询时间约为 7～10 天，经过三、四轮征询之后，当各位专家的意见趋于一致时，结束征询。

6. 分析总结

最后对预测结果进行统计分析，并计算最后的预测值，最好能以图表的形式给出预测值。

（四）德尔菲法实施的注意事项

1. 灵活掌握德尔菲法的实施步骤

对于有些问题的预测，也许经过三轮征询就得出了趋于统一的意见，这时候不必再次进行第四轮征询，德尔菲法的步骤应当灵活掌握。

2. 保证专家的匿名性

专家的匿名性不仅指每种观点上不标注专家姓名，更重要的是指专家之间互不知情，要完全杜绝专家间的横向联系，以保证德尔菲法的客观性。

3. 专家的选择要基于其对企业的了解程度

针对企业的问题作预测，既可以选择高层管理人员，也可以选择一线的管理人员或者外请专家，这取决于专家对企业的了解程度。例如，在预测企业未来劳动力需求状况时，企业可以挑选人事部门、计划部门、市场开发部门、生产及销售部门的一线经理作为专家，也可以挑选高层领导人或社会专家组成预测小组，根据他们对企业的了解程度不同进行选择。

4. 提供资料要详细

每次预测都要根据预测主题，为专家提供充分的背景资料，使其有足够的根据做出判断。首次预测还要附加填表说明和预测要求，轮番征询时也要轮番询问专家是否需要其他资料，并及时提供，如果有新的要求，要及时向专家说明。

5. 过程尽量简化

调查表应当准确表达意思，不询问与调查无关的问题，所提问题应是专家能够回答的问题，允许专家粗略的估计数字，不要求精确。

6. 结果不统一时，采取进一步的统计整理方法

向专家说明预测对企业的意义，争取他们的支持，如果轮番征询后仍然没有得出统一意见，也可以用中位数和上下四分位数来作结论。事实上，很多情况下预测结果都是不统一的，还需要进一步的统计整理。

三、头脑风暴法及其应用

（一）头脑风暴法的含义和特点

1. 头脑风暴法的含义

头脑风暴法又称智力激励法、BS（Brain Storming）法、自由思考法，是由美国创造学家奥斯本于1939年首次提出、1953年正式发表的一种激发性思维方法。“头脑风暴”一词的含义是“无限制的自由联想和讨论”，其目的在于激发人们在自由联想和讨论的过程中出现新观念或新设想。

头脑风暴法的特点在于以会议的形式让与会者敞开思想，使各种设想在相互碰撞中激起创造性的思维风暴。该方法保证群体决策创造性，激发最具创新性的意见和观点，是改善群体决策质量的典型方法。

本书把头脑风暴法的含义界定为：集合相关专家，采用会议形式，在一定时间内围绕某个中心议题，广开言路，畅所欲言发表各自的观点，激发创造性思维的一种方法，整个过程就像在专家头脑中掀起一场风暴，因此，称为头脑风暴法，又可称为畅谈法、集思广益法。

2. 头脑风暴法的特点

头脑风暴法作为集合群体智慧的有效方法，被广泛地应用到各行各业进行问题分析和决策制定，在市场预测中的应用也越来越多。它的特点主要体现在以下五个方面。

（1）头脑风暴会议时间较短。一般情况下，头脑风暴会议的时间只有一小时左右，这是根据人的思维特点安排的，时间太长会产生疲倦感，不利于创造性思维的出现。

（2）头脑风暴会议得出的意见是专家意见的综合和改善。头脑风暴会议上提出的各种想法，会在大家的讨论中不断完善和改进，最后得出的创新想法是集体智慧的结晶。

（3）头脑风暴会议讲究即兴发言。头脑风暴会议上各位专家的发言，不是事先准备好的，而是在会场上的即兴发言，以此来激发专家的创新思维。

（4）头脑风暴会议气氛自由。头脑风暴会议要求大家打破常规，不要受到习惯性思维的限制，畅所欲言，各抒己见。即使是不合理的想法，也要提倡，不打击。

（5）头脑风暴会议根据所探讨问题的大小可以多次进行。如果问题复杂，可以分为几次头脑风暴会议分阶段讨论，最后再进行总结汇总。

（二）头脑风暴法的种类

头脑风暴法根据其开展过程的特点不同，可分为直接头脑风暴法和质疑头脑风暴法。前者是在专家群体决策基础上尽可能激发创造性，产生尽可能多的设想；后者则是对前者提出的设想、方案逐一质疑，对方案的现实可行性进行评估。直接头脑风暴法就是我们通常所说的头脑风暴法。

直接头脑风暴法是质疑头脑风暴法的前提和基础，只有经过直接头脑风暴法得出一系列的创造性想法和方案之后，才能够对这些想法和方案进行质疑。质疑头脑风暴法是直接头脑风暴法的必要补充，增加头脑风暴法所得想法和方案的可行性，是保证群体决策正确性、可行性的必要步骤。

（三）头脑风暴法的操作步骤

1. 会前准备阶段

（1）明确会议议题。头脑风暴会议策划方应当明确会议议题，设定会议要解决的问题，弄清问题的实质，并提前对要讨论的问题进行研究，搜集相关资料。

（2）确定会议参加人。即选定参加头脑风暴会议的专家人数和人员，人数一般以8～12人为宜，不宜太多。所选专家应是所讨论问题的专业人员，也可选择一些研究领域较广泛的专家，总体上要根据讨论问题和实际情况进行专家选择。除了专家的选择，还要确定主持人和记录人员，记录工作也可由主持人负责。

（3）确定时间、地点、并提前通知专家做准备。

2. 会议进行阶段

（1）热身阶段。

该阶段是会议的开始阶段，是主持人活跃现场气氛的时候，要求主持人创造一种自由、宽松、活跃的会议氛围，使大家以一种无拘无束的状态进入议题讨论。

主持人在宣布开会之前，先说明会议的规则，然后以有趣的话题引入要讨论的问题，让大家的思维处于轻松和活跃的状态。会议氛围越是轻松活跃，头脑风暴的效果就越好。

（2）说明问题。

主持人扼要地介绍有待解决的问题。介绍时须简洁、明确，过多的信息会限制人的思维，干扰创新思维的激发。

（3）初步讨论阶段。

请各位专家阐述各自的观点和想法。主持人或记录人员记录大家的发言。

（4）重新表述问题。

主持人和记录人员通过对第一阶段各位专家的意见整理归纳，总结出有创意的见解和方案，并把总结内容宣读给在场专家，以便大家进一步向着一个方向畅谈。一方面激发大家的创新性思维，另一方面又要把大家的思维紧紧地拉拢在所研究和探讨的问题上。

（5）畅谈阶段。

这是出现创意的阶段。在事先制定的规则下，导引大家自由发言，彼此相互启发，相互补充，真正做到畅所欲言，然后将会议发言纪录进行整理。

3. 会后补充阶段

（1）补充阶段。

会议结束后的一两天内，主持人应向与会者询问会后有无新想法和新思路，以补充会议记录。

（2）筛选阶段。

补充阶段结束后，将大家的想法整理成若干方案，再根据各个方案的可识别性、创新性、可实施性等标准进行筛选。经过多次反复比较和筛选，最后确定 1～3 个最佳方案。这些最佳方案往往是多种创意的优势组合，是会议专家集体智慧综合发挥的结果。

（四）头脑风暴法的实施要点

1. 专家人选的确定

所谓专家是指对某一特定领域具有专门技能、知识和经验的个人或组织，因此，组织专家进行预测具有一定的准确性。头脑风暴法应用过程中专家的选择主要考虑以下三个方面。

（1）人数限制。

在数目上，专家人数一般以 8～12 人为宜，也可略有增减至 5～15 人。与会者人数太少不利于交流信息，激发思维；而人数太多则不容易掌控会议时间，并且每个人发言的机会相对减少，也会影响会场气氛。只有在特殊情况下，与会者的人数可不受上述限制。

（2）专业限制。

在专家的研究领域上，要尽量选择相关领域的专家，同时这些专家还应具有较高的分析能力、演绎能力和归纳总结能力，不仅在学术上专业，在逻辑分析和方法论的应用上也应具有较强的能力。同时，头脑风暴会议的参加者不应固定在某领域，也可以选择一些不同背景的参会者，不同背景的参会者或许能提供不同的信息，为会议增添创新元素。

（3）级别限制。

在专家的职位级别上，具体考虑以下原则：如果参加者相互认识，要从同一职位（职称或级别）的人员中选取。领导人员不应参加，否则可能对参加者造成某种压力；如果参加者互不认识，可从不同职位（职称或级别）的人员中选取。开会时不应宣布参加人员职称，不论成员的职称或级别的高低，都应同等对待。

2. 主持人的任务和技巧

（1）对主持人的要求。

主持人应当对所研究问题有全面的了解，并且熟知头脑风暴法的操作程序和规则，具有较强的逻辑演绎和总结归纳能力，并且能够随机应变，调节会议气氛。

（2）主持人的任务。

主持人是控制会议进程、促进头脑风暴进行的关键人物。他的主要任务是在头脑风暴会议开始时介绍讨论的议题、讨论规则，在会议进程中启发引导，掌握进程；在会议进行到一定阶段时，总结归纳发言的核心内容，通报会议进展情况，提出自己的设想，激发专家思维；活跃会场气氛，安排会议进程。

（3）主持人的技巧。

1）善于营造活跃的会场气氛。可以采取小幽默、小例子的形式创造轻松的讨论气氛，为专家思维的自由碰撞创造条件。

2）点名发言，创造均等机会。主持人点名让参会专家轮流发言，并有意控制每个人的发言时间。

3）保持中立的态度，使用中立的语言。主持人要用中立的语言语气、微笑点头等行为语言，鼓励与会者多出设想。对每个参会者的发言都不作评论，只作进一步的引导，激发思维的进一步深入。可以说，“请解释一下你的意思”“请详细说一下你的想法”等语句；但禁止说“这样不可能”“太离谱了”“这个想法好”等评论性的语言。

4）鼓励多出点子。强调数量要求，对每一位会议参加人规定发表观点的数量，使大家产生压力，以鼓励多出想法。

5）使用“发言板”。为每一位参会者准备一个书写板，方便大家书写整理自己的思路，也可准备一个公共的发言板，让大家轮流写出各自的意见，不同的方法可以根据实际需要选择。一般情况下，为每人准备一个发言板，更有利于各位专家思路的整理和观点的综合。

6）能够控制会议的高潮和低谷。在大家思维激荡的时候，应积极地促进大家观点的发表和进一步的畅想，并做好总结和记录。在会议的低谷，大家的思维畅想出现暂时停滞时，组织专家进行休息、散步、唱歌或喝水等调整活动，之后再进行畅想和讨论。

3. 会议时间的掌握

会议时间由主持人灵活掌握，不宜会前硬性规定。经验表明，创造性较强的设想一般在会议开始 10～15 分钟后逐渐产生，因此，会议时间最好安排在 40～60 分钟，时间太短，难以达到畅所欲言的效果，时间太长容易导致疲劳，反而得不偿失。在创造性思维不断激荡的时候，应当适当延长会议时间；相反，如果预定时间还没有到，但是 10 分钟内，仍然没有新主意和新观点出现，会议可告一段落。

4. 会议纪律的制定

要实现头脑风暴法的预期目的，参会人员必须遵循会议的纪律和规则。

（1）注意力集中并积极投入，不消极旁观。

（2）不准私下议论，以免分散注意力。

（3）只谈自己的想法，不评论别人的想法。

（4）发言开门见山，简洁明了，一次发言只谈一种见解。

5. 不可忽视记录员

头脑风暴会议需要设置1名记录员。记录员的主要任务，是将与会者的所有想法进行及时整理记录，不可主观修改别人的观点，并且记录最好写在大黑板等醒目处，方便参会者看清楚。

6. 选择适宜的会议环境

实施头脑风暴法，应选择整洁、简单、没有外界打扰的环境。会场最好布置成圆形或者U形，创造平等的参会氛围，有利于大家在公平的环境中自由讨论和畅想。

（五）头脑风暴法的原则

1. 自由畅想

参会者在自由、活跃的气氛中，尽量放松思维，让思维自由驰骋，针对问题，从不同方向和角度大胆设想，尽可能的标新立异，即使是荒唐的想法也要第一时间提出来，在这样的情况下，尽可能地多提设想和方案。

2. 会后评判

头脑风暴会议进行时，不容许任何人对别人的想法和观点进行或好或坏的评论，所有的评判都放在会议结束后进行，这样一方面是为了参会者不受别人评判的影响，积极大胆发言；另一方面，也使头脑风暴会议有章可循，工作安排合理。

另外，禁止在会议上评判，包括发言者对自己想法的批评，有些人习惯用一些自谦之词，在头脑风暴会议上，也是禁止的。

3. 追求数量

追求数量是头脑风暴会议的首要任务，该方法认为，会上提出的方法和设想越多，创造性的想法也就越多，头脑风暴会议得出观点的质量也就越高，因此，整个会议要求各位参会者尽可能多的提出新设想、新方案。

4. 一律平等

这里的平等不仅指参会人地位的平等，不论领导还是员工，都有自由发表意见的权利；更重要的是指“新想法”的平等，记录人员对参会人的意见应以完全忠诚的态度去记录，即使是荒诞的想法也要认真完整地记录。因为，这个荒诞的想法也许正是创造性思维的来源和启发。

5. 改进补充

鼓励大家自由畅想的目的，是最终能综合出一个或几个有创造性的可实施的想法。因此，在会议进程中，主持人要积极引导参会人员综合大家的意见，对他人的意见和观点进行补充、改进，以利于最终提出几个有创造性的、集合众人智慧的想法或方案。

【课后实训】

一、案例分析

购买意向调查预测法

购买意向预测法是一种常用的市场需求预测方法，这种方法用问卷形式征询潜在购买者未来的购买量，由此预测出未来的市场需求。由于市场需求是由未来的购买者实现的，因此在被访者如果能够如实反映购买意向，据此作出的市场需求预测将是相当有价值的。在应用这一方法时，对生产资料和耐用消费品的预测较非耐用品更精确，这是因为对非耐用消费品的购买意向容易受到多种因素的影响而发生变化。

某公司针对某市空调需求进行市场调查，抽取500个调查对象作为样本，进行问卷调查，经过问卷回收，资料整理，被访者对空调的购买意向如表8－2所示。

表8－2　被访者购买意向频数分布表

购买意向	人数（人）	频率（%）
一定会买	150	30
可能会买	75	15
不能肯定是否买	125	25
可能不会买	100	20
肯定不会买	50	10
合计	500	100

对于上述调查答案必须进行加权处理，才能得出符合实际情况的结论。如被访者回答“一定会买”或“可能会买”，往往包含夸大购买倾向的成分。被访者之所以具有这种夸大购买倾向的原因，一方面是为了给访问者一种满足，另一方面是因为回答时往往没有慎重考虑会影响购买率的多种因素，仅仅是脱口而出。类似，即使回答“可能不会买”或“肯定不会买”的被访者也有可能成为最终购买者。

根据这种分析，在实际处理时，可对每一种选择赋予适当的购买权重。如对“一定会买”赋予权数0.9，“可能会买”赋予权数0.2，“肯定不会买”赋予权数0.02等，并计算加权百分比，如表8－3所示。

表8－3　被访者购买意向权数分布表

购买意向	回答百分比	指定权数	加权百分比
一定会买	30%	0.90	27%
可能会买	15%	0.20	3%
不能肯定是否买	25%	0.10	2.5%
可能不会买	20%	0.03	0.6%
肯定不会买	10%	0.02	0.2%

平均购买可能性＝27%＋3%＋2.5%＋0.6%＋0.2%＝33.3%

未来市场需求量＝家庭总户数×平均购买可能性

假设这一地区共有家庭总数200万个，则该地区未来对空调的可能购买量为：2 000 000×33.3%＝666 000（台）。

思考题：

1. 本案例中采用了什么定性预测法？
2. 结合案例谈一谈，该种预测方法的实施步骤及注意事项？

二、实训操作

生物质燃气炉的销售量预测

我国是个农业大国，每年约有8亿吨农作物秸秆被废弃或被焚烧，给环境带来严重的污染，这个问题一直是各级政府急盼解决的一大难题，广州吉利公司科研人员经过多年的技术攻关，在对传统燃气炉进行改进后，成功研制出新一代高效生物质燃气炉、燃气灶等系列产品。

生物质燃气炉系列产品适用原料广泛，如：谷壳、玉米秆、稻秆、麦秆、芝麻秆、花生壳、树枝、锯末、杂草等一切生物质可燃性农、林废弃物。采用先进的填料技术和高效的燃气技术，连续产气量大、时间长，特别适合广大农村居家做饭、炒菜、烧水、洗浴、取暖等，同时也适合烧锅炉、大棚加温、大面积供暖、中小饭店使用，不受季节限制，一年四季均可使用。

现在，吉利公司想在新产品推向市场前做一个市场预测，希望根据吉利公司新产品的特点，召集有关专家，利用德尔菲法组织一次市场预测，预测该燃气炉推入市场后第一年的销售量。

实训要求：

分小组，利用德尔菲法组织专家进行市场预测，通过征询，计算最后的预测值。最后需要提交的任务单：预测的组织方案，轮番征询的预测值记录表，实训的结论，实训中存在的问题分析。

项目九

定量预测

【任务引入】

某地区钢铁市场预测

一家咨询公司受某钢铁厂委托，对其所在地区的钢铁消费市场进行分析和预测，为了搜集数据，咨询公司分别走访了钢铁工业协会、钢铁研究院和省、市统计局等相关部门，并搜集到了该地区2012—2014年的钢铁销售额数据，如表9－1所示。

表9－1 钢铁销售量数据表

销售量	2012	2013	2014
第一季度	46	54	60
第二季度	72	68	84
第三季度	94	116	128
第四季度	58	62	86

分析：

（1）根据上述资料初步判断该咨询公司所搜集的数据是否可靠，并说明理由。

（2）根据表中给出的数据，你认为是否适合采用季节指数预测法进行预测，为什么？

（3）用季节指数预测法预测该地区2015年各季度的钢铁销售额（请列出计算过程）。

解答：

（1）根据上述资料初步判断该咨询公司所搜集的数据是可靠的，因为钢铁工业协会、钢铁研究院和省、市统计局等相关部门都是具有权威性的机构，通过分析提供信息单位的背景可以认为数据是可靠的，因此该公司搜集到的钢铁销售额数据是可靠的。

（2）采用季节指数预测法进行预测是适合的，因为季节指数预测法适用于：时间序列无明显上升或下降趋势、主要受季节波动和不规则变动影响的情况，表中给出的数据符合上述特征。

（3）2012年的季节平均值为：（46＋72＋94＋58）/4＝67.5；

2013年的季节平均值为：（54＋68＋116＋62）/4＝75；

2014年的季节平均值为：（60＋84＋128＋86）/4＝89.5。

所以2012年、2013年、2014年的季节平均值分别为：67.5、75和89.5。如表9-2所示。

表9-2　钢铁销售量预测表

季度年份	2012	2013	2014	各季度销售平均	季节指数	预测值
第一季度	46	54	60	53.33	0.69	61.76
第二季度	72	68	84	74.67	0.97	86.82
第三季度	94	116	128	112.67	1.46	130.67
第四季度	58	62	86	68.67	0.89	79.66
季节平均值	67.5	75	89.5	77.33	—	—

其中：各季度销售平均值＝各年同季度销售额总和/年数，

第一季度销售平均值：(46＋54＋60)/3＝53.33；该列以此类推计算。

各季节指数＝各季度销售平均值/历年季节销售平均值，

第一季度季节指数：53.33/77.33＝0.69；该列以此类推计算。

各季度预测值＝最近年份的平均值×季节指数。

第一季度预测值：89.5×0.69＝61.76；该列以此类推计算。

【任务分析】

案例针对调查资料进行初步分析，资料可靠并且数据呈现一定的规律性，适合采用季节指数预测法。遵循一定的步骤，计算出2015年各季度的预测值如表9-2所示。案例应用了一种典型的定量预测方法，使用定量预测法的前提是必须有较为准确充足的数据资料，并且遵循每种方法的使用步骤，才能取得较为准确的预测值。

如上所述，市场预测分析时，除去简单易行的定性预测方法以外，还有准确性较高的定量预测法。本项目的工作任务是认识定量预测法的含义、特点及分类，应用已经取得的调查资料，练习使用定量预测法，获得预测数据，充实调查报告。

【具体任务】

任务一　了解时间序列预测法及其应用

一、时间序列预测法的基础知识

（一）时间序列的含义和类型

1. 时间序列的含义

时间序列是指某一经济现象的指标值按照时间先后顺序排列而成的数列。例如，某公司 2005 到 2015 年产品销售的年销售量记录，就组成一个时间序列。通过将某现象的数量变化按照时间的先后顺序排列，揭示这一现象随时间推移的发展变化规律，从而用来预测该经济现象的发展方向。

2. 时间序列的类型

根据时间序列的发展变化，以及数据指标在散点图上呈现的变化趋势，时间序列分为以下几种类型：

（1）水平型时间序列。

水平型时间序列是指整体序列无明显变化趋势，整体水平相对稳定的时间序列。水平型时间序列的走势无倾向性，后序值既不倾向于逐步增加，也不倾向于逐步减少，总是在某一水平上上下波动，且波动不大、无规律性。故水平型时间序列又称为稳定型时间序列或平稳型时间序列。

通常呈水平型时间序列的经济现象有：日用生活必需品的销售量、耐用消费品的开箱合格率、耐用消费品的返修率等。

（2）季节型时间序列。

季节型时间序列是指整体序列的变化趋势按照日历时间周期起伏波动的序列。即在某日历时间段内，时间数列的后序值逐步向上，到达顶峰后逐步向下，到达谷底后又逐步向上，周而复始。因为最初研究产生于伴随一年四季气候变化而出现的经济现象，故称为季节型时间序列。其实，这里的“季节”可以是一年中的四季、一年中的 12 个月、一月中的 4 周、一周中的 7 天等，只要呈现类似季节变动的现象，就可以利用季节型时间序列进行分析。

通常呈季节型时间序列的经济现象有：啤酒、雪糕、羊绒衫等与气候有关的季节性商品的季度或月度销售量。

（3）循环型时间序列。

循环型时间序列是指变动周期不固定的周期变动。序列的变化呈现周期变动，但是变动周期不固定，可能是两年或数年。例如商业周期、资本主义社会的周期性经济危机。

（4）直线趋势型时间序列。

直线趋势型时间序列是指变化趋势呈现直线变化的序列。时间序列的后序值逐步增加或逐步减少，呈现出一种向上或向下的线性趋势，相当于给水平型时间数列一个斜率。常见的直线型时间序列有：某新产品的销售量、某段时期的人均收入等。

（5）曲线趋势型时间序列。

曲线趋势型时间序列是指呈现不规则的、随机的变化趋势的序列。这种时间序列的变动倾向不固定，不发生周期性变化，后序值增加或减少的幅度会逐渐扩大或缩小。它包括除以上四种变动趋势以外的一切变动，通常是由意外事件、偶然因素引起的。例如战争、水灾、地震、测量误差等都会引起不规则变动，呈现曲线变动趋势。季节型时间序列和循环型时间序列是特殊的曲线趋势型时间序列。

（二）时间序列预测法的含义和特点

1. 时间序列预测法的含义

时间序列预测法是指运用统计方法，编制和分析时间序列，找到时间序列发展变化的规律性，并将时间外推或延伸，以预测经济现象未来发展趋势的一种预测方法。这种方法将预测目标的影响因素都综合到“时间”这一要素上来，通过对时间的延伸，根据预测对象过去的发展规律，预测其未来发展趋势，因此，又称为历史延伸预测法、时间序列分析法。

2. 时间序列预测法的特点

根据时间序列预测法的基本预测思想，时间序列预测法主要有以下特点：

(1) 假设时间序列过去的变化规律会延伸到未来。

由于时间序列预测法用“时间”将所有的影响因素综合起来进行分析，因此，它的预测前提是假定“某种经济现象过去的变化规律会延伸到未来”，这是时间序列预测法的基本前提。

(2) 以“时间”为主要指标进行统计分析。

事物发展过程中会受到很多因素的影响，时间序列分析法撇开了事物发展的因果关系，只从“时间”这一指标出发分析市场的过去和未来，这是时间序列分析法的一大特点。其实，从时间序列的类型可以看出，时间序列分析法并不是没有考虑其他影响因素，而是以时间为主要指标，综合所有其他影响因素的作用进行的分析预测。

(3) 时间序列的变动趋势是综合因素影响的结果。

时间序列根据影响因素的不同，会呈现出不同的变化趋势，不同类型时间序列的变动趋势是综合多种因素的影响结果得出的，如果某经济现象主要受到稳定因素的影响，那么它很可能呈现直线变动趋势，而突然发生的地震、水灾会带来经济现象的不规则变动。

(三) 时间序列预测法的分类

根据预测时期的长短，可分为短期预测、中期预测和长期预测。

根据资料分析方法，可分为：平均预测法（包括简单算术平均数法、加权算术平均数法、简单移动平均法和加权移动平均法）、指数平滑法、趋势外推预测法、季节指数法等。

(四) 时间序列预测法的基本步骤

第一步，编制时间序列。

搜集历史资料，加以整理并汇编成时间序列。

第二步，分析时间序列。

时间序列的变动趋势是多种因素共同作用的结果，因此需要根据时间序列资料绘制散点图，分析确定时间序列的变化趋势，即时间序列的类型。

第三步，根据时间序列的变动趋势确定预测模型。

第四步，根据预测模型，确定预测值。

二、平均预测法

(一) 算术平均法

算术平均数是指总体各项某一数量标志的平均数。算术平均法即是对一定观察期内预测目标时间序列各期数值求平均数作为下期预测值的时间序列预测法。这种预测方法是时间序列预测法中最简单的一种预测方法，常常用于变动趋势较稳定的时间序列。如没有季节性变化的粮油食品和日常用品的销售量序列。算术平均法的公式为：

$$Y_{n+1}=\frac{\sum Y_i}{n}=\frac{Y_1+Y_2+\cdots+Y_n}{n}$$

式中：Y_{n+1} 是第 $n+1$ 期预测值；

Y_i 是第 i 期的实际值；

n 是期数。

算术平均法分为简单算术平均法和加权算术平均法。

1. 简单算术平均法

简单算术平均法是将观测期内的时间序列数据的简单算术平均数作为预测值的预测方法。计算公式为：

$$\overline{X}=\frac{x_1+x_2+\cdots+x_n}{n}=\frac{\sum x}{n}$$

式中：$\overline{X}$ 是算术平均数；

X_i 是观测期内的观测值；

n 是观测期，$i=1, 2, \cdots, n$。

【例 9-1】 某企业 2013 年 1—8 月份销售额如表 9-3 所示，请运用简单算术平均法预测该企业 9 月份的销售额。

表 9-3　　某企业 1—8 月份销售额统计表　　（万元）

月份	1	2	3	4	5	6	7	8	合计
销售额	200	320	280	230	245	300	400	450	2 425

解： $\overline{x}=\frac{\sum x}{n}=\frac{200+320+280+230+245+300+400+450}{8}=303.125$（万元）

根据简单算术平均法，该企业 1 月到 8 月销售额的算术平均数 303.125 万元就可以看做 9 月份销售额的预测值。这种方法的优点是计算简单易行，缺点是计算平均数时没有考虑到各期观测值对预测值影响程度的大小，因而预测值与实际值往往会发生较大偏差，准确性低。

2. 加权算术平均法

在时间序列预测中，不同观测期的观测值与预测值的关联度是不一样的，距离预测期越近的观测值对预测值的影响越大，距离越远的影响越小。因此，我们可以根据每期观测值对预测值影响作用的大小，对每期观测值赋予不同的权数，采用加权算术平均法进行预测。

加权算术平均法就是对观测期内不同观测值，根据其对预测值的影响程度赋予不同的权数，将各观测值与权数相乘之和除以权数之和，求得加权平均数作为预测值的预测方法。计算公式为：

$$\overline{X}=\frac{x_1f_1+x_2f_2+\cdots x_nf_n}{f_1+f_2+\cdots+f_n}=\frac{\sum xf}{\sum f}$$

式中：$\overline{X}$ 是加权算术平均数；

x_i 是观察期内的观测值；

f_i 是各观测值的权数；

n 是观测期；

$i=1, 2, \cdots, n$。

加权算术平均法计算的关键在于观测期观测值权数的正确赋值，一般在时间序列预测法中，由于事物发展的连续性，权重的赋值原则是："离预测期越近权重越大，离预测期越远权重越小"。

【例 9-2】 某自行车生产企业 2014 年 1—8 月份销售额如表 9-4 所示，为了预测 9 月份的销售额，特对 1—8 月份的销售额分别赋予权重为：1、2、3、4、5、6、7、8，请运用加权算术平均法预测该企业 9 月份的销售额（保留小数点后两位）。

表 9-4　　某自行车生产企业 1—8 月份销售额统计表　　（万元）

月份	1	2	3	4	5	6	7	8
销售额	200	230	245	280	300	320	400	450

$$\overline{X}=\frac{\sum xf}{\sum f}$$

$$=\frac{200\times1+230\times2+245\times3+280\times4+300\times5+320\times6+400\times7+450\times8}{1+2+3+4+5+6+7+8}$$

$$\approx 342.64(\text{万元})$$

所以，根据加权算术平均法，9 月份的销售额预测值为 342.64 万元。

（二）移动平均法

1. 移动平均法的含义

移动平均法是在简单平均法的基础上发展而来的，是一种简单平滑预测技术。移动平均法的含义是：根据时间序列资料逐期推移，以一定的跨越期依次计算跨越期内数据的算术平均值，保持跨越期不变，随着观测期的逐期推移，观测期内的数据也随之向前移动，最后将离预测期最近的一个平均数作为预测值。

移动平均法的优点是：逐期移动平均，具有很强的"修匀"作用。当时间序列的数值由于受周期变动和随机波动的影响，起伏较大，不易显示出现象的发展趋势时，使用移动平均法可以消除这些因素的影响，显示出现象的发展方向与趋势，预测值更为准确。

移动平均法的缺点是：需要搜集一定期限的数据资料，如果没有一定期限的观测值，移动平均就无法进行。

2. 一次移动平均法

移动平均法根据移动平均的次数不同，可以分为一次移动平均法和二次移动平均法，一次移动平均法适用于变动趋势较为稳定的时间序列，如果时间序列的变动趋势不明显，经过一次移动之后，长期趋势仍然没有显现出来，就需要对时间序列再进行一次移动平均。这里主要介绍一次移动平均法。

一次移动平均法根据计算方法不同，分为简单一次移动平均法和加权一次移动平均法两种。

（1）简单一次移动平均法。

简单一次移动平均法是指对时间序列的观测值，按照一定的跨越期，连续计算算术平均数，并将时间数列向前移动，以最后一个算术平均数作为预测值的方法。它的计算公式是：

$$\hat{y}_{t+1}=M_t=\frac{x_t+x_{t-1}+x_{t-2}+\cdots+x_{t-n+1}}{n}$$

式中：M_t是移动平均数；

n 是跨越期；

x_1，x_2，x_3，…，x_n是时间数列的实际观测值。

第 $t+1$ 期的预测值 $\hat{y}_{t+1}=M_t$。

【例 9－3】 某电视生产企业 2014 年 1—10 月份商品销售量如表 9－5 所示，假定跨越期为 3 和 5，试用移动平均法预测 11 月份的商品销售量（取整数）。

表 9－5　　某电视生产企业 1—10 月销售量统计表　　（台）

月份	电视销售量（台）	一次移动平均数 M_t	
		$n=3$	$n=5$
1	200		
2	160		
3	170	177	
4	210	180	
5	230	203	194
6	240	227	202
7	250	240	220
8	260	250	238
9	250	253	246
10	280	263	256

解：以跨越期为 3 进行移动平均，得出移动平均值如第三列所示；以跨越期为 5 进行移动平均，得出移动平均值如第四列所示。

具体计算：当 $n=3$ 时，

第一个移动平均数为：$\hat{y}_4=M_3=\frac{x_3+x_2+x_1}{3}=\frac{200+160+170}{3}\approx 177$，

第二个移动平均数为：$\hat{y}_5=M_4=\frac{x_4+x_3+x_2}{3}=\frac{210+170+160}{3}=180$，

……

当 $n=5$ 时，

第一个移动平均数为：

$$\hat{y}_6 = M_5 = \frac{x_5 + x_4 + x_3 + x_2 + x_1}{5} = \frac{230 + 210 + 170 + 160 + 200}{5} = 194,$$

第二个移动平均数为：

$$\hat{y}_7 = M6 = \frac{x_6 + x_5 + x_4 + x_3 + x_2}{5} = \frac{240 + 230 + 210 + 170 + 160}{5} = 202,$$

……

通过移动平均计算，当跨越期是 3 时，该企业 11 月份的商品销售量预测值为 263 台，当跨越期是 5 时，该企业 11 月份的商品销售量预测值为 256 台。

那么，跨越期不同的情况下计算出的预测值哪一个更准确呢？需要对每种预测方法的标准差进行计算比较，标准差是指各预测值与实际值离差平方和的平均数的平方根，计算公式为：

$$\sigma = \sqrt{\frac{\sum (x_i - \hat{y}_i)^2}{f}}$$

式中：x_i是第 i 期的实际值；

$\hat{y}_i$ 是第 i 期的预测值；

f 是预测值的个数（不包括最后一个预测值）。

由公式可得：$\delta_{n=3} = \sqrt{945}$，$\delta_{n=5} = \sqrt{1\ 912}$；

当 $n=3$ 时，虽然跨越期短，修匀效果差一些，但是标准差小，数据的离散程度就小，数据就越聚集，预测的准确性更强，因此，选择 $n=3$ 时的预测值为最终预测值。

总结：移动平均数组成的数列比实际值组成的数列的波动幅度小，长期趋势更为明显，可见移动平均法能够更好地揭示原时间序列的发展趋势，但跨越期选择的不同，也会带来不同的效果。一般情况下，在时间序列观测值数目一定的情况下，跨越期取值越小，得到的移动平均数越多，可以很好地观察时间序列的长期趋势，但是修匀效果较差；跨越期取值越大，得到的移动平均数越少，长期趋势越模糊，但是对时间序列的修匀效果越强。因此，跨越期的选择要根据历史资料的特点来确定，已有时间序列波动较大时，跨越期取值应该大一些，会有更好的修匀效果，已有时间序列波动较小时，跨越期取值应该小一些，能够得到更好的长期趋势。

（2）加权一次移动平均法。

在移动平均的过程中，跨越期内不同的观测值对预测值的影响程度是不同的，如果能对重要的观测值赋予较大的权数，预测值将更为准确。

加权移动平均法：根据跨越期内不同的观测值对预测值的不同影响，赋予不同的权数，用观测值与权数的乘积和除以权数之和作为加权移动平均数进行预测的方法。其计算公式为：

$$\hat{y}_{t+1} = M_t = \frac{x_t\omega_1 + x_{t-1}\omega_2 + x_{t-2}\omega_3 + \cdots + x_{t-n+1}\omega_{t-n}}{\omega_1 + \omega_2 + \omega_3 + \cdots + \omega_n}$$

式中：M_t是加权移动平均数；

n 是跨越期；

x_1，x_2，x_3，…，x_n是时间数列的实际观测值；

ω_1，ω_2，…，ω_n是跨越期内各观测值对应的权数。

第 $t+1$ 期的预测值 $\hat{y}_{t+1}=M_t$。

【例 9-4】 还以【例 9-3】为例，某电视生产企业 2014 年 1—10 月份商品销售量如表 9-6 所示，假定跨越期为 5，对跨越期内各实际值由远及近赋予的权数为 1、2、3、4、5，试用加权移动平均法预测 11 月份的商品销售量（取整数）。

表 9-6　某电视生产企业 1—10 月份销售量统计表　（台）

月份	电视销售量（台）	权数（ω_i）	一次加权移动平均数 M_t（$n=5$）
1	200	1	
2	160	2	
3	170	3	
4	210	4	
5	230	5	201
6	240	6	217
7	250	7	233
8	260	8	246
9	250	9	250
10	280	10	261

解： 以跨越期为 5 进行加权移动平均，得出加权移动平均值如表 9-4 第三列所示。

具体计算：

当 $n=5$ 时，第一个加权移动平均数为：

$$\hat{y}_6=M_5=\frac{230\times 5+210\times 4+170\times 3+160\times 2+200\times 1}{1+2+3+4+5}\approx 201,$$

第二个加权移动平均数为：

$$\hat{y}_7=M_6=\frac{240\times 5+230\times 4+210\times 3+170\times 2+160\times 1}{1+2+3+4+5}\approx 217,$$

……

依次类推计算。

通过加权移动平均计算，当跨越期为 5 时，该企业 11 月份的商品销售量预测值为 261 台。由于这一预测值考虑了实际观测值对预测值的不同影响，因此比简单移动平均法的预测值更准确。

三、指数平滑法

（一）指数平滑法的含义和公式

对于变动趋势具有稳定性或规律性的时间序列，随着时间的推延，一般情况下，最近的过去态势，会延续到最近的未来，所以预测时应将较大的权数放在最近的资料上，在此思想的指导下，指数平滑法应运而生。

指数平滑法是指通过计算指数平滑值，配合时间序列预测模型进行预测的方法。其基本原理是任一期的指数平滑值都是本期实际观测值与前一期指数平滑值的加权值，由于权数由近到远按照指数规律递减，故称为指数平滑法。

简单平均法是对时间数列的过去数据一个不漏地全部加以同等利用；移动平均法则不考虑较远期的数据，并在加权移动平均法中给予近期资料更大的权重，指数平滑法摒弃了简单平均法和加权移动平均法的缺点，不舍弃过去的数据，对时间序列赋予按照指数规律递减的权数，增加了预测的灵活性，适用于短期经济发展预测。

设时间序列实际值为 x_1，x_2，x_3，…，x_n，指数平滑法的基本公式是：

$$S_t=\alpha x_t+(1-\alpha)S_{t-1}(t=1, 2, 3, \cdots, n),\ \hat{y}_{t+1}=S_t$$

式中：S_t是第 t 期的平滑值；

x_t是第 t 期的实际值；

S_{t-1}是第 $t-1$ 期的平滑值；

$\hat{y}_{t+1}$是第 $t+1$ 期的预测值；

α 是平滑系数，取值范围为［0，1］。

（二）指数平滑法的特点

1. 平滑系数 α 的选择

当 $\alpha=1$ 时，$S_t=x_t$；当 $\alpha=0$ 时，$S_t=S_{t-1}$。当 $0\leqslant\alpha\leqslant1$ 时，S_t是x_t和S_{t-1}的加权平均数。平滑系数 α 越接近于 1，远期实际值对预测值的影响程度越小；平滑系数 α 越接近于 0，远期实际值对预测值的影响程度越大。

根据实践经验总结，α 的选择应当遵循以下原则：

当时间序列呈现相对平稳的变化趋势时，可取较小的 α 值，如 0.1～0.3；当时间数列波动较大时，α 应取中间值，如 0.3～0.5；当时间序列具有明显的上升或下降趋势时，α 应取较大值，如 0.6～0.9，加大近期值的影响力。在实际计算中，要选取多个 α 值进行计算并检验误差的大小，选择误差最小的 α 值进行预测。

2. 指数平滑法考虑时间序列的全部数据

因为对所有的时间序列数据进行加权计算，指数平滑法比加权移动平均法更合理。

3. 计算相对简单

尽管指数平滑法进行预测时考虑了所有时间序列数据对预测值的影响，但在实际计算时，却仅需要两个数值，即 x_t和S_{t-1}。利用 Excel 进行计算统计，需要的历史数据不多，为预测带来了很大的方便。

4. 灵活确定初始值

指数平滑值数列的初始值是 S_0，它是第一个指数平滑值，用公式无从计算，只能进行定性估计。一般情况下，如果时间序列的观测期 n 大于 15，初始值对预测值的影响程度较低，可以直接把第一期实际值作为初始值；如果时间序列的观测期 n 小于 15 或者更少，则需要进行简单的计算估计，一般取最初的三个实际值的简单算术平均数作为初始值。

（三）常用指数平滑法

根据指数平滑的次数不同，指数平滑法分为一次指数平滑法、二次指数平滑法和多次指数平滑法。下面举例说明一次指数平滑法和二次指数平滑法的计算步骤。

1. 一次指数平滑法

当时间序列变化趋势较为平稳时，可采用一次指数平滑法进行预测。其预测公式为：

$$S_t^{(1)}=\alpha x_t+(1-\alpha)S_{t-1}{}^{(1)}(t=1,2,3,\cdots,n),\ \hat{y}_{t+1}=S_t^{(1)}$$

式中：$S_t^{(1)}$ 是第 t 期的一次平滑值，上标(1)表示一次指数平滑；

$S_{t-1}{}^{(1)}$ 是第 $t-1$ 期的一次平滑值；

x_t 是第 t 期的实际值；

$\hat{y}_{t+1}$ 是第 $t+1$ 期的预测值；

α 是平滑系数，取值范围为[0，1]。

【例 9－5】 某服装生产企业 2005 年到 2014 年的服装销售额如表 9－7 所示，试用一次指数平滑法预测 2015 年的服装销售额。（α 分别取 0.1、0.6、0.9）（保留到小数点后两位）

表 9－7　某服装生产企业 2005—2014 年服装销售额　（单位：万元）

年份	2005	2006	2007	2008	2009	2010	2011	2012	2013	2014
销售额	400	500	650	700	650	550	600	710	750	700

解： 第一步，确定初始值。

该例中时间序列的期数为 10 期，初始值对预测值的影响较大，取前三期实际值的算术平均数作为初始值。

$$S_0^{(1)}=\frac{400+500+650}{3}\approx 516.67(\text{万元})$$

第二步，选择平滑系数，计算各年一次指数平滑值。

根据题目要求，分别取 $\alpha=0.1$、$\alpha=0.6$、$\alpha=0.9$ 计算各年一次指数平滑值，可以利用 Excel 进行计算。

当 $\alpha=0.1$ 时，$S_1^{(1)}=\alpha x_1+(1-\alpha)S_0^{(1)}=0.1\times400+0.9\times516.67\approx505.00$（万元），

$S_2^{(1)}=\alpha x_2+(1-\alpha)S_1^{(1)}=0.1\times500+0.9\times505.00\approx504.50$（万元），

……

以此类推，当 $\alpha=0.6$、$\alpha=0.9$ 时也按照这一公式进行计算，最后计算值如表 9－8 后三列所示。

表 9－8　一次指数平滑计算表　（单位：万元）

年份	期数 t	销售额 x_t	平滑值 $S_t^{(1)}$ $\alpha=0.1$	平滑值 $S_t^{(1)}$ $\alpha=0.6$	平滑值 $S_t^{(1)}$ $\alpha=0.9$
初始值 $S_0^{(1)}$	—	—	516.67	516.67	516.67
2005	1	400	505.00	446.67	411.67

续前表

年份	期数 t	销售额 x_t	平滑值 $S_t^{(1)}$ $\alpha=0.1$	平滑值 $S_t^{(1)}$ $\alpha=0.6$	平滑值 $S_t^{(1)}$ $\alpha=0.9$
2006	2	500	504.50	478.67	491.17
2007	3	650	519.05	581.47	634.12
2008	4	700	537.15	652.59	693.42
2009	5	650	548.43	651.03	654.34
2010	6	550	548.59	590.41	560.43
2011	7	600	553.73	596.17	596.04
2012	8	710	569.36	664.47	698.60
2013	9	750	587.42	715.79	744.86
2014	10	700	598.68	706.31	704.49

第三步，误差分析，确定平滑系数。

通过计算各平滑系数下平滑值的平均绝对误差或标准差，对不同平滑系数下取得的平滑值进行误差分析，确定应选取进行预测的平滑系数。

$$平均差=\frac{\sum|x_t-S_t^{(1)}|}{n}$$

利用 Excel 计算各平滑系数下平滑值的绝对误差及绝对误差和，如表 9－9 第 5、7、9 列所示。

表 9－9　　误差分析计算表　　（万元）

年份	期数 t	销售额 x_t	$\alpha=0.1$		$\alpha=0.6$		$\alpha=0.9$	
			$S_t^{(1)}$	$\lvert x_t-S_t^{(1)}\rvert$	$S_t^{(1)}$	$\lvert x_t-S_t^{(1)}\rvert$	$S_t^{(1)}$	$\lvert x_t-S_t^{(1)}\rvert$
初始值 $S_0^{(1)}$	—	—	516.67	—	516.67	—	516.67	—
2005	1	400	505.00	105	446.67	46.67	411.67	11.67
2006	2	500	504.50	4.5	478.67	21.33	491.17	8.83
2007	3	650	519.05	130.95	581.47	68.53	634.12	15.88
2008	4	700	537.15	162.85	652.59	47.41	693.42	6.58
2009	5	650	548.43	101.57	651.03	1.03	654.34	4.34
2010	6	550	548.59	1.41	590.41	40.41	560.43	10.43
2011	7	600	553.73	46.27	596.17	3.83	596.04	3.96
2012	8	710	569.36	140.64	664.47	45.53	698.60	11.4
2013	9	750	587.42	162.58	715.79	34.21	744.86	5.14
2014	10	700	598.68	101.32	706.31	6.31	704.49	4.49
合计	—	—	—	957.09	—	315.26	—	82.72

表 9－9 中，$S_t^{(1)}$ 为不同平滑系数下的一次平滑值，$|x_t - S_t^{(1)}|$ 为不同平滑系数下一次平滑值的绝对误差。由表 9－9 可得：

$$\alpha = 0.1 \text{ 时平滑值的平均绝对误差为：} \frac{\sum |x_t - S_t^{(1)}|}{n} = \frac{957.09}{10} = 95.709;$$

$$\alpha = 0.6 \text{ 时平滑值的平均绝对误差为：} \frac{\sum |x_t - S_t^{(1)}|}{n} = \frac{315.26}{10} = 31.526;$$

$$\alpha = 0.9 \text{ 时平滑值的平均绝对误差为：} \frac{\sum |x_t - S_t^{(1)}|}{n} = \frac{82.72}{10} = 8.272。$$

通过比较，$\alpha = 0.9$ 时一次平滑值的平均绝对误差最小，因此选择 $\alpha = 0.9$ 为平滑系数进行预测。

第四步，确定预测值。

根据一次平滑法的预测公式得 2014 年的销售额预测值为：

$$\hat{y}_{11} = S_{10}{}^{(1)} = \alpha x_{10} + (1-\alpha) S_9{}^{(1)} = 0.9 \times 700 + 0.1 \times 744.86 \approx 704.49 \text{（万元）}$$

2. 二次指数平滑法

当时间序列呈现线性变化趋势时，可采用二次指数平滑法进行预测。其计算公式为：

$$S_t^{(1)} = \alpha x_t + (1-\alpha) S_{t-1}^{(1)} \quad (t=1, 2, 3, \cdots, n);$$

$$S_t{}^{(2)} = \alpha S_t^{(1)} + (1-\alpha) S_{t-1}^{(2)} \quad (t=1, 2, 3, \cdots, n)。$$

式中：$S_t^{(1)}$ 是第 t 期的一次指数平滑值；

$S_{t-1}{}^{(1)}$ 是第 $t-1$ 期的一次指数平滑值；

x_t 是第 t 期的实际值；

$S_t{}^{(2)}$ 是第 t 期的二次指数平滑值；

$S_{t-1}{}^{(2)}$ 是第 $t-1$ 期的二次指数平滑值；

α 是平滑系数，取值范围为 $[0, 1]$。

二次指数平滑法的预测模型为：

$$\begin{cases} \hat{y}_{t+T} = a_t + b_t T \\ a_t = 2S_t^{(1)} - S_t{}^{(2)} \\ b_t = \dfrac{\alpha}{1-\alpha} (S_t^{(1)} - S_t^{(2)}) \end{cases}$$

式中：$\hat{y}_{t+T}$ 是第 $t+T$ 期的预测值；

t 是期数；

T 是由第 t 期到预测期的间隔期数；

a_t，b_t 是第 t 期预测模型参数。

【例 9－6】　利用【例 9－5】中的数据，取 $\alpha = 0.9$，试用二次指数平滑法预测 2015 年该企业的服装销售额（保留到小数点后两位）。

解： 第一步到第四步类似于【例 9－5】；

第五步，计算二次平滑值和二次平滑预测模型的参数 a_t，b_t，如表 9－10 后三列所示。

表 9-10　　$\alpha=0.9$ 时的二次指数平滑计算表　　（万元）

年份	期数 t	销售额	一次平滑值 $S_t^{(1)}$	二次平滑值 $S_t^{(2)}$	a_t	b_t
初始值 $S_1^{(1)}$	—	—	516.67	516.67	—	—
2005	1	400	411.67	422.17	401.17	−94.5
2006	2	500	491.17	484.27	498.07	62.1
2007	3	650	634.12	619.14	649.12	134.87
2008	4	700	693.42	685.99	700.85	66.86
2009	5	650	654.34	657.51	651.18	−28.49
2010	6	550	560.43	570.14	550.73	−87.37
2011	7	600	596.04	593.45	598.64	23.31
2012	8	710	698.60	688.08	709.12	94.64
2013	9	750	744.86	739.18	750.54	51.10
2014	10	700	704.49	707.96	701.02	31.22

初始值 $S_1^{(2)}=516.67$（万元），

$S_2^{(2)}=\alpha S_2^{(1)}+(1-\alpha)S_1^{(2)}=0.9\times411.67+0.1\times516.67=422.17$（万元），

$S_3^{(2)}=\alpha S_3^{(1)}+(1-\alpha)S_2^{(2)}=0.9\times491.17+0.1\times422.17=484.27$（万元），

……

以此类推，算出二次平滑值如第 5 列所示。

$a_1=2S_1^{(1)}-S_1^{(2)}=2\times411.67-422.17=401.17$，

$a_2=2S_2^{(1)}-S_2^{(2)}=2\times491.17-484.27=498.07$，

……

以此类推，算出 a_t 的值如第 6 列所示。

$$b_1=\frac{\alpha}{1-\alpha}(S_1^{(1)}-S_1^{(2)})=\frac{0.9}{1-0.9}(411.67-422.17)=-94.5,$$

$$b_2=\frac{\alpha}{1-\alpha}(S_2^{(1)}-S_2^{(2)})=\frac{0.9}{1-0.9}(491.17-484.27)=62.1,$$

……

以此类推，算出 b_t 的值如第 6 列所示。

第六步，建立二次指数平滑预测模型，并进行预测。

由于 $T=2011-2009=2$，则预测模型为 $\hat{y}_{t+2}=a_t+2b_t$。

采取时间序列最末期的参数 a_t，b_t 的估计值，代入预测模型，预测 2015 年该企业服装销售额为：$\hat{y}_{10+2}=a_{10}+2b_{10}=701.02+2\times31.22=763.46$（万元）。

四、趋势外推法

趋势外推法（Trend extrapolation）是指根据时间序列的发展趋势，建立一定的数学模型，以时间的延伸推断未来的一种预测方法。趋势外推法假设现象未来的发展趋势是过去和现在连续发展的结果，因此，趋势外推法常运用于长期趋势预测。趋势外推法按照时间序列呈现的不同趋势形态，分为直线趋势外推法和曲线趋势外推法。趋势外推法所应用的函数模型很多，常用的有线性函数、抛物线函数、指数函数、双曲线函数等，下面仅介绍直线趋势外推法和曲线趋势外推法。

（一）直线趋势外推法

1. 直线趋势外推法的含义和模型

如果时间序列数据随时间变化的规律近似为一条直线，就可以拟合直线方程作为预测模型进行预测，这种类型的趋势外推法称为直线趋势外推法，又称直线趋势预测法、线性趋势预测法，这种方法的关键是求出直线趋势模型，利用直线趋势的延伸求得预测值。

它的预测模型是：

$$\hat{y}_t = a + bt$$

式中：t 是时间变量；

$\hat{y}_t$ 是时间为 t 时变量 y 的预测值；

a、b 是模型参数。

2. 直线趋势外推法的实施步骤

（1）利用已知时间序列数据绘制散点图，确定时间序列是否具有直线趋势。

（2）建立直线趋势模型，用最小二乘法确定模型参数。参数 a、b 的计算公式如下：

$$a = \frac{\sum y - b\sum t}{n},\quad b = \frac{n\sum ty - \sum t\sum y}{n\sum t^2 - (\sum t)^2}$$

式中：y 是时间序列的观测值；

t 是时间序号变量；

n 是时间序列期数。

为了计算方便，我们通常可以通过使 $\sum t = 0$，把参数 a、b 的计算公式简化为：

$$a = \frac{\sum y}{n},\quad b = \frac{\sum ty}{\sum t^2};$$

要得到简化的计算公式，使 $\sum t = 0$，必须采取以下方法对时间序号进行编号。

1）当时间序列的项数为奇数时，取中间项的时间序号 $t=0$，中间项之前的时间序号由近及远取 -1，-2，-3，…，中间项之后的时间序号由近及远取 1，2，3，…，这样 $\sum t = 0$。

2）当时间序列的项数为偶数时，取中间两项时间序号为一对相反数，如可取 -1 和 1，这两项前后各项取对应相反数，例如对时间序列中间项前半部分取 -1，-3，-5，…，时间序列中间项后半部分取 1，3，5，…，这样 $\sum t = 0$。

3）注意对时间序号赋值时，时间序列连续两项之间的时间序号间隔相等。

（3）利用建立的直线趋势模型，随着时间的推移，确定预测值。

【例 9-7】 某社区物业公司自 2001 年成立以来到 2009 年已 9 个年头，每年营业额情况如表 9-11 所示，试用直线趋势外推法预测该物业公司 2010 年和 2011 年的营业额（计算过程取小数点后两位）。

表 9-11 某物业公司 2001—2009 年的营业额状况 （单位：万元）

年份	2001	2002	2003	2004	2005	2006	2007	2008	2009
营业额	80	100	200	280	350	380	450	500	550

解：第一步，利用已有时间序列数据通过 Excel 绘制散点图，如图 9-1 所示。由图 9-1 可以看出，时间序列数据随时间变化呈现直线变化趋势，可以采用直线趋势外推法进行预测。

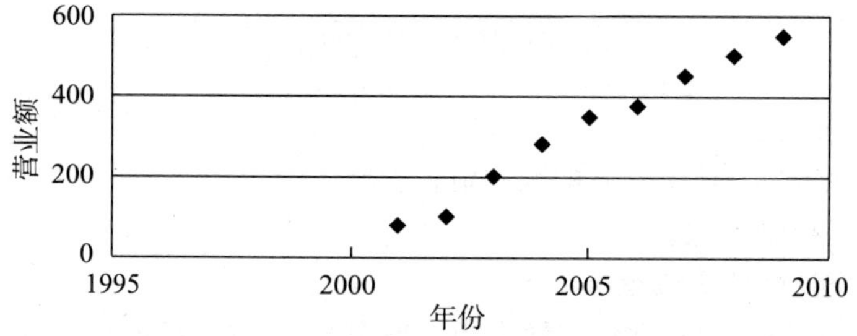

图 9-1 某物业公司 2001—2009 营业额散点图（单位：万元）

第二步，设直线预测模型为 $\hat{y}_t = a + bt$，确定参数 a、b。

按照最小二乘法计算参数 a、b。本时间序列的项数是 9，为了使计算简便，取中间项的时间序列号 $t=0$，中间项之前的时间序号由近及远取 -1，-2，-3，-4，中间项之后的时间序号由近及远取 1，2，3，4，使 $\sum t = 0$，则计算 t^2、ty、$\sum t^2$、$\sum ty$、$\sum y$ 等，如表 9-12 所示。

表 9-12 直线预测模型参数计算表

年份	营业额（万元）y	时间序号 t	t^2	ty
2001	80	−4	16	−320
2002	100	−3	9	−300
2003	200	−2	4	−400
2004	280	−1	1	−280
2005	350	0	0	0
2006	380	1	1	380
2007	450	2	4	900
2008	500	3	9	1 500
2009	550	4	16	2 200
合计	2 890	0	60	3 680

将有关数据代入参数简化公式，可得：

$$a=\frac{\sum y}{n}=\frac{2\ 890}{9}\approx 321.11,\ b=\frac{\sum ty}{\sum t^2}=\frac{3\ 680}{60}\approx 61.33;$$

那么，直线预测模型为：$\hat{y}_t=a+bt=321.11+61.33t$。

第三步，根据直线预测模型，将时间外推到2010年和2011年，求预测值。由第二步的简化规则可知，2010年的时间序号为$t=5$，2011年的时间序号为$t=6$。

2010年的营业额预测值为$\hat{y}_5=321.11+61.33\times5=627.76$（万元），

2011年的营业额预测值为$\hat{y}_6=321.11+61.33\times6=689.09$（万元）。

（二）曲线趋势外推法

1. 曲线趋势外推法的含义

市场经济中的现象随时受到多种因素的影响，因此，经济现象随时间变化的规律并不总是呈现线性规律，市场现象由于受到政策性因素、消费者心理因素、季节性因素等多种因素的影响，其时间序列有时会呈现出不同形状的曲线变动趋势。在这种情况下，就需要建立曲线模型，然后对时间进行延伸，确定预测值。

曲线趋势外推法是指根据时间序列所呈现的曲线趋势，建立曲线趋势预测模型，随着时间的推移进行趋势预测的预测方法。由于市场影响因素的多种多样，使得曲线模型也多种多样，主要有二次曲线、三次曲线和指数曲线等。下面我们着重介绍二次曲线趋势外推法。

2. 二次曲线趋势外推法的预测模型和预测步骤

二次曲线趋势外推法的预测模型类似于抛物线方程，它的预测模型是：

$$\hat{y}_t=a+bt+ct^2$$

式中：$\hat{y}_t$ 是时间序列的预测值；

t 是时间序号变量；

n 是时间序列期数。

式中的a、b、c三个参数同样可以利用最小二乘法进行计算，根据直线趋势模型计算的简化原理，使$\sum t=0$，$\sum t^3=0$，可得计算参数的简化公式如下：

$$a=\frac{\sum y\sum t^4-\sum t^2\sum t^2y}{n\sum t^4-\left(\sum t^2\right)^2}$$

$$b=\frac{\sum ty}{\sum t^2}$$

$$c=\frac{n\sum t^2y-\sum y\sum t^2}{n\sum t^4-\left(\sum t^2\right)^2}$$

二次曲线趋势外推法的预测步骤类似于直线趋势外推法，下面以实例说明。

【例9-8】 雪花啤酒厂2000年到2008年的销售额如表9-13所示，试用曲线趋势外推法预测 2009 年的啤酒销售额（计算过程取小数点后两位）。

表 9-13　　雪花啤酒厂 2000—2008 年的销售额情况表　　（单位：万元）

年份	2000	2001	2002	2003	2004	2005	2006	2007	2008
销售额	450	500	620	680	750	710	680	640	600

解：第一步，通过 Excel 根据已有时间序列数据绘制散点图，如图 9-2 所示。由图 9-2 可以看出，时间序列数据随时间变化呈现类似于抛物线的变化趋势，可以采用二次曲线趋势外推法进行预测。

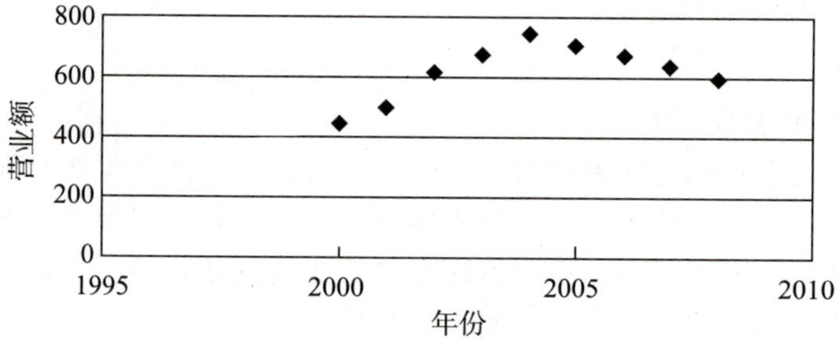

图 9-2　啤酒厂 2000—2008 销售额散点图（单位：万元）

第二步，设二次曲线趋势预测模型为 $\hat{y}_t=a+bt+ct^2$，确定参数 a、b、c。

按照最小二乘法计算参数 a、b、c。本时间序列的项数是 9，为了使计算简便，取中间项的时间序号 $t=0$，中间项之前的时间序号由近及远取 -1，-2，-3，-4，中间项之后的时间序号由近及远取 1，2，3，4，使 $\sum t=0$，$\sum t^3=0$，则计算 $\sum y$、$\sum t^2$、$\sum ty$、$\sum t^4$、$\sum t^2 y$ 等数据，如表 9-14 所示。

表 9-14　　二次曲线预测模型参数计算表

年份	销售额（万元）y	时间序号 t	t^2	t^4	ty	t^2y
2000	450	−4	16	256	−1 800	7 200
2001	500	−3	9	81	−1 500	4 500
2002	620	−2	4	16	−1 240	2 480
2003	680	−1	1	1	−680	680
2004	750	0	0	0	0	0
2005	710	1	1	1	710	710
2006	680	2	4	16	1 360	2 720
2007	640	3	9	81	1 920	5 760
2008	600	4	16	256	2 400	9 600
合计	5 630	0	60	708	1 170	33 650

将有关数据代入参数简化公式，可得：

$$a=\frac{\sum y\sum t^4-\sum t^2\sum t^2 y}{n\sum t^4-\left(\sum t^2\right)^2}=\frac{5\ 630\times 708-60\times 33\ 650}{9\times 708-60^2}\approx 709.61$$

$$b=\frac{\sum ty}{\sum t^2}=\frac{1170}{60}=19.5$$

$$c=\frac{n\sum t^2 y-\sum y\sum t^2}{n\sum t^4-\left(\sum t^2\right)^2}=\frac{9\times 33\ 650-5\ 630\times 60}{9\times 708-60^2}\approx -12.61$$

那么，二次曲线趋势预测模型为：$\hat{y}_t=709.61+19.5t-12.61t^2$。

第三步，根据二次曲线预测模型，将时间外推到 2009 年求预测值。由第二步的简化规则可知，2009 年的时间序号为 $t=5$。

2009 年的销售额预测值为 $\hat{y}_5=709.61+19.5\times 5-12.61\times 5^2=491.86$（万元）。

五、季节指数预测法

（一）季节指数预测法的含义

在社会经济研究中，有些现象由于自然条件、生产条件和生活习惯等因素的影响，随着季节的转变而呈现出周期性变动。我们把这种跟随季节变动呈现周期变动的现象称为季节变动，季节变动的周期通常为 1 年。季节变动的特点表现为逐年同月（或季）有相同的变化方向和大致相同的变化幅度，且变化幅度不大。

季节指数预测法是指利用季节变动的规律性，根据预测变量按月或按季编制的时间数列资料，测定反映季节变动规律的季节指数，并以此为依据进行短期预测的方法，季节指数预测法又称季节周期法、季节指数法、季节变动趋势预测法。

（二）采用季节指数预测法的条件

（1）时间序列数据必须按照季度或月份来搜集。

（2）必须具有三年以上的历史资料才能采用季节指数预测法。

（三）季节指数预测法的分类和预测模型

季节指数预测法应用的关键在于季节指数的确定，根据是否考虑长期趋势对时间序列的影响，季节指数的计算方法也不同，可分为不考虑长期趋势的季节指数法和考虑长期趋势的季节指数法。

1. 不考虑长期趋势的季节指数法

这种类型的季节指数法是假定预测对象的时间序列不受长期趋势的影响，呈现明显的季节变动，计算季节指数的方法是直接平均季节指数法，它的预测模型是：

$$f_i=A_i\div B\times 100\%,\quad \hat{y}_i=x_i\times f_i$$

式中：f_i是季节指数；

A_i是观测期内各季观测值的平均数；

B 是观测期数据的总平均数；

x_i是预测季的趋势值；

$\hat{y}_i$ 是预测期的预测值。

不考虑长期趋势是指时间序列的变化趋势没有明显的长期变动趋势的影响，可以假设长期趋势不存在，用直接平均季节指数法计算季节指数进行预测。

【例 9 - 9】 某空调生产企业 2006 年到 2009 年各季度的空调销售量如表 9 - 15 所示，试用季节指数法预测 2010 年各季度的销售量（计算结果取小数点后两位）。

表 9 - 15　某空调生产企业 2006—2009 年各季度销售量表　（单位：万台）

销售量年份	季度			
	第一季度	第二季度	第三季度	第四季度
2006 年	20	60	30	70
2007 年	30	75	40	80
2008 年	35	80	40	85
2009 年	40	95	50	90

解：第一步，将表 9 - 15 数据按照时间先后顺序排成一列输入 Excel 表格，作曲线图如图 9 - 3 所示，观察该时间序列的趋势变动。根据图 9 - 3 可以看出，该时间序列具有明显的季节变动趋势，且受长期趋势的影响不大，属于不考虑长期趋势的季节指数计算，我们可以采用直接平均法计算季节指数。

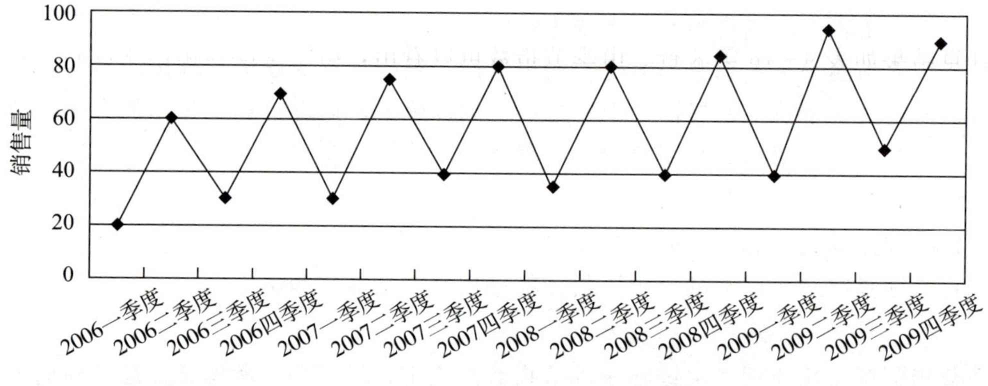

图 9 - 3　某空调企业 2006—2009 年销售量散点图（单位：万台）

第二步，计算季节指数，需要先计算 A_i——观测期内各季观测值的平均数和 B——观测期数据的总平均数，用 Excel 进行计算，如表 9 - 16 所示。

表 9 - 16　不考虑长期趋势的季节指数计算表　（单位：万台）

年份	一季度	二季度	三季度	四季度	同年季平均 x_i
2006	20	60	30	70	45
2007	30	75	40	80	56.25
2008	35	80	40	85	60
2009	40	95	50	90	68.75

续前表

年份	一季度	二季度	三季度	四季度	同年季平均 x_i
各季平均数 A_i	31.25	77.5	40	81.25	—
总平均数 B	—	—	—	—	57.5
季节指数 f_i（%）	54.35%	134.78%	69.57%	141.30%	—
2009 年各季预测值 $\hat{y}_t$（万台）	37.37	92.66	47.83	97.14	—

其中，各季观测值的平均数 A_i 为：

$A_1=\dfrac{20+30+35+40}{4}=31.25$，$A_2=\dfrac{60+75+80+95}{4}=77.5$，…，计算结果如表 9－16 第 6 行。

观测期的总平均数 B 为四年 16 个季度的平均数为 57.5。计算结果如表 9－16 第 7 行。

$$季节指数\ f_i=\frac{A_i}{B}\times100\%,$$

$$f_1=\frac{A_1}{B}\times100\%=\frac{31.25}{57.5}\times100\%=54.35\%,$$

$$f_2=\frac{A_2}{B}\times100\%=\frac{77.5}{57.5}\times100\%=134.78\%,$$

……

计算结果如表 9－16 第 8 行。由季节指数可以看出，第二季度和第四季度是空调销售的旺季，第一季度和第三季度是淡季。

第三步，根据所得季节指数，对 2010 年空调各季度的销售量进行预测，预测模型是：

$$\hat{y}_i=x_i\times f_i$$

其中，x_i 是预测季的趋势值。由于该例只包含季节变动，不受长期趋势的影响，因此，取时间序列最末年 2009 年的各季平均值 68.75 万台作为 2010 年各季预测的趋势值。如表 9－16 最后一列所示。

$$x_1=\frac{20+60+30+70}{4}=45,\ x_2=\frac{30+75+40+80}{4}=56.25,$$

……

那么，2010 年该企业各季销售量的预测值为：

$$\hat{y}_1=x_4\times f_1=68.75\times54.35\%=37.37\ (万台),$$

$$\hat{y}_2=x_4\times f_2=68.75\times134.78\%=92.66\ (万台),$$

$$\hat{y}_3=x_4\times f_3=68.75\times69.57\%=47.83\ (万台),$$

$$\hat{y}_4=x_4\times f_4=68.75\times141.30\%=97.14\ (万台)。$$

2. 考虑长期趋势的季节指数法

考虑长期趋势的季节指数法是将长期变动趋势与季节变动趋势综合起来进行预测的方

法，它的基本思想是将长期趋势预测模型和季节指数分别进行计算，之后再将两个因素相结合进行预测。长期趋势的预测可以采用移动平均法、指数平滑法或趋势外推法。基本预测模型为：

$$\hat{y}_t = T_t S_i$$

式中：$\hat{y}_t$ 是预测值；

t 是时间序列的时期数；

T_t 是长期趋势模型；

S_i 是第 i 季的平均季节指数。

需要注意的是，季节指数用百分比来表示，由于计算周期不一定，季节指数的计算方法也不同。计算周期可能是天，也可能是周、月或季度。如果以天为计算周期，一周七天的季节指数之和为 700%；如果以月为计算周期，一年 12 个月的季节指数之和为 1 200%；若以季为周期，一年四季的季节指数之和为 400%。如果计算时，由于存在误差使季节指数之和不等于相应的标准，应当用比例法将其调整为标准形式。

在市场经济中，季节性商品的销售量变化往往也受长期趋势的影响，因此，包含季节变动的预测更多的情况要考虑长期趋势的影响，我们这里只介绍受直线趋势影响的季节变动，采用直线趋势比率平均法。直线趋势模型的计算采用趋势外推法。直线趋势比率平均法的预测模型是：

$$\hat{y}_t = T_t S_i, \quad S_i = \frac{y_t}{T_t}$$

式中：$\hat{y}_t$ 是预测值；

t 是时间序列的时间期数；

T_t 是直线趋势方程；

S_i 是第 i 季的平均季节指数。

【例 9-10】 某雪糕生产企业 2006 年到 2009 的销售额如表 9-17 所示，试用直线趋势比率平均法预测 2010 年第一季度和第二季度的雪糕销售额（计算结果保留 2 位小数）。

表 9-17　　雪糕生产企业 2006—2009 年销售额表　　（单位：万元）

年份销售额	季度			
	第一季度	第二季度	第三季度	第四季度
2006 年	5	9	13	8
2007 年	12	18	22	14
2008 年	16	24	28	16
2009 年	20	30	35	20

第一步，将表 9-17 数据按照时间先后顺序排成一列输入 Excel 表格，作曲线图如图 9-4 所示，观察该时间序列的趋势变动。

根据图 9-4 可以看出，该时间序列具有明显的季节变动趋势，且受到明显长期线性变动趋势的影响，属于考虑长期趋势的季节指数计算，我们可以采用直线趋势比率平均法计算季节指数。设预测模型为 $\hat{y}_t = T_t S_i$。

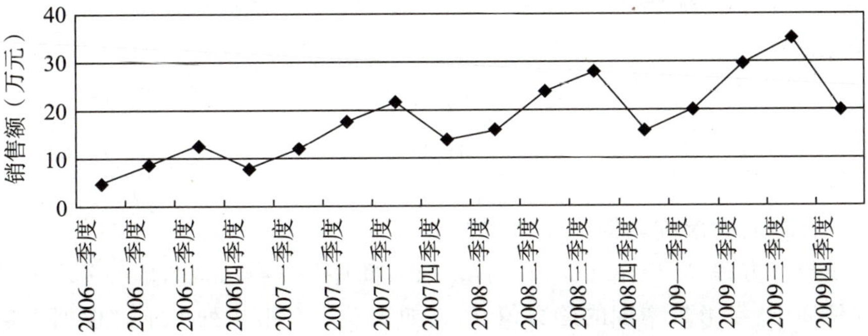

图 9－4　雪糕企业 2006—2009 年销售额散点图（单位：万元）

第二步，确定长期直线趋势 T_t。

由于已有时间序列呈现的线性趋势不明显，因此需要加权移动使时间序列更为平滑。这里我们先采用跨越期为 3 的加权移动平均法，移动平均之后，再利用直线趋势外推法，确定直线长期趋势 T_t。设直线趋势方程为 $T_t = a + bt$，根据最小二乘法，计算出 t^2、ty、$\sum t^2$、$\sum ty$、$\sum y$ 等数据。具体计算数据如表 9－18 所示，具体步骤从略。

$$计算得\ a = \frac{\sum y}{n} = \frac{265.48}{14} = 18.96，b = \frac{\sum ty}{\sum t^2} = \frac{355.57}{280} = 1.27，$$

代入直线趋势方程得 $T_t = 18.96 + 1.27t$。

表 9－18　　直线趋势外推法计算表　　（单位：万元）

季度	销售额实际值 y_t	实际值 y_t（$n=3$）	时间序号 t	t^2	ty
2006 年第一季度	5				
2006 年第二季度	9				
2006 年第三季度	13	10.33	−7	49	−72.31
2006 年第四季度	8	9.83	−6	36	−58.98
2007 年第一季度	12	10.83	−5	25	−54.15
2007 年第二季度	18	14.33	−4	16	−57.32
2007 年第三季度	22	19	−3	9	−57
2007 年第四季度	14	17.33	−2	4	−34.66
2008 年第一季度	16	16.33	−1	1	−16.33
2008 年第二季度	24	19.67	1	1	19.67
2008 年第三季度	28	24.67	2	4	49.34
2008 年第四季度	16	21.33	3	9	63.99
2009 年第一季度	20	20	4	16	80
2009 年第二季度	30	24.33	5	25	121.65

续前表

季度	销售额实际值 y_t	实际值 y_t $(n=3)$	时间序号 t	t^2	ty
2009 年第三季度	35	30.83	6	36	184.98
2009 年第四季度	20	26.67	7	49	186.69
合计	—	265.48	0	280	355.57

第三步，计算时间序列各期的季节指数 F_t。

根据直线趋势方程 $T_t=18.96+1.27t$，取时间序号 $t=1, 2, 3, \cdots, 18$，得到 2006 年第一季度到 2010 年第二季度的趋势值 T_t，如表 9-19 第 4 列所示，根据雪糕销售额的实际值与趋势值，计算时间序列各期的季节指数 $F_t=y_t/T_t$，如表 9-19 第五列所示。

表 9-19　　直线趋势外推法计算表　　（单位：万元）

季度	销售额实际值 y_t	时间序号 t	趋势值 T_t	季节指数 F_t
2006 年第一季度	5	1	20.23	0.25
2006 年第二季度	9	2	21.5	0.42
2006 年第三季度	13	3	22.77	0.57
2006 年第四季度	8	4	24.04	0.33
2007 年第一季度	12	5	25.31	0.47
2007 年第二季度	18	6	26.58	0.68
2007 年第三季度	22	7	27.85	0.79
2007 年第四季度	14	8	29.12	0.48
2008 年第一季度	16	9	30.39	0.53
2008 年第二季度	24	10	31.66	0.76
2008 年第三季度	28	11	32.93	0.85
2008 年第四季度	16	12	34.2	0.47
2009 年第一季度	20	13	35.47	0.56
2009 年第二季度	30	14	36.74	0.82
2009 年第三季度	35	15	38.01	0.92
2009 年第四季度	20	16	39.28	0.51
2010 年第一季度	—	17	40.55	—
2010 年第二季度	—	18	41.82	—

第四步，计算平均季节指数。计算公式是：$S_i=\frac{n\text{ 年第 } i \text{ 季度的季指和}}{n}$。

根据该公式，计算 2006 年到 2009 年 4 年每个季度的平均季节指数，如表 9-20 所示。

$$S_1=\frac{0.25+0.48+0.52+0.56}{4}=0.452\ 5$$，…，依次类推计算。

2010 年第一、第二季度趋势值 T_t 已根据直线趋势方程在第三步中求出，见表 9－18。

第五步，确定预测值。根据预测模型 $\hat{y}_t=T_tS_i$ 确定 2010 年第一季度和第二季度的预测值，如表 9－20 最后一行所示。

2010 年第一季度销售额预测值 $\hat{y}_{17}=T_{17}S_1=40.55\times0.452\ 5\approx18.35$（万元），

2010 年第二季度销售额预测值 $\hat{y}_{18}=T_{18}S_2=41.82\times0.67\approx28.02$（万元）。

表 9－20　　平均季节指数和预测值计算表　　（单位：万元）

季节指数年份	季度			
	第一季度	第二季度	第三季度	第四季度
2006 年	0.25	0.42	0.57	0.33
2007 年	0.47	0.68	0.79	0.48
2008 年	0.53	0.76	0.85	0.47
2009 年	0.56	0.82	0.92	0.51
平均季节指数 S_i	0.452 5	0.67	0.782 5	0.447 5
2010 年各季趋势值 T_t	40.55	41.82	—	—
2010 年各季预测值 $\hat{y}_t$	18.35	28.02	—	—

任务二　了解回归分析预测法及其应用

一、相关分析和回归分析

（一）相关分析

1. 相关关系

（1）相关关系的含义。

在现实世界中，任何事物与现象都不是孤立的，总是与其他事物或现象发生这样那样的联系。当某些现象发生变化时，另一现象也随之发生变化。例如，商品价格的变化会刺激商品销售量的变化；劳动力素质的提高会影响企业的效益；居民收入的降低会影响消费者的购买力等。

在自然科学研究中，现象间的关系是一一确定的关系，即函数关系，可以用一个确定的函数关系式表示。例如，某种股票的成交额 y 与该股票的成交量 x、成交价格 p 之间的关系可以用 $y=px$ 来表示，如果一个时期，股票的成交价格固定，那么根据函数关系式，x 每变动一个值，y 就有一个确定的值与其对应。

在社会经济研究中，现象间的关系并不一定是函数关系，现象之间存在的、数量上不具有严格确定性的关系称为相关关系。例如，广告的投入与销售量之间有着密切的关系，但是广告投入与销售量之间没有确定的数量对应关系，因为影响销售量的因素除了广告投入之外，还有价格、产品质量、顾客偏好及其他偶然因素，一个时期销售量的增长不能全部归因为广告投入的增加。

（2）相关关系的特点。

1）现象之间确实存在着数量上的依存关系。即一个现象发生数量上的变化，另一个现象也会相应地发生数量上的变化。

2）现象间的数量依存关系是不确定的。如果一个现象发生数量上的变化，另一个现象会有几个可能值与之对应，而不是唯一确定的值。

3）相关关系中包含因果关系。因果关系指某一现象或若干现象的变化是引起另一现象变化的原因，另一个现象的变化是前一个现象变化的结果。如资金投入与产值之间，前者为因，后者是果。因果关系表明原因现象和结果现象之间具有较强的相关关系，因此，因果关系属于相关关系。

2. 相关分析的含义

相关分析就是研究现象之间是否存在依存关系，并探讨具有依存关系的现象间的相关程度的一种统计方法。

两个现象间的相关程度用相关系数 r 来描述，进行相关分析，首先要对相关系数进行分析，以确定现象间的相关程度。

3. 相关系数的取值

相关系数 r 的取值在 -1 和 1 之间，$r=1$ 时称现象间完全正相关，$r=-1$ 时称现象间完全负相关，当 $r=0$ 时，说明 X 和 Y 两个现象之间无相关关系。

r 的取值在 0 和 1 之间时，表示两个现象之间呈正相关，散点图是斜向上的，这时一个变量增加，另一个变量也随之增加；r 取值在 -1 和 0 之间时，两个现象之间呈负相关，散点图是斜向下的，此时一个变量增加，另一个变量将随之减少。

$|r|$ 越接近 1，两现象的相关程度越强，$|r|$ 越接近 0，两现象的相关程度越弱。通常 $|r|$ 大于 0.75 时，认为两个现象有很强的相关关系。

（二）回归分析

在社会经济研究中，为了更准确地确定变量之间的关系，仅仅进行相关分析是不够的。相关分析只研究现象之间是否相关、相关的方向和密切程度，一般不区分自变量和因变量，而如果要分析现象之间相关的具体形式，确定其因果关系，并用数学模型来表现其具体关系，就需要进行回归分析。

回归分析是指通过规定因变量和自变量，建立回归模型，根据实测数据求解模型参数，评价回归模型拟合优度，最后依据回归模型确定变量间的因果关系并进行预测的分析方法。

例如，如果要研究“产品质量”和“用户满意度”之间的因果关系，从实践意义上讲，产品质量会影响用户的满意情况，因此设用户满意度为因变量，记为 Y；质量为自变量，记为 X。可以建立线性方程为 $y=a+bx+e$，式中：a 和 b 为待定参数，a 为回归直线的截距；b 为回归直线的斜率，表示 x 变化一个单位时，y 的平均变化情况；e 为随机误差。

（三）相关分析与回归分析的区别和联系

二者的区别是：

（1）相关分析只观察变量间相关的方向和密切程度，不研究两变量间相关的具体形式。回归分析主要分析自变量与因变量之间的因果关系，并可根据回归方程用自变量的数值推算因变量的估计值。

（2）相关分析中的两变量是随机变量，不区分自变量和因变量；回归分析中的两变量区分自变量和因变量，且因变量是随机变量，自变量是给定量。

二者的联系是：回归分析以相关分析为基础，是相关分析的延伸；回归分析是相关分析的深入研究，能够更进一步说明变量间的数量关系。

二、回归分析预测法的含义、类型和操作步骤

（一）回归分析预测法的含义

回归分析预测法是指在相关分析的基础上，建立回归方程，利用回归模型和已知变量预测另一个变量的市场预测方法。回归分析能够找到变量间的因果关系进行分析预测，因此在市场调查与预测中具有重要的地位，在对市场现象未来发展状况和发展水平进行预测时，如果能确定影响市场预测对象的主要因素，并获得其数据资料时，就可以采用回归分析预测法进行预测。

（二）回归分析预测法的类型

回归分析预测法依据回归分析中自变量的个数不同，可分为一元回归分析预测法、二元回归分析预测法及多元回归分析预测法。在一元回归分析预测法中，自变量只有一个；二元回归分析预测法中，自变量有两个；而在多元回归分析预测法中，自变量有两个以上甚至多个。

回归分析预测法依据自变量和因变量之间是否存在线性关系，可分为线性回归分析预测法和非线性回归分析预测法。线性回归预测分析中，变量间的关系表现为直线型，非线性回归预测分析中，变量间的关系表现为曲线型。

（三）回归分析预测法的操作步骤

1. 明确预测目标，确定因变量与自变量

根据预测的问题，明确预测的具体目标，是采用预测方法的前提。明确预测目标之后，因变量就确定了，因变量就是预测目标。例如要预测下一年度某品牌汽车的销售量，则销售量 y 就是因变量。

自变量的确定需要通过认真的定性分析，要结合历史和现实资料，并参考预测人员的经验和知识，最终确定与因变量关系最密切的变量为自变量。

2. 进行相关分析，确定相关方向和相关程度

回归分析是以相关分析为基础的，只有具有相关关系且相关程度较高的两个变量，才有进行回归分析的可能性。因此，进行回归分析之前，分析自变量与因变量之间的相关方向和相关程度，是必要步骤。

(1) 分析自变量与因变量的相关方向。

采取绘制散点图的方法，即将自变量与因变量的数值在坐标系中的相应位置描点绘图，根据这些点所呈现的趋势，判断自变量与因变量之间的相关方向是正相关还是负相关、是线性相关还是非线性相关，从而为回归模型的建立提供依据。

(2) 分析自变量与因变量的相关程度。

采用计算相关系数的方法，相关系数的计算公式是：

$$r=\frac{n\sum xy-\sum x\sum y}{\sqrt{n\sum x^{2}-(\sum x)^{2}}\sqrt{n\sum y^{2}-(\sum y)^{2}}}$$

式中：r 是相关系数；

x 是自变量的值；

y 是因变量的值；

$\bar{x}$ 是自变量的平均数；

$\bar{y}$ 是因变量的平均数。

3. 建立回归预测模型

依据自变量和因变量的相关关系，建立两者的相关关系式，即回归方程，并利用历史统计资料，确定回归方程的参数，最终确定回归分析预测模型。线性回归的一般预测模型为：

$$y=a+b_1x_1+b_2x_2+\cdots+b_nx_n$$

较常用的是一元线性回归预测模型：$y=a+bx$。其他线性回归模型称为多元线性回归模型。当变量间的关系呈现非线性关系时，则需要建立非线性回归方程，如抛物线回归方程。回归方程的参数通常使用最小二乘法计算求得。

4. 回归预测模型的检验

回归预测模型的建立是为了准确地预测，因此预测之前必须对回归方程的拟合优度和回归参数的显著性进行检验，只有达到要求的回归方程才能应用于预测。常用的检验方法有回归系数检验（相关系数越大，拟合优度越好）、F 检验和 T 检验等。

5. 确定预测值

利用通过检验的回归预测模型计算预测值，并对预测值进行综合分析，确定最后的预测值。预测值的确定通常分为两种情况，一种称为点预测，即所求得的预测值是一个数值；另一种称为区间预测，预测所得的结果是一个区间范围。

三、一元线性回归分析预测法

（一）一元线性回归分析预测法的含义和公式

当影响预测目标因变量的众多自变量中，有一个最基本的并起到决定性作用的因素时，可以采用一元回归分析，如果此时自变量与因变量之间呈现线性关系，就可以运用一元线性回归分析预测法进行预测。一元线性回归分析的预测模型是：

$$y = a + bx$$

式中：x 是自变量；

y 是因变量；

a、b 是待定参数；

b 称为回归系数，表示 x 每增加一个单位时，y 平均增加的数量。

a、b 用最小二乘法求得，公式为：

$$a = \frac{\sum y - b\sum x}{n},\quad b = \frac{n\sum xy - \sum x \sum y}{n\sum x^2 - (\sum x)^2}$$

（二）一元线性回归分析预测法的步骤

【例 9－11】 某地区 1999 年到 2008 年的居民收入总额与商品年销售总额如表 9－21 所示，已知 2009 年居民收入总额为 210（单位：百万元），试用回归分析预测法预测 2009 年的商品销售总额（计算结果保留小数点后两位）。

表 9－21　某地区 1999—2008 年居民收入总额与商品销售总额表　（单位：百万元）

年份	1999	2000	2001	2002	2003	2004	2005	2006	2007	2008
居民收入 x	80	88	95	100	115	123	130	145	155	168
销售总额 y	55	60	70	73	85	90	98	110	120	130

解：第一步：明确预测目标，确定因变量与自变量。

根据问题，本题的预测目标是 2009 年的商品销售总额，因此商品销售总额就是因变量。每年居民收入总额是决定消费者购买力的关键性因素，居民收入总额与年商品销售量有相关关系，并且居民收入的多少对销售总额的多少有很大的影响。因此，把居民收入总额作为自变量。

第二步：进行相关分析，确定相关方向和相关程度。

将居民收入总额与年销售总额的数值在坐标系中的相应位置描点绘制散点图，如图 9－5 所示，从散点图上可以看出，居民收入总额与销售总额之间呈现线性变化关系。可以利用一元线性回归分析预测法进行预测。

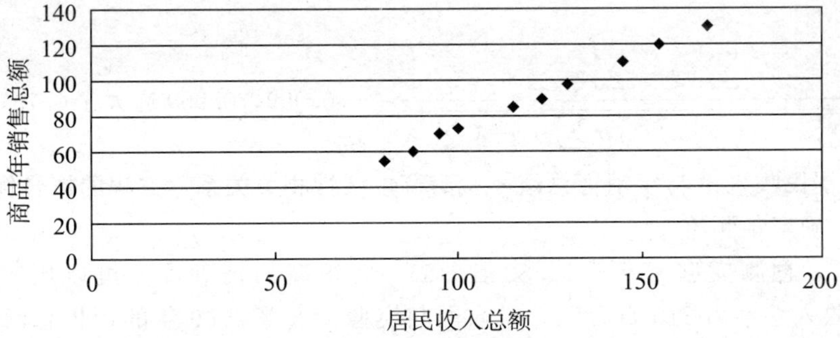

图 9－5　某地区居民收入总额与商品年销售总额关系散点图（单位：百万元）

第三步：建立回归预测模型。

依据自变量和因变量的相关关系，设一元线性回归方程为：$\hat{y}=a+bx$，式中：$\hat{y}$ 为因变量的预测值，x 为自变量，根据最小二乘法，计算参数 a、b 的值。利用 Excel 计算 $\sum y$、$\sum x$、$\sum xy$、$\sum x^2$、$\sum y^2$ 等数据的值，如表 9－22 所示。

表 9－22　一元线性回归分析计算表　（单位：百万元）

年份	居民收入 x	销售总额 y	xy	x^2	y^2
1999	80	55	4 400	6 400	3 025
2000	88	60	5 280	7 744	3 600
2001	95	70	6 650	9 025	4 900
2002	100	73	7 300	10 000	5 329
2003	115	85	9 775	13 225	7 225
2004	123	90	11 070	15 129	8 100
2005	130	98	12 740	16 900	9 604
2006	145	110	15 950	21 025	12 100
2007	155	120	18 600	24 025	14 400
2008	168	130	21 840	28 224	16 900
合计	1 199	891	113 605	151 697	85 183

由于有历史数据 10 期，因此 $n=10$，参数 a、b 为：

$$a=\frac{\sum y-b\sum x}{n}=\frac{891-0.85\times 1\ 199}{10}=-12.82$$

$$b=\frac{n\sum xy-\sum x\sum y}{n\sum x^2-(\sum x)^2}=\frac{10\times 113\ 605-1\ 199\times 891}{10\times 151\ 697-1\ 199\times 1\ 199}\approx 0.85$$

于是得到一元线性回归方程为：$\hat{y}=-12.82+0.85x$。

第四步，回归方程的检验。

采用相关系数检验法，检验该预测模型参数的拟合优度。计算 x 与 y 的相关系数如下：

$$r=\frac{n\sum xy-\sum x\sum y}{\sqrt{n\sum x^2-(\sum x)^2}\sqrt{n\sum y^2-(\sum y)^2}}\approx 0.999$$，0.999 远大于 0.75，且绝对值趋近于 1，因此居民收入 x 与年销售总额 y 具有高度线性相关关系，方程的拟合优度较好。

第五步，确定预测值。

根据检验，预测模型 $\hat{y}=-12.82+0.85x$ 有很高的精确度，可以用来预测。已知 2009 年居民收入总额为 210 百万元，带入回归模型，求得 2009 年的销售总额为：

$\hat{y}=-12.82+0.85\times 210=165.68$（百万元）。

四、多元线性回归分析预测法

（一）多元线性回归分析预测法的含义

市场经济活动中，经常会遇到某一市场现象的发展变化受到多因素影响的情况，也就是一个因变量和几个自变量具有依存关系，而且几个影响因素的主次难以区分，这时就需要考虑多个因素进行回归分析。例如，某一商品的销售量既与人口数量的增长变化有关，也与商品价格变化有关，这时采用一元回归分析预测法进行预测是不行的，需要采用多元线性回归分析预测法。如果是两个影响因素的回归分析，且自变量与因变量之间呈现线性变化趋势，则采用二元线性回归分析法进行预测。

（二）二元线性回归分析预测法

1. 二元线性回归分析预测法的含义

二元回归分析预测法是指通过对两个自变量与一个因变量的相关分析，建立预测模型进行预测的分析方法。当自变量与因变量之间存在线性关系时，称为二元线性回归分析法。

2. 二元线性回归分析预测法的预测模型

二元线性回归分析预测法的预测模型为：

$$y=a+b_1x_1+b_2x_2$$

式中：y 是因变量；

x_1，x_2是两个不同的自变量；

a，b_1，b_2是二元线性回归方程的参数。

a，b_1，b_2的值利用最小二乘法，解下列方程组可求得：

$$\sum y=na+b_1\sum x_1+b_2\sum x_2;$$
$$\sum x_1y=a\sum x_1+b_1\sum x_1^2+b_2\sum x_1x_2;$$
$$\sum x_2y=a\sum x_2+b_1\sum x_1x_2+b_2\sum x_2^2。$$

3. 二元线性回归方程的检验

二元线性回归方程的检验利用复相关系数 R，其计算公式为：

$$R=\sqrt{1-\frac{\sum(y-\hat{y})^2}{\sum(y-\bar{y})^2}}$$

复相关系数 R 越大，回归方程对样本数据点拟合的程度越强，自变量与因变量的关系越密切。

4. 确定预测值

确定预测值包括点估计和区间估计。

点估计是指将 x_1、x_2的值代入预测方程 $y=a+b_1x_1+b_2x_2$ 求得点预测值 y_0。

区间估计是指求出点预测值后，还要考虑标准差 S 的影响，在一定的置信度要求下，

查表得到 t 值，确定预测区间为 $y_0 \pm tS$，标准差的计算公式为：

$$S=\sqrt{\frac{\sum(y-\hat{y})^2}{n-3}}$$

【例 9-12】 某企业 2001 年到 2008 年广告投入、居民收入和产品销售额的数据如表 9-23 所示，预计 2010 年广告投入为 10 万元、居民收入为 30 万元，试用二元回归分析预测法预测 2010 年的销售额（计算结果保留小数点后两位）。

表 9-23　某企业产品年销售额与相关因素数据表　（单位：万元）

年份	产品年销售额 y	广告投入 x_1	居民收入 x_2
2001	10	3	5
2002	12	4	7
2003	15	5	9
2004	18	6	10
2005	20	7	12
2006	22	8	15
2007	25	8	18
2008	28	9	20

解：广告投入、居民收入和产品销售额之间具有相关关系，广告投入多，能到起到促进销售量的作用，居民收入的增多能够增强消费者的购买力，也能够促进产品的销售额，因此可以用二元回归法进行预测，设二元回归预测方程为 $y=a+b_1x_1+b_2x_2$，a，b_1，b_2 系数的确定采用最小二乘法，具体数据的计算如表 9-24 所示。

表 9-24　二元线性回归预测数据计算表　（单位：万元）

年份	销售额 y	广告投入 x_1	居民收入 x_2	x_1y	x_2y	x_1x_2	x_1^2
2001	10	3	5	30	50	15	9
2002	12	4	7	48	84	28	16
2003	15	5	9	75	135	45	25
2004	18	6	10	108	180	60	36
2005	20	7	12	140	240	84	49
2006	22	8	15	176	330	120	64
2007	25	8	18	200	450	144	64
2008	28	9	20	252	560	180	81
合计	150	50	96	1 029	2 029	676	344

把表 9－24 的数据代入方程组 $\begin{cases}\sum y = na + b_1\sum x_1 + b_2\sum x_2\\ \sum x_1 y = a\sum x_1 + b_1\sum x_1{}^2 + b_2\sum x_1x_2\\ \sum x_2 y = a\sum x_2 + b_1\sum x_1x_2 + b_2\sum x_2{}^2\end{cases}$，求出参数：

$a=2.6$，$b_1=1.33$，$b_2=0.65$，把参数代入方程得回归方程为：$y=2.6+1.33x_1+0.65x_2$。

计算复相关系数检验方程的拟合优度，如果方程的拟合优度较好，就可以根据回归方程进行预测。已知 2010 年广告投入为 10 万元、居民收入为 30 万元，则根据回归方程，2010 年的产品销售额为：$y=2.6+1.33\times10+0.65\times30=35.4$（万元）。

任务三　认识常用统计软件

计算机技术的发展，使很多市场调查与预测的统计计算工作电子化，应用统计软件进行计算分析，大大提高了工作效率和计算的精确度，为市场预测工作带来了巨大的便利。统计软件的种类非常多，在市场预测中应用比较广泛的统计软件有 SAS 软件、SPSS 软件及 Excel 软件。

一、SAS 软件

（一）SAS 软件简介

SAS 系统全称为 Statistics Analysis System，最早由北卡罗来纳大学的两位生物统计学研究生编制，并于 1976 年成立 SAS 软件研究所，正式推出了 SAS 软件。SAS 是用于决策支持的大型集成信息系统，统计分析功能是它的重要组成部分和核心功能。

经过多年的发展，SAS 已被全世界 120 多个国家和地区的近三万家机构所采用，直接用户超过三百万人，遍及金融、医药卫生、生产、运输、通信、政府和教育科研等领域。在数据处理和统计分析领域，SAS 系统被誉为国际上的标准软件系统，并一度被评选为建立数据库的首选产品，堪称统计软件界的巨无霸。

（二）SAS 软件的功能

SAS 系统是一个组合软件系统，它由多个功能模块组合而成，其基本模块是 BASE SAS 模块。SAS 的主要统计功能有数据管理、数据的统计描述、单组或两组资料均数的比较、多组资料均数比较的方差分析、分类资料的统计推断、非参数统计分析、相关分析与线性回归分析、非线性回归、LOGISTIC 回归、对数线性模型、聚类分析、典型相关分析和对应分析等，在统计方面的强大功能使用户能方便地实现各种统计要求。

（三）SAS 软件的特点

SAS 系统是用于数据分析与决策支持的大型集成式模块化软件包，经过多年的发展，现在已成为一套完整的计算机语言，SAS 有三个最重要的子窗口：程序窗口（PROGRAM EDITOR），运行记录窗口（LOG），输出窗口（OUTPUT）。PROGRAM EDITOR 窗口（窗口标签为 Editor）是用来输入 SAS 语句的，编程操作的所有内容都在该窗口内完成，分析结果以文本的形式在 OUTPUT 窗口输出，其用户界面如图 9－6 所示。通过对数据集的加工，用户可以完成包括统计分析、预测、建模和模拟抽样等工作。但是，由于初学者在使用 SAS 时必须要学习 SAS 语言，因此 SAS 软件的入门比较困难。

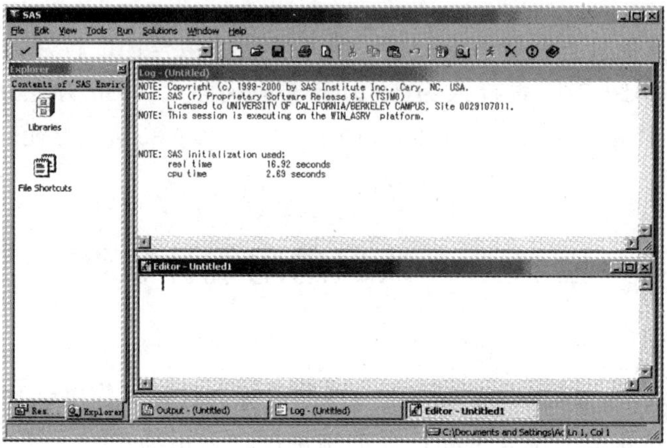

图 9－6　SAS 软件的用户界面

二、SPSS 软件

（一）SPSS 软件简介

SPSS 原意为 Statistical Package for the Social Sciences，即“社会科学统计软件包”，它是一款在调查统计行业、市场研究行业、医学统计、政府和企业的数据分析应用中久享盛名的统计分析工具，是世界上最早的统计分析软件，由美国斯坦福大学的三位研究生于 20 世纪 60 年代末研制，1984 年 SPSS 首先推出了世界上第一个统计分析软件微机版本 SPSS/PC$^+$，极大地扩充了它的应用范围，并使其很快地应用于自然科学、技术科学、社会科学等各个领域。在国际学术界有条不成文的规定，即在国际学术交流中，凡是用 SPSS 软件完成的计算和统计分析，可以不必说明算法，由此可见其影响之大和信誉之高。

到目前为止，SPSS 软件已有 40 余年的发展历史，全球约有 30 万家产品用户，它们分布于通信、医疗、银行、证券、保险、制造、商业、市场研究、科研教育等多个领域和行业，是世界上应用最广泛的专业统计软件。目前 SPSS 公司在中国国内市场上推出的最新产品是 SPSS 14.0 简体中文版和 SPSS 15.0 英文版。

（二）SPSS 软件的功能

目前最新的 SPSS 软件是 SPSS15.0 版，它在原软件的基础上，融合了多项业界领先的统计分析技术，增加了新的功能模块，帮助企业总结过去、预测未来。

SPSS15.0 的主要功能模块有：SPSS Advanced——关系分析模块、SPSS Base——数据分析模块、SPSS Categories——分类数据的关系分析模块、SPSS Classification

Trees——对分类变量或连续变量的树结构模型预测模块、SPSS Complex Sample——统计量及标准误差计算模块、SPSS Conjoint——全轮廓联合分析模块、SPSS Exact Test——精确检验模块、SPSS Maps——集成化地图分析模块、SPSS Missing Value Analysis——排除隐含偏差模块、SPSS Programmability——操作程序自动化模块、SPSS Regression——回归分析预测模块、SPSS Tables——表格展现模块、SPSS Trends——时间序列分析模块。

（三）SPSS 软件的特点

SPSS 最突出的特点就是操作界面极为友好，输出结果美观漂亮，能够使用 Windows 的窗口方式展示各种管理和分析数据的方法，使用对话框展示各种功能选择项，对于初学者来说，只要掌握一定的 Windows 操作技能，粗通统计分析原理，就可以使用该软件进行统计分析，是非专业统计人员的首选统计软件。其用户界面如图 9－7、图 9－8 所示。

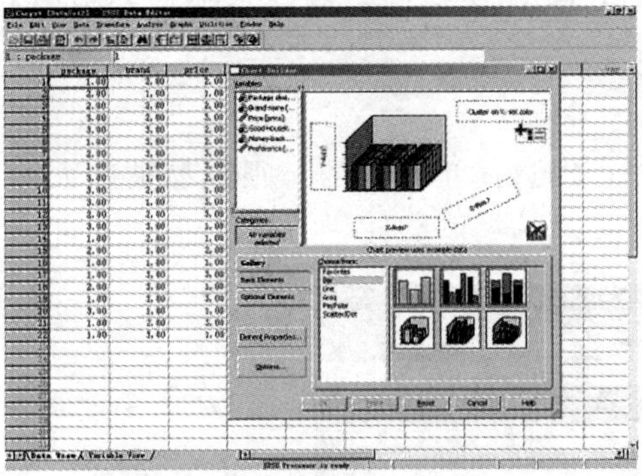

图 9－7　SPSS 软件的用户界面

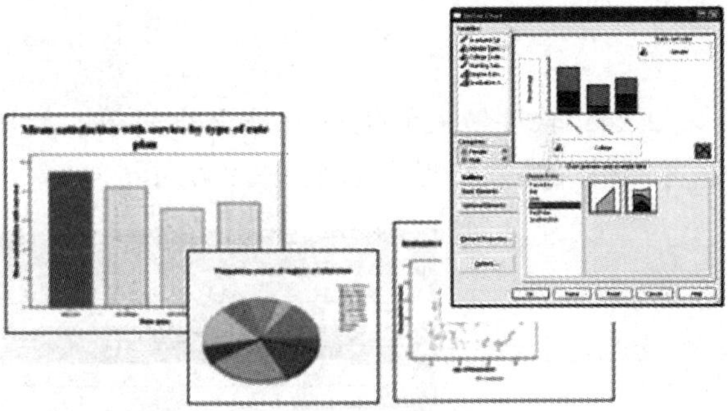

图 9－8　SPSS 软件的分析结果展示

另一方面，SPSS 采用类似 Excel 表格的方式输入与管理数据，数据接口较为通用，能方便地从其他数据库中读入数据。SPSS 包括了常用的、较为成熟的统计过程，完全可以满足非统计专业人士的工作需要。对于熟悉编程运行方式的用户，SPSS 还特别设计了语法生成窗口，用户只需在菜单中选好各个选项，然后按“粘贴”按钮就可以自动生成标准的 SPSS 程序，极大地方便了中、高级用户。

三、Excel 软件

（一）Excel 软件简介

Microsoft Excel 是微软公司的办公软件 Microsoft Office 的组件之一，是由微软公司 Microsoft 为 Windows 和 Apple Macintosh 操作系统编写和运行的一款电子制表软件。直观的界面、出色的计算功能和图表工具，使 Excel 成为最流行的数据处理软件。早在 1993 年，Excel 作为 Microsoft Office 的组件，就开始成为所有适用操作平台上电子制表软件的霸主。Excel 不仅可以进行办公操作，它还可以进行各种数据的处理、统计分析和辅助决策操作，广泛地应用于管理、统计财经、金融等众多领域。

（二）Excel 软件的功能

Microsoft Excel 是一个设计精良、功能齐全的办公软件，它可以满足常用的办公所需。例如，可以通过电子表格的形式对数字数据进行组织和计算，将数字数据转化为可视化的图表和数据库。除此之外，Excel 是一个十分强大而且使用非常方便的数据统计和分析工具。

Excel 软件的统计分析功能是通过数据分析工具实现的，它有一个“分析工具库”，在进行市场分析和预测时，只需为每一个分析工具提供必要的数据和参数，该工具就会使用适宜的函数，以表格的形式输出结果，有些工具在输出表格的同时还能生成图表，使结果的表达更加直观形象。Excel 提供的分析工具有 15 种，分别是：方差分析工具、相关系数分析工具、协方差分析工具、“描述统计”分析工具、“指数平滑”分析工具、“傅立叶分析”分析工具、“F-检验：双样本方差分析”工具、“直方图”分析工具、“移动平均”分析工具、“t-检验分析”工具、“随机数发生器”分析工具、“排位与百分比排位”分析工具、“回归分析”工具、“抽样分析”工具、“z-检验：双样本平均差检验”分析工具。

（三）Excel 软件的特点

Excel 软件最大的优点就是操作简单、界面友好，经过简单的学习，很容易被广大初学者使用。其操作界面如图 9－9 所示。

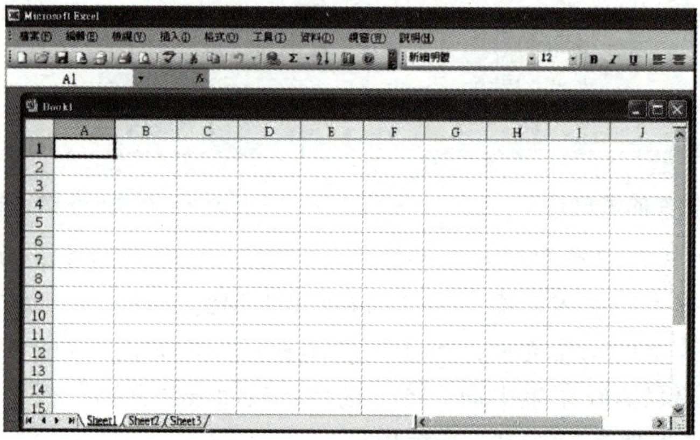

图 9－9　Excel 软件的操作界面

【课后实训】

一、案例分析

新田公司的销售预测困境

新田公司成立以来，经历了艰苦的创业过程，经过多年的奋斗，新田公司终于从一个 20 多人的小厂发展成了工人总数超过 400 人、日产摩托车超过 200 辆、年利润超过 2 000 万的集团型企业，新田摩托车的配件包括发动机在内都由本企业自主生产，除公司本部

(总装厂)外，还有减震器厂、发动机厂、塑件厂、车架车间、油箱车间、喷涂车间等独立部门，这些部门除满足新田公司所需配件外，还可以对外供应。

1999年底，由于摩托车市场竞争的日趋激烈，新田公司的销售模式由代理制转向了派员销售制（由公司往各城市直接派出销售人员，负责各城市的销售工作），以减少中间环节，确保公司产品在整个摩托车市场的竞争力。同时，由于销售模式的转变，也带来了生产模式的变化：以前是根据各地代理商的订货量来组织生产，现在则必须根据销售情况和对将来销售情况的预期来组织生产，这给企业的生产组织带来了极大的困难。

现搜集了新田公司历年的销售量数据，如表9-25、表9-26、表9-27所示，从中可以看出，新田公司自成立以来取得了飞跃性的发展。根据数据资料作各车型的销售量散点图，说明公司的销售形势总体上处于上升趋势，如图9-10所示。但某些车型的销售也有下降趋势，同时，还有一些问题从销售数据上是看不出来的。自从公司实行派员销售制以来，由于销售的预期值估计不准，常常出现工人加班加点仍赶不上交货时间的情况或工人上了班却无事可做的情况。解决这一问题的方法就是进行准确可行的销售预测，以保证公司的正常运行。

表9-25　新田公司XT50-M型号摩托车在无锡的销售数据表　（单位：辆）

销售量	第一季度	第二季度	第三季度	第四季度
1996年	150	170	172	180
1997年	201	230	233	245
1998年	258	292	284	298
1999年	283	255	209	199
2000年	175	160	122	90

表9-26　新田公司2001年第一季度销售数据表　（单位：辆）

主导产品	XT150-T	XT150-H	XT125-C	XT125-W	XT125-G	XT100-W	XT100-G	XT50-K	总数
销售量	665	897	1 660	1 500	1 529	1 580	1 608	933	10 372

表9-27　新田公司2001年第二季度销售数据表　（单位：辆）

主导产品	XT150-T	XT150-H	XT125-C	XT125-W	XT125-G	XT100-W	XT100-G	XT50-K	总数
销售量	668	350	1 808	1 581	1 542	1 503	1 603	1 807	9 862

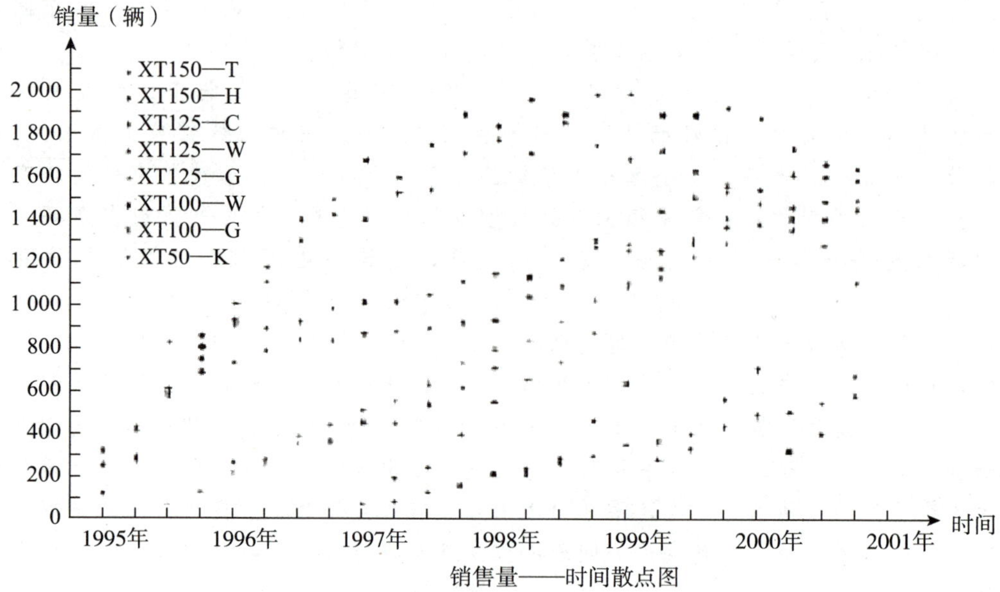

图 9-10　新田公司 1995—2001 年销售量散点图

思考题：

1. 新田公司的数据资料是什么类型的数据资料？

2. 根据这些数据资料，新田公司要想解决销售预测困境，进行准确的销售量预测，可以使用哪些定量预测方法？

二、实训操作

江中药业有一个成功产品——江中健胃消食片，为了提升产品销量，企业决定确立品牌定位，将加大广告投入作为促进销售增长的重要策略。

江中健胃消食片经过研究，确立了“日常助消化用药”的品牌定位，在广告片创作中，江中健胃消食片选用小品、影视演员郭冬临同时演绎江中健胃消食片的“成人”“儿童”两条广告片，避免消费者误认为是两个产品，从而加强两条广告之间的关联。

在推广力度上，江中药业深知，仅有一个好产品与好定位是不够的，需要采用狂风暴雨式的推广模式，迅速进入消费者心智。江中健胃消食片很快得到了集团在财力上的最大力度支持，在 2002 年就投入了过亿广告费用，为迅速抢占“日常助消化用药”定位打下坚实基础，市场给了企业丰厚的回报，当年销售额就直线上升到了 3 亿多元，比 2001 年翻了近三番，终于突破了江中健胃消食片年年销额不过 2 亿元的销售瓶颈。

值得一提的是，江中药业销售部门经过一年的“渠道扫荡战”，成绩斐然，基本上扫除了二三线市场的渠道盲点，这为江中健胃消食片销量的腾飞提供了最基本的保证。表 9-28 列出了江中健胃消食片从 2001 年到 2008 年的广告费用与产品销售额数据，公司预计从 2009 年到 2010 年，每年增加 10%的广告投入，试根据这一资料预测江中健胃消食片 2009 和 2010 年的销售额，据此测定继续增加广告费用的促销效果。

表 9-28　江中健胃消食片 2001—2008 广告投入与销售额统计表　（单位：亿元）

年份	2001	2002	2003	2004	2005	2006	2007	2008
广告投入 x	0.8	1.2	2.1	2.3	2.6	2.8	3.0	3.1
销售额 y	1.7	3.8	6.8	7.9	8.3	9.1	9.5	10.7

实训要求：

1. 要求学生深入理解一元线性回归分析法的含义、预测原理和预测步骤，并能够应用一元线性回归分析法进行市场预测。

2. 要求列出采用 Excel 计算的步骤。

项目十

撰写市场调查报告

【任务引入】

大学生服装消费情况市场调研报告

一、大学生服装消费调查背景

随着经济社会的纵深发展，大学生作为社会特殊的消费群体正受到越来越大的关注，由于大学生年龄较轻，群体较特别，有着不同于社会其他消费群体的消费心理和行为。一方面，他们有着旺盛的消费需求，另一方面，他们尚未获得经济上的独立，消费受到很大的制约。消费观念的超前和消费实力的滞后，都对他们的消费有很大影响。特殊群体自然有自己特殊的特点，同时难免存在一些非理性的消费甚至一些消费问题。他们的消费观念的塑造和培养更为突出且直接地影响他们世界观的形成与发展，大学生消费具有多样化，复杂性等特点。作为大学生消费的重要组成部分的服装消费，几乎是大学生日常消费中的除食品消费外最重要的消费开支。因此，通过对大学生的服装消费的调查和研究，可以及时把握大学生消费的最新动向，对引导大学生树立正确的消费观念，为整个学生服装生产销售产业提供参考。

二、大学生服装消费调查概况

（一）调研目的

通过对大学生服装消费的调查，了解大学生日常服装消费和日常消费情况，进而引导大学生树立正确的消费观，同时为学生服装生产销售产业提供参考。

（二）目标群体

南京××学院在校大学生，包括大一到大三共三个年级。

（三）调研方法

本次调研采取问卷、网络调查和资料搜集，通过问卷发放和发邮件，对在校的三个年级的同学进行抽样调查。

（四）调研过程

4 月 9 日到 11 日，设计调研方案；11 日到 13 日，设计调研问卷；13 日到 15 日，进行问卷调查和网络调查；16 日到 17 日，书写调查报告。其中，在问卷调查过程中，尽量搜集到真实的数据，杜绝对被访者进行诱导或是随便自行填写，而且尽量减少被访者受到过多环境因素的影响。期间共发出 150 份纸质问卷，实际收回 129 份问卷；发送 60 份电子邮件，回收 33 份问卷。

（五）问卷整理

在问卷调查结束之后，对问卷的内容进行分析，得出具体的能够反映调研主题的数据，然后对数据再进行分析，预测大学生服装销售行业的前景，同时对大学生的服装生产厂家提出一些合理化的建议。

（六）调查效果

在收回的129份纸质问卷中选出了9份不认真填写的问卷，回收的33份电子邮件选出了3份不认真填写的问卷，共回收有效问卷150份，这有助于问卷的分析和数据的整理。

三、调查问卷分析

（一）性别构成

男生占44%，女生占56%。

（二）月生活费

每月生活费在501～600元以下的占15%，601～800元的占25%，801～1 000元的占20%，1 000元以上的占40%。由此可以知道现在大学生的生活水平以及他们的购买力，大部分学生的月生活费在1 000元以下。

（三）购衣周期

一星期购衣一次的占18%，一个月购衣一次的占30%，两个月购衣一次的占36%，一季度购衣一次的占16%。通过此项调查可以得出受访者的购衣频率。大多数的同学是两个月买一次衣服，这说明大部分大学生的购衣频率并不是太高。

（四）每次购衣的花费

从表10-1中可以很明显地看出购置夏装的价格大部分处于201～400元这个区间，购置冬装大部分处于500元以上这个区间。由此可见，服装花费在月生活费中所占的比重相对来说算比较高的。

表10-1　　大学生购衣花费分布表

夏装	50元以下	51～200元	201～400元	400元以上
	12%	10%	53%	25%
冬装	100元以下	101～300元	301～500元	500元以上
	4%	14%	33%	49%

（五）购衣时间

根据调查样本显示，新货上市时购衣的占9%，促销打折时购衣的占34%，换季时购衣的占38%，其他时间购衣的占19%。数据显示，促销打折和换季是大学生购衣的主要时间段。

（六）购衣原因

根据调查样本显示，适应季节变化的占40%，衣服出现问题的占25%，追求潮流的占23%，社交需要的占5%，其他的占7%。由此可见，适应季节变化是大学生购衣的主要原因。

（七）购衣方式

大部分大学生都是和同学、朋友一块去购衣的。网上购衣的人数不少，随着经济和科学技术的发展，网上购衣甚至是网上购物都将是一个很大的市场。

（八）购衣场所

数据显示，大部分大学生还是在专卖店中购衣，这说明大学生购衣还是注重服装的品牌与质量。但是在大型百货商场和中低档批发市场的消费也不低，究其原因是在这些地方衣服的款式和价格起到的主要影响。

（九）服装类型

根据调查显示，喜欢休闲型的占44%，喜欢运动型的占19%，喜欢时尚型的占35%，喜欢职业装的占1%，喜欢其他类型的占1%。由此可见，休闲型的服装在大学生服装消费中所占的比重是最大的。分析其原因，从购衣考虑因素中我们得知衣服的舒适度是主要的原因，而休闲型的服装恰好满足了大学生在这一方面的需求，并且一般大学生在大四之前很少出席一些比较正式的场合，所以职业装的比重就比较低了。

（十）理想服装的特点

经久耐穿的占8%，方便洗涤的占2%，舒适得体的占83%，实用性强的占7%。通过此项调查可以得出，大部分大学生都希望穿到舒适得体的服装，这就与上面所分析的相照应了。大学生总归还是注重服装的舒适度，所以服装生产厂家可以就此方面入手，进行生产销售。

（十一）服装对个人形象的重要性

如表10－2所示，认为服装对个人形象很重要的占16%，认为比较重要的占67%，认为一般的占17%，认为不重要的占0%。这项调查说明大部分大学生认为服装对个人形象还是比较重要的，这也就可以进一步说明了大学生注重服装的质量、舒适度的原因。

表10－2　服装对个人形象的重要性分布表

重要程度	很重要	比较重要	一般	不重要
百分比	16%	67%	17%	0%

四、调查结论总述

根据上述问卷分析，由于大学生家庭情况不同，大学生的生活费也高低不等，从而在服装消费上的表现也就参差不齐。有少数家庭条件优越的同学服装消费较为奢侈，追逐名牌，且购买服装的周期很短，花费很高。大多数的同学购买服装的态度较为理性，能够根据自己的实际经济状况来确定购买，并且购买服装更趋于舒适、实用，对品牌的追捧也并不那么热切，购买服装的周期较长，且花费中等。还有一小部分同学，因为家庭条件比较贫困，经济实力有限，服装消费的水平很低。但其中有部分同学的消费观念不是十分的理性，因为爱面子、爱虚荣而喜欢攀比，即使经济实力有限，在服装上的消费也颇高。除此之外，同学们多因为季节变化而带动对服装的消费需求，同时也比较看重价格、款式，对那些打折的品牌服装比较青睐。

大学生的服装消费层次差别较大，两极化现象也较为突出，但从整体上来说，大学生的服装消费还是比较理性的。

五、对服装消费与生产的建议

（一）对大学生服装消费的建议

第一，因为两极化的存在，所以大学生需树立良好的消费观念，不要只顾着攀比、超前消费，迷失了自己人生的方向与目标。

第二，服装对个人形象的影响固然重要，但是任何的才能都不是通过服装甚至外表才能表现出来的。只要我们注重自己的仪表与道德素质修养，穿着平常的服装我们也能成为高尚的人。

第三，衣服够穿就行，无需那么多，所以在此建议同学们一定要控制自己的购衣频率，注意适度。

第四，买衣服要更注重其舒适度与质量，而在这两方面做得比较好的也往往是那些知名的品牌，一些批发市场上也确实难买到较好质量的服装。但是，同学们在购买品牌服装时一定要从自身的实际出发，从自己的经济水平出发。名牌没有错，但我们不能盲目追捧与崇拜名牌。

（二）对服装生产厂家的建议

基于以上分析的结论，建议服装生产厂家应根据大学生的实际情况来制定生产规模和营销策略。

第一，大学生无经济来源，多数是靠父母提供，厂家生产的服装定价不宜过高，要让大学生能够接受。不同地区的生活水平是不同的，厂家也可以对所要进入市场的地区进行调研，了解一下当地的消费水平，进而进行定价。

第二，大学生购衣多是由朋友、同学等陪同，建议厂家生产一些特别服装，如情侣装、兄弟装等可供两人或多人穿的组合装。并且在宣传方面做好工作，如此可增加销售量。

第三，大学生正值青春年华，本来就喜欢追随时尚，所以厂家可以在服装的款式、面料以及做工等方面入手，进行更深层次的市场调研来了解大学生喜欢的服装类型的特点，做出有特色的服装

第四，换季正是大学生购衣的高峰时期，厂商应加大营销力度，采取种种优惠策略，抓住大学生的购衣需求的时机，进行打折、赠送等促销活动。

资料来源：百度文库，http：//wenku. baidu. com/view/f57738faaef8941ea76e0571. html.

【任务分析】

案例是针对大学生服装消费情况的调查报告，包括调查背景、调查的组织、调查问卷的分析、调查总结及建议几部分内容，是为大学生消费和大学生服装生产商提供建议和意见主要载体，是调查结果的书面呈现。

经过设计市场调查计划书、选择市场调查方法和技术、设计抽样方案、带着问卷进行现场调查、对调查资料的初步整理以及预测分析，调查组得到了大量的数据和资料，市场调查与预测的工作也基本完成，最后一步便是撰写市场调查报告，将市场调查与预测过程中的工作内容、方法、获得的资料数据进行陈述，并为企业提出建议和意见，帮助企业决策。本项目的工作任务是认识市场调查报告的含义、特点、重要性，熟悉市场调查报告的一般格式，根据已选择的市场调查项目及一系列工作资料，应用市场调查报告的撰写技巧撰写报告，并制作 PPT，进行口头报告。

【具体任务】

任务一　认识市场调查报告

一、市场调查报告的含义

市场调查报告是市场调查人员针对特定市场某一方面的问题进行深入细致的调查研究之后，通过一定形式表达市场调查结果的报告，是市场调查活动的最终成果。

调查报告可以是书面报告形式，也可以是口头报告形式，或者是两种结合。无论提交何种形式的报告，其目的都是未来向报告的读者和听众介绍研究成果，实现双方之间的最佳沟通。不同形式的报告在表达方式和技巧上有相应差距，因此要根据报告的特点，有针对性地掌握撰写技巧和要求，才能达到最佳的沟通效果。

二、市场调查报告的特点

（一）针对性

针对性是指市场调查报告应该针对不同的调查目的和不同的阅读对象安排报告的内容和形式。市场调查报告是为满足企业营销决策对信息资料的需要，在营销调研基础上形成的报告，无论是描述、评价，还是意见和建议，都是为企业营销活动的开展而撰写的。每一份报告直接对应一项营销活动，如针对市场需求趋势分析、针对目标市场和细分市场、针对广告效果的搜集，针对产品策略、价格策略的变化等，所以市场调查报告具有很强的针对性，对企业市场营销活动有十分重要的指导意义。

（二）真实性

市场调查报告是在占有大量现实和历史资料的基础上，用叙述性的语言实事求是地反映某一客观事物。充分了解实情和全面掌握真实可靠的素材是写好调查报告的基础。

（三）逻辑性

市场调查报告离不开确凿的事实，但又不是材料的机械堆砌，而是对核实无误的数据和事实进行严密的逻辑论证，探明事物发展变化的原因，预测事物发展变化的趋势，揭示本质性和规律性的东西，得出科学的结论。

（四）定量性

定量性是市场调查报告最显著的特点，企业营销变化的情况总是以一定的量表现出来，研究企业营销发展变化的动向、趋势、特点和规律，首先是从数量方面做起的。在企业市场调查中，对数据的搜集、整理和分析占了很大比重，尽管它也有很多对客观情况的反映和主观推理，但主要还是要以一定的数量分析为基础，定量和定性相结合而进行的调查，因此，最终形成的调查报告在很大程度上是用数据说话，具有明显的定量性，没有数据分析就不成为市场调查报告，也正因为如此，一份市场调查报告里一定会有统计数据的相关图表。

（五）时效性

在当今高速发展的信息社会里，营销策略瞬息万变，市场机会稍纵即逝，企业决策者和营销策划人员都需要让自己的营销决策有前瞻性，掌握和驾驭市场的主动权就必须及时、准确地掌握市场信息。作为调查人员，必须及时将调查结果形成调查报告，迅速地提供给决策者，以便管理者适时作出决策，时效性在很大程度上决定了市场调查报告的使用价值。

（六）科学性

市场调查报告的科学性主要体现在三个方面：其一，调查报告撰写的前提是对事实的客观反映；其二，调查报告的撰写是建立在运用科学分析方法，对数据、情况进行充分的定性、定量分析基础之上的；其三，调查报告的科学性还表现在它不但客观地反映客观事实，而且还对事实作分析研究，揭示市场变化和企业经营活动的规律，这也是市场调查报告的科学价值所在。

三、市场调查报告的重要性

市场调查主体对调查活动最为关心的就是调查报告，调查主体提出进行市场调查活动的直接目的就是获得市场调查报告，所以，市场调查报告的重要性显而易见。

（一）市场调查报告反映市场调查活动质量

市场调查报告应对已完成的市场调查活动作出完整而准确的描述，这就决定了调查报告必须要详细、完整地表达出市场调查中的调查目标、调查方法以及评价，以文字表格和形象化的方式真实的调查结果和建议等内容，对整个调查过程有总结性的作用。

（二）市场调查报告有助于企业经营决策

这是调查报告最主要的功能。市场调查报告是调查人员在大量一手资料和二手资料进行定性、定量分析的基础上，从感性认识上升到理性认识所形成的结果，它针对性强，简洁明了，是企业管理者科学决策的客观依据。

（三）市场调查报告有助于积累历史资料

市场调查报告组委企业营销调查结果，是经过审核、提炼、研究得出的综合材料，是对整个营销调查活动所了解内容的集中反映，是企业珍贵的历史资料。作为历史资料，它可能会被反复使用，从而实现其使用效果的扩大。

（四）市场调查报告有助于提高企业经营管理水平

一份好的市场调查报告能够使企业管理者清晰了解到企业在生产经营活动中存在的问题、经营策略实施的效果、行业的发展动态以及市场需求变化趋势等，帮助企业管理者认识和掌握企业营销活动的规律，调整经营策略，不断提高生产经营管理水平。

任务二　撰写市场调查报告

一、书面市场调查报告的结构

调查报告的主要功能是把信息传递给决策者，市场调查报告的结构可以因项目和读者的不同而有所差异，在长期的商务实践中，逐渐形成了调查报告的常规结构。下面列出的是一种较为全面的常规结构，供各位读者参考，如表 10－3 所示。

表 10－3　书面市场调查报告的结构

1 标题页 1.1 调查报告的标题 1.2 调查报告的提交对象（调查项目的委托方） 1.3 调查报告的撰写者 1.4 发布日期	4 正文 4.1 调查研究的目的 4.2 市场调查背景资料介绍 4.3 市场调查过程以及调查方法的说明 4.4 调查结论
2 前言	4.5 局限性
3 目录	4.6 意见与建议
3.1 正文目录 3.2 图表目录	5 附录

（一）标题页

标题页是指调查报告的封面，包括调查报告的标题、调查报告的撰写者、调查报告的提交对象、调查报告的发布时间。对企业内部调研，报告的提交对象是企业高层领导，报告撰写者通常是内设调查机构；对于社会调查服务，报告的提交对象是调查项目的委托方，报告的撰写者是提供调查服务的专业调查咨询机构。

调查报告的标题主要有两种构成形式，一种是叫做公文式标题，即由时间、调查对象和内容、文种名称组成，例如《关于 2009 年重庆市服装销售情况的调查报告》《2009 年北京市居民对空调需求量的调查报告》。值得注意的是，实践中常将市场调查报告简化为“调查”，也是可以的。

另一种叫做文章式标题，即用概括的语言形式直接交代调查的内容或主题，例如《全省城镇居民潜在购买力动向》。实践中，这种类型市场调查报告的标题多采用双题（正副题）的结构形式，更为引人注目，富有吸引力。例如《竞争在今天，希望在明天——全国洗衣机用户问卷调查分析报告》《市场在哪里——北京地区三峰轻型客车用户调查》等。

（二）前言

前言是市场调查报告正文的前置部分，要写得简明扼要、精炼概括。一般应交代出调查的目的、时间、地点、对象与范围、方法等与调查者自身相关的情况，也可概括市场调查报告的基本观点或结论，以便使读者对全文内容、意义等获得初步了解，然后用一过渡句承上启下，引出主体部分。例如一篇题为《关于全市2008年电暖器市场的调查》的市场调查报告，其前言部分写为："××市北方调查策划事务所受××委托，于2008年3月至4月在国内部分省市进行了一次电暖器市场调查。现将调查研究情况汇报如下。"用简要文字交代出了调查的主体身份，调查的时间、对象和范围等要素，并用一过渡句开启下文，写得合乎规范。这部分文字务求精要，切忌冗长。视具体情况，有时亦可省略这一部分，以使行文更趋简洁。

（三）目录

调查报告因为篇幅比较长，所以通常都应该编写目录，以便读者能够快速查阅特定内容。

1. 正文目录

正文目录包含报告所分章节和相应的起始页码。通常只编写两个层次的目录，较短的报告也可以只编写第一层次的目录，如图10-1所示。

正文目录

图10-1　正文目录样例

2. 图表目录

如果调查报告中含有大量的图和表，那么需要在目录中包含一个图表目录，可以帮助读者很快找到信息。因此在图表目录中，列出每一图表的名称，并按在报告中出现的先后次序排列，如图10-2所示。

图表目录

图10-2　图表目录样例

（四）正文

正文是调查报告的主要部分，必须包括调查研究的全部事实，从研究的开始到结论的形成及其论证都要包含进去，同时也要包括全部资料，供决策人从调查结果中得出结论。

正文的具体构成一般应该包括如下主要内容：

1. 市场调查的背景

对于有关市场方面的调查报告，其背景材料应该包括能影响企业销售前景的经济和社会的一般情况，如地理环境、气候条件、经济趋势、政治动向，文化环境、法律政策等，也包括市场规模、市场发展前景对产品销售潜力的影响、现有竞争者和他们在市场上的占有率、潜在顾客的消费习惯等。

2. 调研目的

这部分要求简要概述本次调查的目的，扣住调查中心，使有关人员对调查内容获得总体认识，或者提出人们所关注的通过调查认为需迫切解决的问题，以引人注目。

3. 市场调查组织说明

在报告正文中应简要介绍在调查过程中选用了哪些调查方法以及选择这些方法的原因，以说明调查报告的内容和结果的可信程度。例如：调查样本的抽选方法及其结构，调查问卷的发放方式及其回收率，各种访问方式的选择及其走访的人数，方案调查资料的来源，对调查资料进行加工、整理、分析的方法等。总的来说要阐明以下五个方面：

（1）调查类型。说明所开展的项目属于探索性调研、描述性调研还是因果性调研，以及为什么使用于这一特定类型调研。

（2）资料搜集方法。采用一手资料还是二手资料，结果的取得是通过访问、观察还是实验。

（3）抽样方法。目标总体是什么，抽样框如何确定的，样本单位是什么，抽样数目是多少，选择的抽样方法及具体的抽样步骤。

（4）实地调查的组织实施。调查队伍的组织结构，调查任务的分工，调查监督的管理办法，这一部分对于最终结果的准确程度十分重要。

（5）预测分析方法。说明在预测阶段所使用的预测分析方法，具体到采取了什么定量分析方法和定性分析方法。

4. 市场调查的结果

结果在正文中占有较大篇幅，这部分应按问卷中的问题顺序，展现调查资料所显示的调查结果。采用相关频数分布表和统计图，使调查结果更加形象化。

5. 局限性

分析调查报告局限性是为正确评价调查成果提供依据，任何调查都不是完美无缺的，作为接受委托的调研项目，分析调查过程中可能存在的缺点、不足或不完善处，有助于提高调查报告的信服力，同时展现科学的研究态度。

6. 意见和建议

调查人员应在调查结果分析的基础之上，进一步提出建议，具体说明调查的结果对公司的意义及以后经营中的对策建议。调查人员可以采取列举的方式，说明目前公司可以采用哪些措施及其所需要的费用和将会得到的结果，必要时，调查人员还可以有论证地对怎样选择最佳方案提出建议。

正文是调查报告的主体，这部分要写得具体深刻、层次分明、详略得当、逻辑严明、层层深入。通常采用的写作安排有：按调查顺序写，就调查的问题逐个阐述清楚，按照事物发生、发展、变化的过程写，如事物发生的时间、地点、原因、产生的作用，经验教训等，使之先后有序，条例清楚；把两种事物加以对比来写，每个部分加上小标题，使之脉络清楚。总之，在写这部分内容时应注意使用的调查材料一定要经过分析研究，集中概括，不能简单地堆砌，要有理有据、逻辑性强。

（五）附录

市场调查往往要进行大量的数据调查和整理，支撑论点的资料和文件一定很多，但是这些太具技术性或太详细的材料不宜出现在正文部分，而应编入附录，以便阅读者在必要的时候查阅。附录是有关市场调查报告内容的各种必要的参考资料，或者说它是调查报告论证、说明、分析的基本依据。每份附录都应有相应的编号，以便于翻阅和查找。市场调查报告的附录部分一般包含如下内容：

（1）在报告正文中提及的各种统计表和统计图；

（2）调查对象的单位和个人名单与地址一览表；

（3）实地调查所回收的所有原始问卷；

（4）抽样调查的详细抽样步骤及资料；

（5）人员走访的谈话记录；

（6）编码表；

（7）调查期间获得并存档的统计图表及其他文件记录。

二、市场调查报告的写作技巧

市场调查报告撰写的重点是怎样设计正文的内容，即如何设计并安排调查报告的整体内容。撰写调查报告应掌握以下四个技巧。

（一）基本要求

1. 结构合理

市场调查报告是根据调查目的和调查主题的要求，对大量市场信息情报资料进行搜集、整理、分析的结果，因此，市场调查报告首先要根据调查主题的要求，来安排报告的写作结构。要选择简明严谨又有逻辑性的文体结构去集中反映有关的文案调查和实地调查的全部成果。一份良好的市场调研报告应该是主题鲜明、结构清晰的，给报告阅读者一个清楚的轮廓。

2. 重点突出

在对市场调查主题的论述与说明过程中，问题的叙述要分轻重缓急、详略得当，对重要的问题要重点说明，在报告中可占有较大的篇幅和位置，也可以利用各种不同类型的图表来具体或突出说明报告中的重要部分，次要的问题可以一带而过，不必占用过多篇幅。

3. 选材适当

市场调查阶段的资料为市场调查报告的编写提供了丰富的论证依据。调查报告撰写人在选用时应注意材料的内容与调查报告论述的内容切实相符，并力求材料准确无误，对那些关系不大的资料应毫不犹豫地进行割舍。

4. 文字流畅

报告的行文要求自然、流畅、富有说服力。因为报告经常会提供给那些并不十分专业的人员参阅，如提供给那些具有一定决策权的某些政府部门的领导等，报告内容应尽量选用常见的和易懂的词句，避免使用晦涩冷僻的字和词，一些专业技术性较强的术语也尽量少用。

（二）市场调查报告撰写过程

市场调查报告的撰写要按照市场调查的过程来开展，遵循市场调查活动的具体组织过程来撰写，前面一系列工作的完成将为调查报告的撰写提供丰富的资料。在一定程度上说，市场调查报告是对调查工作及调查结果的整理分析，最具创新创造性的部分就是建议意见的提出部分。报告的撰写是对前序工作的总结，也是根据前序工作进行的分析和预测，需要以一个清晰的思路去对待和撰写。

撰写市场调查报告要注意条理性，注意突出重点，避免平铺直叙。报告初稿形成后要认真审查，仔细进行修改，使报告更加完整和丰满。

（三）明确调查报告的阅读者

由于不同的阅读者掌握的信息不同，需要作出决策的性质不同，从而决定了他们需要了解的信息也不同。同时，不同的阅读者素质不同决定了他们的兴趣上的差别，同样一份调查报告，提供给决策者和专家，所着重的信息是不同的。提供给决策者作为决策的依据，则可以着重描写“是什么”“为什么会这样”“如果……将会怎样”，以便他们尽快了解情况与原因，采纳自己的建议。提供给专家评审的调查报告，由于专家对于事实情况、引发的原因都十分清楚，他们关心的是报告中的结论是通过什么方法分析后得出的。

（四）图文并茂

调查报告的撰写要充分利用各类图表，图表不仅可以向阅读者提供一个简明系统的资料，而且可以帮助阅读者进行直观的对比和分析，了解调查工作的成果。使用图表相对于使用文字，在说明市场现象、某种数量关系及其变化趋势等问题上，都能收到更为明显的效果。

在使用图表应该注意以下问题：

1. 图表简明

图表中所包括的内容不能过度烦琐，因为使用图表的目的在于是各种有关的数字资料能够得到简单系统的说明。

2. 科学准确

图表反映的内容或结构设计必须明白易懂、一目了然，同时也可以适当地附加脚注，尽力避免发生误解。准确标明图表中有关栏目的名称和使用的计量单位，还应该注明资料的来源。

3. 方便阅读分析

图表所载录的资料必须按一定的顺序排列，或按高低次序，或按数值大小次序，或按地区等。图表所列的资料应尽量完整和准确，一般在使用百分比或者指数时，最好同时给出绝对数值资料，以便于读者独立思考和正确分析，同时，为了方便阅读，要尽量选用整数。

三、撰写市场调查报告的注意事项

（一）实事求是

市场调查研究为了揭示事情的真相，在研究过程中要求实事求是，按照严格的程序进行科学的研究，极大地克服个人偏见和主观影响。因此，作为市场调查研究结果的调查报告也必须真实、准确，要以实事求是的科学态度，准确而全面地总结和反映调查结果。这就要求市场调查报告所使用的信息资料必须符合客观实际，不能有任何虚假的内容。同时，要注意信息资料的全面性，避免因结论和建议的片面性对决策者造成的误导。

（二）重点突出

市场调查研究报告的内容编排应该密切结合调查主题，重点突出调查目标的完成和实现情况。一份高质量的调查报告既要具备全面性和系统性，又要具备针对性和实用性。因此，在编写调查报告时必须对信息资料进行严格分类和筛选，删除一些无关资料。

（三）篇幅适当

调查报告的价值需要以质量和有效性度量，而非篇幅的长短。因此，在撰写调查报告时，应根据调查目标和调查报告内容的需要确定篇幅的长短。市场调查阶段积累的大量信息资料非常珍贵，但是全部纳入调查报告中必然会使报告过于冗长，因此，调查报告篇幅的长短、内容的取舍、详略都该根据具体需要确定。

（四）注意保密

市场调查报告的保密是指对设计企业商业秘密和被调查者个别资料防止泄漏的一种管理。不得损害企业、被调查者的利益和合法权益。

任务三　市场调查结果的沟通与跟进

一、市场调查口头报告的意义和特点

（一）市场调查口头报告的意义

书面报告仅仅是提交市场调查结果的方式之一，口头报告是另外一种展示、提交市场调查报告的方式，强调口头的解说、互动和沟通，使调查报告的内容在短时间内，详略适当地展现给委托方。经验表明，口头报告不仅能补充和支持书面报告，同时还具有书面报告没有的功能。例如：它允许听众提问，并可逐条回答；可以强调报告中最重要的内容，而人们在阅读时可能对此未引起注意。

由于已经有了市场调查书面报告，且需要介绍的内容涉及面较广、又要能够清晰回答可能出现的提问，所以口头报告对汇报者提出了很高的要求。只有明确口头报告的目标，认真策划，才能取得较好的效果。

（二）市场调查口头报告的特点

（1）市场调查口头报告能用较短的时间说明需要研究的问题。

（2）市场调查口头报告生动、具有感染力。

（3）市场调查口头报告互动性强，能与听众现场记性交流，便于增强双方的沟通。

（4）市场调查口头报告具有一定的灵活性，一般可根据具体情况对报告内容、时间作出必要的调整。

二、口头报告的实施要点

（一）口头报告的主要内容

1. 开场白

开场白就是对调查研究的主题、调查目标做简要概述，作为报告的开头，这部分要简洁，且要直接触及关键问题，以引起听众的兴趣和注意。

2. 调查研究发现和结果

与书面报告一样，这部分是整个报告的重心，为了加深听众对研究结果的印象，可采用先提出结论后展示调查研究事实的介绍方式。这部分更是展现调查过程的部分，最好以清晰的表达方式，将市场调查的组织过程和调查结果进行阐述和展示。

3. 建议

建议部分是市场调查报告中最闪亮的部分，也是最能说明市场调查作用和质量的内容，需要以清晰的逻辑、合理的表达顺序、重点突出地加以介绍，有感染力的表达更具有说服力。

（二）市场调查口头报告的准备工作

1. 了解汇报对象

了解听众的特点，根据其身份地位、文化层次以及目标要求确定口头报告的篇幅、重点和形式。口头报告的一切都取决于听众，市场调查者必须根据听众的性质来决定应该传递什么信息。企业高级主管往往对市场的未来走向及相应的对策感兴趣，而对市场调查活动中发现的那些细节资料则并不十分关注，他们较关心报告的结论和建议部分。中级管理人员对市场调查的每个环节都较熟悉，因此详细的报告对他们而言就很重要。如果报告的听众都是市场调查人员的话，那么他们可能更热衷于调查所运用的方法。

听众的人数往往影响着口头报告的形式。如果听众较少（如 10 人以内），采用座谈形式效果较好。这样便于交流更多的信息，沟通也显得较为亲近，必要时报告人员也可随时给予解答；如果听众人数较多，则需要足够大的房间，采用必要的设备和装置。这种报告形式显得较为正规、严肃，以单向信息传递为主。当然，如有必要，报告人员可在结束报告之前留出一段时间用于答疑。

值得注意的是，报告人员事先一定要了解听众对报告的了解程度，听众是否已经看过书面报告，这对口头报告的策划是至关重要。

2. 选择优秀的口头报告人员

（1）报告人员的素质要求。

报告人员的素质直接影响着口头报告的效果，一位吐字不清或带浓重方言味的报告人员，无论其作多大的事前努力，其报告效果是可想而知的；相反，一位训练有素、颇具演说家风度的报告人员，往往可以深深地吸引听众的注意力，使报告获得完美的效果。由此可见，对报告人员的选择和训练对于口头报告是非常重要的。

（2）报告人员的选择。

报告人员一般应从参与此项调查的人员中选择，一来其对市场调查过程较为熟悉，便于临场发挥；二来可以提高报告的可信度。除了某些大型的市场调查报告会需要数位报告人员外，大多数的市场调查项目只需一位报告人员就够了。参与某项市场调查的调查者至少是一个小组，因此按照一定的标准选择适当的报告人员还是有余地的。

（3）报告人员的训练。

选定了报告人员，紧接着的就是对其进行训练。训练可以在现场或模拟现场进行，这有助于报告人员熟悉环境。训练时最好找些模拟听众，让他们提出某些不足以便修正。通过训练可以增强报告人员的自信心，同时也可以掌握报告所需的时间，检验辅助器材的性能及相关资料是否齐全。

在进行正式口头报告时，报告人员最好以自由的风格来表达有关信息，切莫照本宣科。虽然脱稿讲解有时会语句重复，显得不够通顺，但是这样做能使表情更自然、表达更生动。当然，为了不至于忘记报告内容及前后顺序，报告人员可在小卡片上列一提纲，以便在必要时进行查寻。需要提醒的是，报告人员的讲解语气一定要坚定，论点表达一定要肯定，切勿模棱两可，这有助于提高报告的可信度。

3. 辅助器材的准备

在口头报告时，许多报告人员都喜欢借助某些辅助器材来说明问题。辅助器材可使报告内容表达更直观、更简洁，有助于听众理解和记忆，同时也可以提高听众的兴趣。在听众较多，形式更正规的场合中，更有必要借助辅助器材来提高报告效果。

辅助器材见得最多的是各种视听器材，例如：投影仪可以帮助展示各种图表、主要内容以及复杂的图片，以此提高听众兴趣，增强理解水平；录放设备可以提供真实、生动的背景资料，加深听众的印象。因此，恰当利用视听器材，能够收到事半功倍的效果，但在具体使用视听器材时，要注意以下事项：

（1）一张幻灯片、投影片或图片最好反映一个内容；

（2）视听器材主要用来反映重点内容，吸引人们关注主要成果；

（3）采用视听器材，要事先做好准备。

三、调查结果的后续跟进

市场调查报告是调查方提交给委托方的调查结果和意见建议，帮助委托方明确市场情况和调整市场营销策略。提交调查报告后，市场调查工作还没有结束，需要继续跟踪调查建议是否被重视和采纳、采纳的程度和采纳后的实际效果以及调查结论与市场发展是否一致，从而发现调查研究中的不足，积累调查分析经验，提高调查工作质量。

【课后实训】

一、案例分析

为了解我市旅游市场的消费行为和需求状况，我们对泉州市旅游消费市场进行了调查。

调查发现，在休假时人们最喜欢的活动是外出旅游，占被调查者的23.4%，其他依次为看书看报、看电视、串门聊天和娱乐健身、业余学习、逛街购物、打牌玩麻将与其他，分别占19.8%、16.7%、9.5%、8.6%、4.2%、2.7%、5.5%和9.6%。这说明，外出旅游已经逐渐成为人们假期休闲的主流。

调查显示，一年出游4次及以上的被调查者占5%，出游3次的占9%，出游2次的占38.7%，出游1次的占34.1%，基本不出游的占13.1%。从以上数据可以看出，一年内出游多次的人数比例略高于基本不出游的人数比例。由此可见，旅游市场存在着巨大的消费能力和潜力。

旅游花费的多少是人们生活水平高低的标志之一。在所有调查对象中，年旅游花费在500元以下的占19.8%；500至1 000元的占25.2%；1 000至2 000元的占24.6%；2 000至4 000元的占23%；4 000至7 000元的占5%；7 000元以上的占2.3%。被调查者月收入为：1 000元以下占35.6%，1 000至1 500元占41.3%，1 500至2 000元占14.9%，2 000至3 000元占5.9%，3 000至4 000元占1.8%，4 000元以上者占0.5%。这些数据反映了不同阶层居民的旅游消费水平。

在出游时间上，调查显示：12.2%的人选择周末；17.6%的人选择暑假；2.7%选择元旦；13%选择春节；选择五一和国庆节者分别占18.9%和19.4%；其他占16.2%。粗略看来，人们对出游时间的选择比较理性，有利于避免节假日旅游过于拥挤的现象。调查比例也符合不同时间段的出游特点：周末和元旦由于时间短，比较适合各种短途旅行；春节、五一和国庆节时间较长且人们的假期统一，适合团体出游和长途旅行；暑假则多为学生和教师出游。基于此，各旅游景点如能按不同假期细分不同目标市场，并针对具体目标市场制定出相应的促销活动，定能把握极好的商机。

对人们出游逗留时间的调查显示，28.8%的人是1至3天，36.9%的人是3至7天，10.4%的人是7至15天，15天以上的仅占2.7%，而21.2%的人选择了依假期来定。可见，目前假期制度对大多数人的出游时间长短还是有一定影响的。

有关旅游主要方式的调查发现，42.8%与友人结伴同游，22.1%与家人同游，16.7%参加旅行团，10.4%由单位组织，6.8%独自出游，1.2%的人选择其他方式。目前，我国的旅游市场呈现团体旅游者逐渐下降、散客旅游者不断上升的趋势，旅行社可以根据此项数据所反映出的消费者需求，推出各种更受欢迎的旅游线路，或者尽量为消费者提供“超级市场式”的自选旅游项目，使他们有充分的挑选组合空间。

调查显示，人们近期将选择的旅游形式，排在前两位的是个性化旅游和一人或几人的自助式旅游，分别占22.8%和19.9%。其后依次为：度假式旅游占23.9%，两人式蜜月游占14.4%，探险式旅游占6.8%，其他方式占12.2%。

人们出门旅游的目的排在前两位的为：放松自己，释放工作学习压力和增长见识，分别占42.3%和33.3%。其后依次为：与家人、朋友度假、度蜜月、游玩占14%，探险、挑战自己占3.6%，艺术采风、摄影创作占2.3%，为了购物、品尝美食占1.8%，开会出差顺便一游占0.5%，其他占2.2%。

思考题：

根据上述材料，按市场调查报告的写作要求，写出市场调查报告的框架及简要内容。

二、实训操作

康王洗剂是由昆明滇虹药业有限公司出品的国药准字号去屑药品，主要用于治疗头皮屑（头皮糠疹）、头皮瘙痒和脂溢性皮炎，年销售额3亿元，目前已成为国内“药物去屑”领导品牌，市场份额、销量均排名全国前列。

在“头皮屑是一种由真菌感染引起的疾病”的知识越来越普及的今天，滇虹药业和康王品牌所倡导的“药物去屑”专业理念，正好迎合了消费者的这种心理需求，因此被称作“真正有效的去屑产品”，“药物去屑”的概念已经深入人心。在产品得到部分消费者的认同和欢迎的情况之下，该产品的生产厂商也需要不断了解消费者的购买行为特点，以及该产品在消费者心目中的认知度，以不断改进其营销整合策略。假设该厂商为有效开展这一调查研究工作，专门委托我们为其进行产品知名度的调查以及对康王洗剂消费者的购买行为调查，并且在取得大量调查数据的基础之上进行数据分析，形成书面的市场调查报告。

实训要求：

1. 全班同学以团队的方式完成这一实训任务，4～5人为一组。
2. 各组同学首先通过二手资料的搜集来完成对康王洗剂产品的认识，了解产品特点。
3. 每个组先提出本次实地调查任务的问卷一份。问卷内容必须跟调查目的紧密相扣，主要应该包括：（1）康王洗剂的知名度以及消费者获取康王品牌信息的来源渠道；（2）购买康王洗剂的消费行为特点调查：谁购买、如何买、何地购买、何时购买、购买数量、购买地点等；（3）消费者购买康王洗剂的原因；（4）消费者对产品使用效果、价格等细节的评价；（5）其他相关内容。
4. 在各组交流的基础上，在指导老师的指导下，整理出一份全班统一的调查问卷。
5. 每组选择一个地点进行街头拦截式的访问调查，发放问卷。
6. 回收问卷，并进行数据的分析，整理和总结，并形成调查数据统计表。
7. 根据数据统计分析表，撰写一份《关于康王洗剂消费者购买行为特点的调查报告》。

参考文献

[1] 王冲，李冬梅．市场调查与预测．上海：复旦大学出版社，2013.

[2] 梁金华，郑媛媛．市场调查与预测．北京：清华大学出版社，2009.

[3] 陈殿阁．市场调查与预测．北京：清华大学出版社，2004.

[4] 孙国辉．市场调查与预测．北京：中国财政经济出版社，2005.

[5] 刘艳良．市场调查与预测．沈阳：东北大学出版社，2006.

[6] 林根祥，冯国红．市场调查与预测（第 3 版）．武汉：武汉理工大学出版社，2014.

[7] 冯丽云．现代市场调查与预测．北京：经济管理出版社，2000.

[8] 李平，林梅．市场调查与预测．成都：电子科技大学出版社，2013.